사이버 내란 – 댓글 전쟁

민주주의는 어떻게 조작되는가

사이버 내란

황희두 지음

댓글 전쟁

시월

머리말

추적의 시작

나는 한때 이명박을 존경했고 이준석을 동경했다. 돌아보면 부끄럽고 아득한, 20대 초반 무렵의 일이었다. 당시 스스로를 '중도 보수'라고 규정하고 있었지만 실은 극우의 시선과 언어를 이미 전면적으로 내면화한 상태였다. 그 시절의 나에게 세상은 모니터 안에 존재했다. 그 안에는 수많은 말과 정보, 익명성의 자신감, 그리고 무한한 가능성이 떠다녔다. 키보드 앞에 앉아 있으면 나는 무엇이든 될 수 있었고, 누구든 공격할 수 있었다. 실제로 나는 커뮤니티 분위기에 휩쓸려 민주·진보 진영의 정치인은 물론 마음에 들지 않는 거의 모든 대상을 조롱했다. 그것은 일종의 쾌감이었고 또 전능감이었다.

나는 그 모든 행위를 애국이라고 믿었다. 내가 하는 말이 진실이고 내가 내리는 판단이 정의이며, 내가 서 있는 곳이 올바른 자리라는 확신 속에서 살았다. 돌이켜 보면, 오늘날 서부지방법원을 점거하고 폭동을 일으킨 사람들, 전광훈 같은 사이비 목사를 향해 열광하는 이들, 그리고 여전히 인터넷이 세상의 전부라 믿으며 막말을 쏟아내는 무리들과 나의 인식은 크게 다르지 않았다. 그들의 사고 회로부터 언어 습관, 상대를 조롱하면서 느끼는 감정까지도 나는 정확히 알고 있다. 그 감정의 구조는 '웃음'이라는 가면을 쓴 조롱과 혐오였고, 온라인상에서 놀이처럼 소비되는 정치적 폭력의 전형이었다.

내가 '무엇인가 이상하다'는 생각을 처음 하게 된 계기는 박근혜 탄핵 사건이었다. 광장을 뒤덮은 1,700만 명의 물결은 온라인에서 접하던 세계와는 전혀 다른 풍경이었다. 그때 처음으로 내가 보던 세상이 얼마나 좁고 왜곡된 창이었는지 깨달았고 비로소 '모니터 밖의 세계'가 존재한다는 사실을 실감했다. 그 인식은 돌이킬 수 없는 변화로 이어졌다. 한 번 세상을 다시 보기 시작하면 다시는 예전으로 돌아갈 수 없다. 마치 영화 「매트릭스」에서 네오가 빨간약을 삼킨 뒤 가상 세계에서 깨어나는 것처럼 나는 완전히 다른 지각의 세계로 진입했다. '온라인 담론이 곧 현실'이라는 믿음은 무너졌고 현실과 가상의 간극이 선명하게 드러났다.

사실 극우 커뮤니티에서 떠도는 수많은 내용은 조금만 사실관계를 따져 봐도 금세 논리적 허점이 드러난다. 하지만 그 당시의 나는 그 속에 빠져 허우적거리고 있었고, 정신을 차리고 나서야 겨우 그 미친 굴레에서 벗어날 수 있었다. 그때부터 내 머릿속에 떠오른 질문은 하나였다.

'도대체 나는 왜 그랬을까?'

이 질문을 붙잡고 과거의 나 자신을 분석하기 시작했다. 그러면서 온라인 커뮤니티의 생리와 구조, 인터넷 방송이 만들어내는 집단 심리와 문화적 맥락 등을 하나씩 들여다봤다. 그 과정에서 나는 그동안 나의 판단과 선택으로 움직인 게 아니라, 특정 정치 세력과 국가 공권력이 장기간 설계한 프레임의 일부로서 행동해 왔다는 사실을 알게 되었다. 그때 마주하게 된 핵심 개념이 '심리전'이었다. 심리전은 원래 전쟁에서나 쓰이는 용어로, 내가 게임할 때 자주 연구하던 전략이었다. 게임 속 심리전은 상대의 멘탈을 흔들어 판단을 흐리게 하거나, 팀 내부에 잘못된 정보를 심어 내분을 유도해 승부의 흐름을 우리 쪽으로 끌어오는 방식이다. 그러나 현실에서 마주한 심리전은 훨씬 더 치밀했다. 장기적인 관점에서 국가 권력, 언론, 온라인 커뮤니티가 결합해 한 사회의 인식 구조를 바꾸는 작업이 정치의 영역에서 실행되고 있었다.

그때 내 안에서는 두 감정이 동시에 올라왔다. 하나는 '그들은 왜 이런 짓을 했을까?'라는 강한 호기심이었고, 다른 하나는 '그 심리전에 내가 속았고, 조종당했고, 옳지 못한 행동을 일삼으며 살아왔구나'라는 부끄러움이었다. 프로게이머 출신으로 스스로 심리전에 강하다고 자부해 왔던 내게 이 깨달음은 자존감이 송두리째 무너지는 경험이었다.

    그 시절의 나는 일본을 무작정 우호적으로 바라봤고, 민주당은 페미니스트, 종북, 친중, 위선자들의 집단이라고 믿었다. 주변 사람들이 민주당을 지지한다고 하면 입에 거품을 물며 그들을 비난했다. 그 과정에서 많은 사람이 떠나갔지만 개의치 않았다. 그것은 진실이자 정의이며, 애국의 길이었기 때문이다. 여기에 더해 또 하나의 확고한 믿음이 있었다. 내 신념은 누구의 강요가 아니라, 스스로 수많은 정보를 분석하고 비교한 끝에 내린 합리적이고 이성적인 결론이라는 확신이었다. 정리하자면, 그 시절의 나는 두 가지 믿음 속에서 살고 있었다.

    1. 민주당과 좌파는 본질적으로 위선적인 집단이다.
    2. 나는 이성과 합리라는 토대 위에 스스로 판단하고 결정했다.

    이것은 내 사고의 기반이자, 내가 세상을 살아가는 동력 그 자체였다. 그런데 알고 보니 모든 것이 착각이었다. 실제로는 국가 공권력이 동원된 정교한 심리전에 철저히 노출되어 있었고, 심지어 그 작업의 정밀 타깃은 바로 나와 같은 10~20대 남성들이었다.
    이를 인지한 후부터 이 문제를 점점 더 깊이 파헤치기 시작했다. 출발점은 '대한민국의 미래를 위한 책임' 같은 거창한 소명의식이 아니었다. 단순한 승부욕이었다. 프로게이머 시절, 게임에서 한 판만 져도 밤잠을 설치곤 했고 특히 중요한 대회에서의 패배는 몇 년이 지나도 마음속에서 지워지지 않았다. 그런 맥락에서 보면 터무니없는 세력에 속아 내 인생의 한 시기를 허비했다는 사실에 참을 수 없이 화가 났다. 그래서 싸워보고 싶었다. 추적 범위가 넓어질수록 나는 이 세력이 얼마나 거대하게 뻗어 있는지를 깨닫게 되었다. 그들은 생각보다 훨씬 더 전략적이었고, 정치·사회·문화 등 우리 사회 전방위에 깊숙이 뿌리내리고 있었다. 구조는 복잡했고 이해관계는 은밀했다. 그 뿌리를 추적한 지 어느덧 10년, 승부는 아직 끝나지 않았다.

민주당에 합류하다

말했듯이 처음에는 그저 나 하나의 문제였다. 잘못된 믿음을 바로잡고 왜곡된 기억과 대면하며 과거의 나와 싸우는 일종의 복수전이었다. 그러나 어느 순간부터 이 싸움이 단지 혼자만의 일이 아니라는 사실을 실감하게 되었다. 내가 파헤치고자 했던 그 실체들이 사회 전반을 뒤흔들고 있었기 때문이다. 결국 이 문제는 정치와 제도를 통해 풀어야 한다는 결론에 이르렀고 2019년 더불어민주당에 합류했다. 민주당에 합류한 것은 단순한 당적 선택이 아니었다. 법과 제도를 개선해 '심리전'의 구조를 무너뜨리고 '문화 전쟁'의 실체를 정치의 언어로 번역해 사회에 알리며, 그 속에 숨어 있는 위험성을 전하는 가교 역할을 하겠다는 결심이었다.

　당연히 처음엔 기대와 희망으로 가득했다. 민주당의 역사와 뿌리를 되짚어 보면 김대중 대통령은 이미 1980년대부터 IT·지식 정보화 사회를 예견했고, 이러한 선도적 인식을 바탕으로 "산업화는 늦었지만, 정보화는 앞서가자"라는 어록까지 남겼다. 그 정신은 노무현 대통령에게로 이어졌고 나는 민주당이 이 흐름을 계승한 정당이라 믿었다. 즉, 정보화와 민주주의의 결합 그리고 디지털 시대의 정치 문화를 가장 앞서 고민한 정치적 유산이 민주당에 있다고 생각했던 것이다.

　하지만 내가 입당한 당시 민주당에서는 이런 흐름과 문제의식을 찾아보기 어려웠다. 디지털 공간에서 벌어지는 문화 전쟁에 대한 민감함도, 정치 외곽에서 조직적으로 확산되는 여론조작과 혐오 담론에 대한 진지한 대응 의지도 부족했다. 민주당 내부는 온라인에서 벌어지는 문제들을 단순히 '인터넷상의 가십' 정도로 치부했다. 당시 이미 극우 진영은 커뮤니티·인터넷 방송·유튜브·SNS·밈 생태계를 조직적으로 장악하고 있었음에도, 이를 부차적 현상으로 보는 시각이 우세했다.

　5년, 10년 후 대한민국은 정치·문화·여론 전선이 완전히 달라질 것이 분명히 예견되고 있었다. 실제로 10대 청소년까지 겨냥한 정보 심리전이 지금도 꾸준히 전개되고 있다. 그러나 민주당의 시야는 그 급변하는 판세를 전혀 따라잡지 못하고 있었다.

당연히 내가 느낀 절박함과 불안은 제대로 공유되지 않았다.

물론 어느 정도 이해되는 측면도 있었다. 엘리트 코스를 밟아 국회에 입성한 정치인들과 직업 특성상 온라인 속에서 혐오를 무방비로 소비하고 조롱을 일삼으며 살아온 나의 경험은 출발점부터 달랐다. 나는 그 구조를 온몸으로 겪었고, 멘탈이 어떻게 무너지고 회복되는지, 조롱이 어떻게 쾌감으로 치환되는지, 그리고 집단의 환호가 어떻게 한 사람의 정체성을 규정하는지를 실전으로 체험했다. 이 경험은 단순한 정치 분석이 아니라 '전장 체험'에 가까웠기에 대응 전략을 설계하는 관점이 그들과 같을 수 없었다. 결정적으로 나는 그들을 설득하지 못했다.

안타까운 점은 2019년 내가 민주당에 합류했던 그때와 지금 2025년을 비교해도, 큰 틀에서는 별반 달라진 것이 없다는 사실이다. 인식은 조금씩 확장되고, 문제의식도 생겨나고 있지만 여전히 이 문제를 어디서부터, 어떤 방식으로 다뤄야 할지에 대한 전략을 설계하는 단계에도 이르지 못했다.

정치권이 이 문제를 외면하거나 방치하는 데에는 몇 가지 익숙한 논리들이 작동하고 있다.

1. 한줌론
"극단적인 사람들은 늘 있기 마련이다. 전체 중 극소수에 불과한데 굳이 확대해석하지 말자."

즉 30%의 상종 못할 인간들은 언제나 존재해 왔으니 굳이 신경 쓸 필요 없다는 인식이다. 이 주장은 2017년 정권 교체와 같은 성공 사례를 근거로 제시하며 더욱 설득력을 얻었다.

> "결국 우리는 선거에서 이기지 않았느냐. 그러니 지나치게 예민하게 반응하지 말자."

그러나 그 30%는 그냥 남아 있는 집단이 아니라 온라인 플랫폼과 밈의 전파 구조를 타고 점진적으로 침투·확산하는 세력이다. 게다가 이들은 조금씩이지만 꾸준히 세를 불려 가고 있으며, 이 전파 구조는 '극단적 소수'가 다수 담론을 오염시키는 데 매우 효율적이다. 그렇기에 결코 방치해선 안 되는 문제다.

2. 먹이금지론

"그들은 관심받는 게 목적이다. 언급해 줄수록 좋아할 뿐이다. 무시가 답이다."

이 논리는 방관을 합리화하는 장치에 불과하다. 무시한다고 사라지는 현상이었다면 우리는 벌써 이 문제를 해결했을 것이다. 오히려 무대와 관객을 비워주는 순간, 그들은 동질감을 강화하며 세를 키운다. 결과적으로 '무시'는 대응이 아니라 그들에게 안전한 '성장 공간'을 내주는 셈이다.

3. 자정작용론

"어릴 땐 그럴 수 있다. 사회생활을 하고, 결혼도 하고, 나이를 먹다 보면 자연스레 변한다."

개인적으로 이 주장은 일정 부분 타당하다고 생각한다. 실제로 온라인 세계에 갇혀 있다가 사회로 나와 다양한 사람을 접하면 자신이 보던 세상이 전부가 아니었다는 걸 깨닫는 순간이 오기도 한다. 그러나 이 문제를 전적으로 자정작용에만 맡기는 것은 위험하다. 뒤에서 자세히 다루겠지만 심리전이란 결국 사람의 감정을 자극하고, 욕망을 조종하며, 멘탈을 흔들어 '내가 스스로 선택했다'고 착각하게 만드는 전쟁의 기술이다. 이런 구조 속에서는 개인의 성장이나 자정만으로 문제를 해결하기 어렵다. 더구나 심리전의 주요 타깃은 인식 구조가 완전히 형성되지 않은 세대다. 이대로 방치할 경우 세대 전체의 정치적 성향을 장기적으로 고착시킬 위험이 크다.

프레임의 힘 : '친중' 낙인의 정치학

하나만 예를 들어 설명하자면 바로 '민주당 = 친중 정당'이라는 프레임이다. 2010년대 초반부터 본격적으로 퍼지기 시작한 이 논리는 지금까지도 극우 커뮤니티의 대표적인 무기로 쓰이고 있다.

이재명 대통령이 대선 후보 당시 이런 발언을 한 적이 있다.

"우리 국민들 좀 더 잘 먹고 잘살자고, 대한민국 국익을 지키자고 하는 일이 외교 아닙니까? 그러면 외교에서도 한미동맹 중요하죠. 잘 지키고 발전시켜야지요. 한미일 안보협력해야지요. 그렇다고 해서 다른 나라들 하고 그렇게 원수 살 일 없지 않습니까? (…) 중국에도 셰셰 하고, 대만에도 셰셰하고, 다른 나라하고 잘 지내면 되지, 대만하고 중국하고 싸우든지 말든지, 그게 우리하고 무슨 상관이냐?(…)"

이것은 국가 이익을 중심에 두고 모든 나라와의 관계를 균형감 있게 유지하겠다는 지극히 상식적인 외교의 원칙이다. 결국 외교란 미국엔 '땡큐'하고, 중국엔 '셰셰'하고, 일본엔 '아리가토' 하면서 우호적 관계를 유지해 우리나라의 이익을 극대화하면 그만이다. 여기에 무슨 복잡한 논리나 이념이 필요한가.

그러나 극우 프레임 속에서는 '미국 편이냐, 중국 편이냐'라는 이분법만이 존재한다. 이 게임의 룰에 말려드는 순간 민주당은 언제나 '중국 편', 즉 '악의 편'이 된다. 극우 커뮤니티에는 지금도 "착짱죽짱(착한 짱개는 죽은 짱개다)", "짱퀴벌레" 같은 혐오 표현이 올라온다. 이런 발언들은 단순한 감정의 분출이 아니라 조직적인 프레임 전파의 도구다. 그 결과 어느 순간 중국인들은 상종도 할 수 없는 인간, 늘 뒤통수만 치는 나쁜 놈들, 더럽고 냄새나는 존재라는 인식이 확산된다. 프레임은 여기서 멈추지 않는다. '혐오 대상=민주당이 감싸는 집단'이라는 등식이 만들어지고, 이는 곧 '민주당=적'이라는 감정적 각인을 고정시킨다. 이후 정치권에서 첨예한 이슈가 발생하면 민주당은 중국에 쩔쩔매면서 목소리도 내지 못하는 정당으로 낙인찍힌다. 그리고 이 '뇌피셜'은 자연스럽게 민주당과 중국이 어떤 커넥션으로 얽혀 있기 때문이라는 음모론으로 이어진다. 한줌론, 먹이금지론, 자정작용론으로 대응한 결과 민주당은 여전히 이 프레임에서 벗어나지 못했다.

정치인들 입장에서 이런 문제를 직접 거론하는 게 '모양이 빠진다'고 여길 수 있다. 선거 때 유권자들에게 크게 어필하기도 어렵다. 그래서 경제 문제, 지역 발전, 기후 위기, 양극화 문제 해소 같은 '거대 담론'을 우선순위에 두는 경향이 강하다. 그 말이 틀린 것은 아니다. 그러나 이런 거대 담론만 우선하는 사이, 프레임은 이미 대중의 무의식 속에 깊게 뿌리내렸고 선거 때마다 중요한 변수로 작동해 왔다.

그렇기에 이 문제를 등한시해서는 안 된다. 그 대표적인 예가 20대 대선이었다. 부동산, 젠더 갈등, 경제 문제 등 여러 진단이 가능하겠지만 사이버 심리전 또한 핵심 원인이었음을 부정할 수 없다. 당시 우리 사회를 둘러싼 중요한 이슈들이 여럿 있었음에도 온라인 작업을 통해 대중의 시선을 대장동 같은 특정 사안에만 매몰되게 만들었다. 여기에 주류 언론이 가세하면서 민주당은 결국 대선에 패배했다. 그 결과 윤석열이라는 괴물이 대통령 자리에 오르는 사태가 벌어졌다. 이는 '여론전 방치 → 프레임 고착 → 정치 지형 붕괴'라는 전형적인 흐름이었다. 그럼에도 정치권에서는 이 교훈을 충분히 체화하지 못하고 있다.

사이버 내란의 완전한 종식을 위해

그래서 나는 이 문제를 결코 정치적 유불리나 진영 논리의 문제로 축소해서는 안 된다고 생각한다. 단순히 여야의 대립도 아니고, 특정 커뮤니티 내부의 일회성 사건으로 끝낼 사안은 더더욱 아니다. 이것은 우리 공동체가 앞으로 어떤 환경 위에서 살아갈 것인가에 대한 훨씬 더 근본적인 질문이다. 우리는 지금 물리적 영토만이 아니라 디지털 공간이라는 '정신적 영토'를 어떤 가치 위에서 지켜낼 것인가의 기로에 서 있다. 정치인들은 늘 '미래 세대'를 이야기하지만, 정작 그들이 살아가는 디지털 공간은 사실상 방치되고 있다.

온라인 공론장은 혐오와 조롱, 조작과 왜곡이 일상화된 쓰레기장으로 변질되었지만 정작 그 누구도 책임지지 않는다. 빠르게 변해 가는 정보 유통의 구조를 제대로 이해하지 못한 채 외치는 정의로운 가치와 고상한 언어는 그저 공허하다. 세상을 바꾸는 힘은 멋진 구호의 나열이 아니라, 그 말이 실제로 통용될 수 있는 생태계에서 나온다. 정치적 언어가 작동하기 위해서는 그 언어를 받아들일 수 있는 정보·문화 인프라가 전제되어야 한다. 지금 한국 사회는 그 토대가 무너진 상태다.

누구는 온라인에서 벌어지는 이 싸움에서 이기기 위해서는 당위·팩트·진정성이 필요하다고 말한다. 번지르르하고 좋은 말처럼 들리지만 현실에서는 허황된 주장이다. 이렇게 해서는 결코 혐오와 유머를 무기로 한 세력과 맞설 수 없다. 지금 온라인 전장에 팩트 따위는 통하지 않는다. 여기는 이미 문화 전쟁터이자, 조롱이 진실을 덮는 밈 전쟁의 한복판이기 때문이다. 이 전쟁에서 승리하려면 정보가 어떻게 유통되고, 어떤 감정이 전파되며, 어떤 구조가 여론을 움직이는지까지 이해해야 한다. 이를 위해서는 정보 생태계의 구조·플랫폼 알고리즘·감정 소비 메커니즘을 종합적으로 파악하는 '정보전 전략가'의 시선이 필요하다.

2024년 12월 3일, 우리는 물리적 영토에서 벌어진 내란을 목격했다. 국회를 침탈하고, 헌법을 부정하고, 민주주의를 파괴하려는 세력들이 자국민을 향해 총부리를 겨누었다. 수많은 시민이 이에 분노했고 거리로 나와 저항했다. 그 덕분에 우리는 지금 내란 종식이라는 방향으로 나아갈 수 있게 되었다.

하지만 그보다 먼저 훨씬 더 오랜 시간 동안 훼손돼 온 것은 정신적 영토였다. 사이버 공간, 곧 우리의 공론장이자 민주주의의 기반이 되는 디지털 정보 생태계에서는 심리전·여론전·정보전이 복합적으로 펼쳐져 왔고, 최근에는 인지전까지 가세했다. 보이지 않기에 더 교묘하고, 일상화됐기에 더 위험하다. 심리전은 개인의 감정을 교란하고, 여론전은 이를 증폭·확산시키며, 정보전은 사실 구조를 변형하고, 인지전은 최종적으로 인식 자체를 재편한다. 이 단계적 공격이 이미 우리의 일상 깊숙이 스며든 셈이다.

특히 보수를 자처하는 정치 세력은 집권할 때마다 국가 공권력을 동원해 조직적으로 이 정신적 영토를 침탈해 왔다. 국정원, 군 정보기관, 뉴라이트, 그리고 극우 커뮤니티에 이르기까지 그들은 온라인 여론을 조작하고 공론장을 오염시키며 민주주의를 훼손했다. 약자와 진보를 혐오의 대상으로 삼아 조롱하는 이 문화와 구조는 단지 몇몇 개인의 일탈이 아니라 오랫동안 기획되고 방조된 공작의 결과물이다. 이것은 단순한 인터넷 문화 현상이 아니다. '국가 차원의 장기 심리전 프로젝트'이자 '자국민을 향한 정치 공작'이었다.

이 책은 그 과정을 추적하고 맥락을 복원하려는 기록이다. 나는 ―국정원의 심리전단, 군 정보기관, 뉴라이트의 등장, 리박스쿨, 그리고 DC·일베 같은 극우 커뮤니티와 펨코를 등에 업은 이준석이라는 변종 정치인까지― 이 모든 현상을 하나의 흐름 속에서 다시 짚어보고자 한다. 동시에 오랫동안 고민해 온 이 고리를 끊을 방법에 대해서도 함께 나누고 싶다.

이 문제는 복잡하고 길고 거대하다. '인맥·정보·자금 네트워크'가 유기적으로 얽혀 수십 년째 지속돼 왔고, 그 안에는 국가 권력뿐 아니라 민간 기업, 사이비 종교 세력까지 얽혀 있다. 이것은 단발성 범죄가 아니라 세대별·계층별로 표적화된 장기 심리전의 인프라다. 나는 이 문제를 어느 정도 해결하려면 최소 10년은 걸릴 거라고 본다.

그렇다고 이 사이버 내란 세력을 방치하면 그들은 언제든지 주류인 양 행세하며 공론장을 파괴할 것이다. 이명박 정권 때 뿌려진 씨앗이 자라서 윤석열을 만들었고, 윤석열 정부에서 뿌려진 씨앗은 지금 당장은 보이지 않더라도 10년, 15년 뒤에 반드시 모습을 드러낼 것이다. 그때도 지금처럼 겉으로 드러난 현상만 쫓다가는 뿌리 깊은 구조는 그대로 남아 결국 우리는 또 다른 윤석열을 맞이할지도 모른다.

다행히도 이 문제에 공감하는 사람들이 하나둘씩 늘고 있다. 최근 이재명 대통령·김민석 총리·추미애 의원이 공개적으로 '사이버 내란'이라는 표현을 사용했다. 이재명 대통령은 사이버 전쟁터에서 직접적인 피해를 입은 당사자이자, 일찍이 이 문제의 심각성을 인식하고 해결 의지를 보여온 정치인이기도 하다. 이 소중한 기회를 제대로 활용해야 한다.

홀로 싸워 온 지난 세월은 고되고 지난했다. 이 싸움은 외롭지만 피할 수 없었다. 이 책이 '사이버 내란 특별법' 제정에 보탬

이 되고, 더 많은 이들에게 이 문제의 심각성을 알릴 수 있다면 지난 10년이 헛되지 않았다고 생각할 수 있겠다.

앞서 밝혔듯이 나는 한때 키보드 워리어였다. 게임 채팅창에서 쓰던 독설과 밈들을 퍼뜨리며 '승리'의 쾌감에 취했지만 그 쾌감은 상대를 설득하거나 세상을 바꾸는 힘이 아니었다. 그것은 상대의 존엄을 훼손하고, 결국 나 자신까지 파괴하는 독이었다. 남은 건 상처 입은 사람들과 황폐해진 공론장뿐이었다.

아무리 반성하고 또 반성해도 지난 과오는 사라지지는 않는다. 이 책은 그 잘못에 대한 고백이자 반성문이며, 동시에 그 시절 내가 놓쳤던 진실을 추적해 온 보고서다. 그리고 무엇보다 지금 내가 할 수 있는 최대한의 공격이기도 하다. 이 공격은 칼이나 총이 아니라 기록과 분석, 그리고 그 구조를 해체하는 전략으로 이루어진다.

지금 이 문장을 읽고 있는 당신과 함께 싸움은 계속될 것이다.

2025년 황희두

목차

사이버 내란 주요 사건 연표

2003–02	노무현 정부 출범 : 온라인 참여민주주의 실험의 분기점
2003–07	대선 패배 원인을 인터넷으로 분석한 한나라당 'i-한나라 추진기획단' 추진 시작
2003–11	최병렬 대표 '사이버 전사 1천 명 양성론' 언급
2004–01	'일베'의 모태가 된 디시인사이드 게시판에 '노빠' 비난 쏟아지기 시작. 동일 IP(211.44.187.143)로 한나라당 여의도 당사 발각
2004–08	한나라당 2007년 대선 승리 전략 '5107 프로젝트'(2007년 51% 득표 집권) 발표 충성도 높은 네티즌 10만 명 확보 '10만 양병설' 핵심 과제 제시
2004–10	한나라당 '알리미'로 불린 108개조(組) 사이버 전사대 조직
2004–12	노무현 정부의 4대 개혁입법(과거사법, 국가보안법, 언론법, 사학법) 저지를 위한 행넷 운동('4대 국민분열법 바로 알기' 네티즌 운동) 여론전 본격화
2006–04	뉴라이트재단 공식 출범 : 역사·교육·안보 프레임 재정립 시도
2007–11	이명박 대선캠프 내 여론조작팀 운영
2008–02	이명박 정부 출범
2008–06	국군기무사령부, 권력기관 온라인 댓글 공작 첫 기획
2008–12	국가정보원, 민간 여론조작 조직 '알파팀' 구성
2009–02	원세훈 국정원장 취임 : '지시·강조 말씀' 등 정치·여론 지침 강화, 보고체계 고착

2009-05	'노무현 모욕주기 3단계' 심리전 운용 : 개인 비하→혐오 증폭→의제 전환('논두렁 시계' 등)
2009-05	노무현 전 대통령 서거 : 이를 계기로 '국정원 심리전' 본격화. 사회·정치 지형의 중대 전환점
2010-01	국군 정보기관 창설 : 사이버 심리전·여론전 공식 조직화
2011-03	경찰청 : 보안국 중심 댓글 조직 운영
2011-05	일간베스트 저장소(일베) 상표권 출원 : 혐오 밈 가속, 커뮤니 티발 정치화 허브
2011-12	'박근혜 키즈' 이준석 합류 : 새누리당 비대위 영입, 상징 정치 출발
2012-12	국정원 대선 개입 의혹 표면화 : 댓글·추천조작 실체 공론화 (김하영 사건)
2013-02	박근혜 정부 출범 : 이후 온·오프라인 동원 결합 가속
2013-04	국정원 특별수사팀 구성 : 추후 댓글 수사, 재판 방해 사실 드러남
2013-12	군 정보기관 1차 수사 결과 발표 : 이후 윗선의 축소, 은폐 혐의 드러남
2014-04	세월호 참사 : 유가족 대상 왜곡 프레임·불법 사찰·혐오 확산의 분수령
2014-08	'유민아빠' 사찰·프레이밍 : 국정원 직원의 정보 수집·신상 공격 논란
2014-08	'세월호 잊자' 등 일상복귀 프레임 조성 : 국정원 자체 예산으로 일베 통해 확산

2014-09	세월호 유가족 조롱 '폭식 투쟁' : 온라인 선동과 오프라인 동원의 결합 정착
2016-12	박근혜 탄핵소추안 가결 : 국회 단계에서 정권 심판 본격화
2017-03	헌재 파면 선고 : 촛불·여론·사법의 결합이 제도 변화로 귀결
2017-05	문재인 정부 출범 : 댓글 공작 재수사·개혁 드라이브, 인적·구조 개혁 미완 과제 남김
2018-12	'이대남' 현상 부각 : 젠더 갈등·경쟁·플랫폼 보상 구조 결합에 따른 보수화·급진화 논쟁 확산
2020-12	국정원법 개정 : 대공수사권 이관 등 권한 조정, 제도적 전기
2022-05	윤석열 정부 출범 : 뉴라이트 인사 전면 배치 논란, 교육·역사·방송·안보 라인 영향력 확대
2022-12	이명박 특별사면 : 네트워크 복귀의 상징으로 해석
2024-03	윤석열 3·1절 기념식 '자위대' 세로 드립 논란 : 뉴라이트 프레임 재확산 지적
2024-12	12·3 내란 윤석열 탄핵소추안 가결 : K-POP + 응원봉 집회 전 세계적 주목
2025-01	서부지법 폭동 : 온라인 선동이 오프라인 폭력으로 분출, 공권력·사법부 겨냥 소요
2025-04	윤석열 파면
2025-05	리박스쿨·자손군 연계 논란 : 외곽 교육 프로그램과 조직적 동원 설계 의혹 부상

2025-06	이재명 정부 출범
2025-06	대통령 지시 : 가짜뉴스 유튜버 '징벌적 손해배상' 등 대책 마련을 법무부에 지시
2025-07	대통령 발표 : 참사 피해자 조롱·폄훼 등 2차 가해 무관용 원칙 선언, 경찰 '2차 가해 범죄 전담 수사팀' 신설
2025-07	사람사는세상 노무현재단 혐오 대응 본격 착수 : 재단 차원의 상시 대응 체계 가동
그리고 언젠가	사이버 내란 대응 TF 신설 및 사이버 내란 특별법 제정

1부.

이명박과 윤석열의 연결된 세계관

1

들어가기 전에 – 심리전이란 무엇인가?

본격적인 내용에 들어가기 전에 심리전의 개념부터 정확히 짚고 넘어갈 필요가 있다. 심리전의 사전적 정의는 전시에 적에게 심리적 자극을 가해 물리적인 충돌 없이 전황을 유리하게 이끄는 전술을 말한다. 심리전을 잘 활용하면 전선에서 총 한 발 쏘지 않고 상대를 무너뜨릴 수도 있다. 상대의 사기를 꺾고, 내부의 분열을 유도하거나 심지어 스스로 도주하게 만드는 방법들이 모두 포함되기 때문이다. 이외에도 정보 차단이나 혼란 조장을 통해 조직을 와해시키는 다양한 공작들 또한 심리전의 일종이라고 볼 수 있다.

사이버 공간에서의 심리전은 눈에 보이지 않는 전쟁이다. 적이 누구인지, 어디서 공격이 들어오는지, 어떤 방식으로 파고드는지를 단번에 알기 어렵다. 그렇기 때문에 개인이 대응하기는 쉽지 않다. 불안과 의심, 혐오와 분열에 말 그대로 '가랑비에 옷 젖듯이' 빠지게 한다. 지금 당장의 이슈에 한정하지도 않는다. 이 전쟁의 본질은 장기전이다. 천천히, 오래, 끊임없이 스며들게 하는 것이다. 심리전을 어떻게 사용하느냐에 따라 정치·사회 갈등을 인위적으로 증폭시켜 선거나 정책 결정 등 국가 의사결정 과정 전체를 왜곡시킬 수 있다는 점에서 전통적 군사전보다 민주주의에 더 치명적인 영향을 미친다.

이런 심리전의 선구자로 자주 언급되는 인물로 에드워드 버네이즈Edward Bernays를 꼽을 수 있다. 그는 정신분석학 창시자 지그문트 프로이트의 외조카였으며, 프로이트의 '무의식' 이론을 상업·정치 선전에 이용해 '대중의 생각을 원하는 방향으로 유도하는 기술'을 체계화한 인물이었다. 선전, 혹은 PRPublic relations이라는 용어를 대중적으로 확산시킨 인물로 평가받으며, 그의 저서 『프로파간다PROPAGANDA(1928)』는 현대 선전학의 고전으로 꼽힌다. 그가 남긴 전설적인 사례 중 하나가 1929년 뉴욕에서 진행된 '자유의 횃불Torches of Freedom' 캠페인이다.

1920년대 미국 사회에서 여성은 공공장소에서 담배를 피우는 것이 사회적 관습상 금기시되었다. 버네이즈는 이 금기를 깨뜨리며 여성 소비자를 흡연 시장으로 끌어들이는 작업을 '사회운동'처럼 포장했다. 1929년 부활절 퍼레이드에서 그는 이렇게 선언했다.

> "이들이 럭키 스트라이크 담배에 붙이는 불은 단순히 담뱃불이
> 아니라 여성들의 참정권과 같은 인권 운동에 있어 자유의 횃대
> 에 붙이는 횃불이다"

버네이즈는 패션모델과 여성 오피니언 리더들을 동원해 자유를 외치며 흡연하는 장면을 연출했고, 기자들에게는 '자유의 횃불'이라는 상징 문구까지 사전에 퍼뜨려 대대적으로 보도가 이뤄지게 했다. 겉으로는 페미니즘과 인권 운동처럼 보였지만, 실제로는 담배 회사의 판매 확장 전략이었다.

이 패턴은 버네이즈의 모든 작업에 공통적으로 흐른다. 피아노 판매를 위해 '가정 음악실'이라는 문화적 로망을 퍼뜨렸고, 머리망 판매를 위해 '머리카락이 기계에 끼어 사고 난다'라는 불안을 공론화했다.

전제 : 머리가 길면 공장 기계에 끼어 다칠 수 있다.
결론 : 그러니 머리망이 필요하다.

이 단순한 구조는 사람들이 자발적으로 머리망을 '필수품'이라 믿고 구매하게 만들었다. 버네이즈는 불안·욕망·동조심리

까지 설계하며 소비를 자발적 선택처럼 포장했다. 그의 저서 『프로파간다』[1]는 오늘날에도 여론조작·PR 전략의 바이블처럼 회자된다.

"대중들이 스스로 선택했다고 믿게 만들어야 그 선택이 오래 간다."

그가 남긴 대표적인 명언이다. 이것은 단순한 광고·홍보 기술을 넘어 집단 심리를 장기간 재편하는 '사회공학적 무기'의 설계도를 요약한다고 볼 수 있다.

버네이즈의 이론에 심취한 대표적인 인물이 나치 독일의 선전장관 괴벨스였다. 그는 버네이즈의 책을 교과서처럼 탐독했고, 나치 선전 체계의 전반을 그의 기법에 맞춰 설계했다. 효율적인 선전·선동을 위해 저가형 국민 라디오 계획을 수립하고, 독일 전역에 라디오 보급률을 비약적으로 높여 전 국민이 동일한 메시지

---

1 이 책에는 이런 문장들이 있다. "대중은 정확히 선전가의 의도대로 따른다. 그 사실을 모른 채."
"현대의 선전은 기업이나 사상 또는 집단과 대중의 관계에 영향을 미치기 위해 사건을 새로 만들거나 일정한 방향으로 끼워 맞추려는 일관된 노력이다."
"대중의 관행과 의견을 의식과 지성을 발휘해 조작하는 것은 민주주의 사회에서 중요한 요소이다. 사회의 보이지 않는 메커니즘을 조작하는 사람들이야말로 국가 권력을 진정으로 지배하는 '보이지 않는 정부'를 이룬다."
"선전은 절대 사라지지 않는다. 현명한 사람일수록 선전은 생산적인 목표를 달성하고 무질서를 바로잡는 데 필요한 현대적 도구라는 점을 직시한다"

를 동시 청취하도록 만들었다. 언론·영화·집회 공간을 장악해 동일한 이미지와 감정을 반복 주입한 것도 버네이즈식 전략의 전형이었다.

괴벨스에게 선전은 단순한 메시지 전달이 아니었다. 그것은 감정의 흐름과 사회적 공간을 정밀하게 관리·지배하는 '심리전의 예술'이었다. 나치의 선전은 언론·영화·행사·건축·제복·음악 등 생활 전 영역을 장악해 사람들의 인지 구조 자체를 재설계했다.

버네이즈가 "사람들이 스스로 선택했다고 믿게 해야 오래 간다"는 인식을 소비 시장에 적용했다면, 괴벨스는 이 원리를 정치·이데올로기적 체계 전체로 확장했다. 전자는 머리망, 비누, 피아노 같은 상품을 팔기 위해 환경을 조성했지만, 후자는 독일 국민 전체가 히틀러를 자발적으로 따르는 토대를 만든 셈이다.

즉, 버네이즈가 설계한 집단 습관과 감정 조작의 메커니즘은 괴벨스에 의해 국가적 심리전으로 승격되었고, 그 유산은 오늘날 디지털 시대의 알고리즘·데이터 분석·확산 전략 속에서 더욱 은밀하고 정밀한 형태로 되살아나고 있다.

군중심리의 메커니즘

여기에 더해 심리전은 늘 '군중심리'의 메커니즘을 파고든다. 『군중심리학Psychologie des foules』의 저자로 유명한 프랑스의 의사이자 심리학자인 귀스타브 르 봉Gustave Le Bon에 따르면 군중은 이미지와 상상력, 감정에 지배된다. 복잡한 팩트보다 단순한 이미지, 추상적 구호에 쉽게 휩쓸리며, 반복·확언·전염·위엄 같은 기술에 취약하다. 공포·동정·큰 거짓말 같은 선동 기법은 모두 이 군중 심리에 기대 작동한다. 그리고 그 기술은 지금도 온라인 밈·댓글·영상 속에서 그대로 재현되고 있다. 이 구조를 이해해야만 왜 사이버 심리전이 민주주의 사회에서 파괴력을 가지는지를 설명할 수 있다.

냉전 시기에는 이러한 심리전이 라디오·영화·교육을 통해 국가 단위로 전개되었다면, 21세기에는 디지털 플랫폼과 알고리즘을 통한 초정밀 여론전으로 확장되었다.

중국의 경우 2003년 인민해방군 총정치부의 정치 공작 조례에서 '삼전三戰' - 여론전[2] ·심리전[3] ·법률전[4]을 공식화했다. 이 세 축은 평시·전시를 가리지 않는 통합 전략으로 특히 남중국해 영유권 확보 과정에서 집중적으로 활용됐다. 이러한 삼전의 사례는 오늘날 사이버 심리전 역시 특정 국가만의 문제가 아니라 국제적으로 이미 검증된 전술임을 보여준다.

---

2 자국 군대의 이미지를 개선하고 적국 여론을 분열시킴.
3 적의 사기를 꺾고 전투 의지를 약화시킴.
4 국제법·국내법을 활용해 자국 행동을 정당화하고 상대를 규탄함.

시간이 흐르며 이 기술은 한국의 온라인 전장에도 스며들었다. 중국을 수시로 비난해 온 한국 극우 정치 세력은 오히려 고소·고발을 통한 법률전, 언론·유튜브를 통한 여론전, 혐오 조작을 통한 심리전 등을 통해 중국의 삼전 구조를 고스란히 이어왔다.

이명박 정부 시절, 국정원을 통해 사이버 심리전을 준비하며 심리학·언어학·커뮤니케이션학 등 학문과 분석을 결합해 특정 정치 세력과 인물을 겨냥한 공작을 수행한 것이 대표적인 사례였다.

그들은 어떤 메시지가 대중의 감정을 강하게 자극하고, 어떤 이미지가 장기적으로 인식을 각인시키는지를 연구했다. 그렇게 탄생한 '작품' 중 하나가 노무현 대통령과 코알라 얼굴을 합성한 이미지였다. 겉보기에 우스꽝스럽고 유치한 장난처럼 보일 수 있지만 실은 국가기관이 치밀하게 기획한 조롱이었고, 국가 차원의 심리전이었다.

냉정히 말해 우리는 그 전장에 오래도록 무방비로 노출돼 있었다. 더 심각한 사실은 이런 거대한 공작조차 일부 정치인과 평론가들에겐 "또 음모론이냐"는 수준으로 축소된다는 점이다. 예컨대 국정원 댓글 사건이 폭로됐을 때 일부 언론과 정치인은 "댓글 몇 개가 선거 결과를 바꿀 수 있냐?"라거나 "선거 패배를 남 탓으로 돌리며 음모론을 퍼뜨린다"라는 프레임으로 본질을 희석시켰다. 이게 개인 차원의 경쟁이라면 남 탓하지 말고 나만 잘하면 된다는 말이 성립할 수 있다. 그러나 집단적·조직적 공작, 심지어 정보기관의 불법 사찰과 막대한 자금이 결합된 심리전은 개인 역량만으로 결코 감당할 수 없다. 이 차이를 이해하지 못하면 문제의 본질을 외면하는 것과 같다. 가짜뉴스와 조롱, 왜곡된 밈이 무심코 소비되는 순간 그것은 단순한 오락이 아니라 대중 인식의 구조를 바꾼다.

이런 심리전에 관한 전반적인 메커니즘을 이해해야 이후에 벌어지는 과정들을 구체적으로 해석하고 대응할 수 있다.

2

디지털 정치 공작의 기원과 양상

한나라당, 사이버 여론의 중요성을 인식하다

그 시작은 2003년, 노무현 대통령 당선 직후로 거슬러 올라 간다. 당시 한나라당은 연이은 선거 패배의 원인을 분석하던 중, 그 핵심 요인으로 '인터넷'이라는 새로운 변수를 주목하게 된다. 노무현 대통령이 '인터넷 대통령'이라는 별명을 얻을 만큼 온라 인 공간에서 자발적 지지와 참여를 이끈 정치인이었다는 점이 극우 진영에 큰 충격을 준 것이다. 전통적인 선거 방식인 오프라 인 조직망과 방송 중심 구도에 익숙했던 그들에게 온라인이라 는 '새로운 전장'은 낯설고도 위협적인 공간이었다. 특히 토론 문 화·네티즌 집단 행동·실시간 정보 확산 속도가 기존 정치 공작 방식으로는 대응 불가능한 수준이라는 사실이 드러나면서, 극우 진영은 인터넷을 더 이상 '젊은 세대의 놀이터'로만 볼 수 없다는 결론을 내렸다. 그렇게 등장한 것이 '사이버 전사 1천 명 양성' 계획이었다. 이는 단순한 온라인 홍보 강화가 아니라 정당 차원에서 조직적·전략적으로 온라인 여론전에 뛰어들겠다는 선언과 다름 없었다.

최병렬 한나라당 대표는 물론 그다음 당 대표였던 박근혜 역시 사이버 전사의 필요성을 공식 석상에서 언급하며 이런 흐름에 힘을 실었다. 결과적으로 2000년대 초반의 이 전략 전환이 훗날 국정원·군 정보기관·극우 커뮤니티 네트워크를 하나의 유기적 여론전 구조로 연결시키는 출발점이 됐다.

이 과정에서 신천지를 주목할 필요가 있다. 2003년에 작성된 신천지 내부 문건을 보면, '서청원 대표 지원 건'이라는 항목이 등장하며 당시 친노 세력의 핵심 지지 모임인 노사모가 구체적으로 언급된다. 그들은 공개적으로는 노사모를 두고 '노빠', '팬덤 정치'라며 조롱했지만, 내부적으로는 그 조직력과 동원력을 벤치마킹 대상으로 삼고 있었다. 결국 신천지는 '2030 대상으로 집중적 홍보하여 젊은 층에 깊숙이 파고드는 후보가 되도록 온라인망 지속 가동', '노사모 능가하는 온·오프라인 조직으로 극대화'라는 내부 전략까지 수립했다. 사이비 종교 조직을 정치 선동의 거점으로 활용하려는 발상이었다. 전직 신천지 지파장의 폭로에 따르면 신천지는 이미 1997년 15대 대통령 선거부터 특정 정당 후보를 일관되게 밀어왔다고 한다. 이렇게 축적된 정치 개입 경험과 조직력이 훗날 디지털 정치 공작 네트워크의 중요한 축으로 자리 잡게 된다.

이때 작성한 문건을 보면 디테일이 더 소름 끼친다. 예컨대 '지나치게 종교적인 아이디는 온라인 여론조작에 부적합하니 자제할 것'과 같은 매우 구체적인 지침까지 담겨 있었다. 단순한 우발적 댓글 활동이 아니라 정체 은폐와 여론전, 심리전 기술을 결합한 조직적 작전 계획이 명시돼 있었던 셈이다. 이 모든 흐름은 결국, 한나라당과 신천지 사이의 조직적 공모 가능성을 강하게 암시한다. 물론 서청원 한나라당 대표는 관련 사실을 부인했지만 신천지가 가동한 활동 규모와 정밀도, 드러난 증거를 보면 서청원의 주장은 궁색하다.

이후에도 신천지와 정치권의 연결 고리를 의심케 하는 정황은 여러 차례 드러났다. 그 결정적 사례가 2021년 국민의힘 대선 후보 경선이다. 홍준표 전 대구시장은 이만희 교주로부터 직접 "신도 10만 명을 책임당원으로 가입시켜 윤석열을 도왔다"는 발언을 들었다고 폭로했다. 윤석열이 검찰총장 시절 신천지 압수수색을 두 차례 막아준 '은혜'에 대한 조직적 보답이었다고 한다. 실제 경선에서 윤석열은 여론조사에서는 밀렸지만 당원투표에서 압승해 역전했는데, 신천지 조직표 개입 의혹과 맞물려 당내 민주주의를 근본적으로 흔든 사건으로 기록됐다.

게다가 2023년 이만희의 '황제 준법교육' 특혜 의혹도 JTBC 보도를 통해 일부 드러났다. 교육 직전 대통령실 법률비서관실이 법무부에 두 차례 연락했고, 법무부 차관조차 "왜 대통령실이 이런 걸 보고하라 하느냐"고 놀랄 만큼 이례적인 개입이었다. 실제 교육 현장에는 침대·경호 인력이 배치돼 특혜가 확인됐고, 내부 녹취와 간부 증언에서는 "윤석열 라인에 들어갔다"는 표현까지 등장했다. 신천지 개입 의혹은 단순한 음모론이 아니라 검찰권 행사–정당 경선–대통령실 개입까지 이어지는 정교한 정치 공작이라는 사실이 확인된 셈이다.

특정 시기에 드러난 각각의 사건들은 모두 한 줄기로 이어진 흐름의 일부이다. 신천지가 2000년대 초반부터 최근까지 정치 권력과 결탁하여 생존과 확장을 도모했고, 정치 권력은 신천지의 조직력을 선거와 여론전에 활용한 사실상의 공생 관계임을 알 수 있다.

이들은 노무현 대통령이 집권하던 초기부터 온라인 공간을 명백한 '전장'으로 인식하고 있었다. 그것도 단순한 정보전이 아닌, 국가 안보 영역에서 적국에 적용해야 할 전쟁 기술을 자국의 국민과 정치인들에게 사용한 것이다. '사이버 전사'라는 용어 자체가 이를 증명한다. 전사는 전쟁터에서 싸우는 병사다. 즉 인터넷 공간을 정치적 논쟁의 장이 아니라 실제 교전이 벌어지는 전쟁터로 보고 상대 정당과 지지자들을 '적군'으로 간주한 것이다.

내가 이 일련의 과정을 '사이버 내란'이라고 규정하고 전쟁에 비유하는 이유도 여기에 있다.

공권력과 인터넷 여론조작의 결합

국가 공권력이 본격적이고 조직적으로 인터넷 여론조작에 개입하기 시작한 분기점은 2008년이었다. 이명박 정부 출범 직후 광우병 사태가 벌어졌고, 이에 분노한 수많은 시민이 촛불을 들고 거리로 쏟아져 나왔다. 당시 시청 앞 광장을 가득 메운 촛불 인파는 정부를 향한 분명한 경고이자 직격탄이었다. 지지율은 급격히 하락했고 상황은 통제 불능으로 치달았다.

이명박은 생각했다. '이렇게 많은 사람이 한꺼번에 움직이게 된 이유는 무엇인가. 누가, 어떤 통로를 통해 이들을 거리로 이끌었는가.' 그 질문의 끝에서 도달한 결론이 바로 '온라인 공론장'이었다.

그들은 상황의 핵심이 오프라인이 아니라 인터넷이라고 판단했다. 거리의 촛불보다 그 촛불을 들게 만든 배경, 즉 온라인 커뮤니티와 SNS, 대형 포털에 여론 흐름의 본질이 있다고 본 것이다. 이를 기점으로 국정원과 군 정보기관이 본격적으로 투입되기 시작했다. 당시 표적이 된 대표적 공간은 다음 아고라, 오늘의 유머, 트위터 등이었다. 당시 다음 아고라는 수십만 명이 동시에 참여해 토론·청원·서명을 이어가는 대표적 공론장이었다. 국정원과 사이버사가 가장 먼저 파고든 이유도 바로 그 영향력 때문이었다.

정부는 이 공간들에 의도적 개입과 조작을 감행하면서 여론의 흐름을 이명박 정권에 유리한 방향으로 이끌기 위해 심리전 차원의 작업을 벌였다. 동시에 노무현 정부와 진보 진영에 대한 집중 공격도 병행했다.

결정적인 분기점은 2009년 노무현 대통령의 서거였다. 그 사건은 민주·진보 진영이 하나로 결집하는 기폭제가 됐고 이명박 정부에게는 체제에 대한 도전처럼 여겨졌다. 그래서 이들은 단순한 이미지 훼손을 넘어 노무현이라는 인물의 사상과 가치, 즉 '세계관 자체를 붕괴시키는 것'에 사활을 걸기 시작한다.

이는 단지 한 정치인을 비판하는 수준이 아니라, 그가 상징하는 모든 철학과 가치에 대한 말살 작전이었다. 그렇게 '노무현 비하'는 여론전의 고정 메뉴가 되었고, 아무런 문제의식이 없는 10대 아이들조차 인터넷 밈과 혐오 표현을 통해 노무현 대통령을 조롱하기 이르렀다. 그들의 배경에 깔린 세계관은 한 문장으로 요약할 수 있다.

'승리한 것이 정의다.'

이것이 바로 뉴라이트를 포함한 극우 공작 세력의 근본 인식이다. 이기기만 하면 그다음에는 역사를 자신들의 입맛에 맞게 재구성하면 그만이다. 심지어 이런 역사 왜곡조차도 승리한 자신들의 권리라고 믿는다. 그런 신념이 있었기에 친일 매국 세력이 단 한 번도 제대로 청산되지 않은 채 지금까지 정치·언론·종교계 등 각 영역에서 버젓이 활개 치고 다니는 것이다. 그들이 이토록 '승리'를 집요하게 갈망했던 이유는 노무현이라는 존재가 그들의 세계관에 정면으로 대항하는 인물이었기 때문이다.

노무현은 '정의가 승리한다'는 말을 자신의 정치 행보와 삶 전체로 증명해 낸 사람이다. 그의 존재는 그 자체로 '이기면 정의가 된다'는 뉴라이트식 사고에 균열을 내는 살아 있는 반증이었고, 그들에게는 견딜 수 없는 불편함이었다.

그래서 이명박 정권에게 노무현은 정치적 경쟁자가 아니라 자신들의 세계관을 위협하는 상징이자 체제 도전의 아이콘이었다. 이명박 정부가 국정원을 통해 가장 먼저 겨눈 이름이 '노무현'이었던 이유가 바로 여기에 있다.

그들은 노무현의 육체적 죽음만으로는 만족하지 못했다. 그의 이름은 물론 이미지마저 훼손해야만 했다. 이것은 단순한 네거티브가 아니라 노무현이라는 인물이 대표하는 가치와 서사를 사회 전방위적으로 지우려는 장기전이었다. 한 개인에 대한 공격을 넘어 정치·사회·문화 전반에서 '정의가 승리한다'는 믿음을 무너뜨리려는 국가 차원의 심리전이었던 셈이다.

원세훈 국정원의 작업 방식

이명박 정부 당시 벌어진 여론조작 작업의 정점에 있는 인물을 단 한 명만 꼽으라면, 원세훈이다. 그는 본래 행정 관료 출신으로 서울시 상수도사업본부장 시절 이명박이 서울시장이 되면서 인연을 맺기 시작했다. 이후 서울시 행정1부시장 → 행정안전부 장관 → 국정원장으로 고속 승진하게 되는데, 전적으로 이명박의 신임과 정치적 애정이 뒷받침된 결과였다.

원세훈은 충성으로 신뢰를 얻었고 국정원장 자리에서 그 충성을 행동으로 증명하기 시작했다. 물론 원세훈 이전에도 국정원의 정치 공작 논란은 존재했지만 그의 취임 이후, 국정원은 본격적으로 '현실을 조작하고 국민을 분열시키는 공작본부'로 변모했다. 이 과정에서 원세훈은 심리학자와 언어학자들까지 자문으로 불러들여 '심리전 매뉴얼'을 정교하게 설계했다. 이때 수립된 전략 중 하나가 바로 악명 높은 모욕주기 3단계였다. 훗날 한 국정원 간부는 이렇게 증언했다.

"친노 세력은 미숙할지언정 깨끗하다는 이미지였다. 그 이미지를 깨기 위해 그다음부터는 공작의 ABC를 따라가는 것, 그 사람이 살아도 살아 있는 게 아닌 걸로 만들어 버렸다."

그들은 이 목표를 달성하기 위해, 치밀하게 설계된 3단계의 모욕과 혐오 주입 공작을 실행에 옮기기 시작했다. 이는 단발적 비난이 아니라 반복적 조롱 → 집단적 혐오 → 정체성 말살로 이어지는 장기 심리전이었다.

1단계 – 권위 훼손

우선 '노무현은 결코 깨끗하지 않다'는 이미지를 만들어야 했다. 수많은 댓글, 게시물, 커뮤니티 활동을 통해 '부패했다', '뒤가 구리다'는 프레임을 조직적으로 퍼뜨린다. 이때 결정적 역할을 한 사건이 바로 '논두렁 시계' 보도다. 당시 검찰의 피의사실 공표와 언론의 무차별 보도가 맞물려 확산된 이 사건은, 원세훈 원장의 지시와 국정원 심리전단이 주도한 온라인 확산 작업으로 루머가 사실처럼 각인되도록 만들었다. 이후 언론이 이를 받아쓰면서 권위를 철저히 깎아내리는 1단계 작업이 완성된다.

2단계 – 주위 사람 떠나게 하기

다음 단계는 타깃을 철저히 고립시키는 전략이었다. 당사자만이 아니라 주변 인물들까지 사찰해 정치적·심리적 고립을 유도하는 방식이다. 실제로 노무현 대통령 주변의 측근들도 연이어 수사·

압수수색 등 각종 압박을 받았고, 결국 점점 더 많은 사람이 떠나 갔다. '살아도 살아 있는 게 아닌 상태'로 만드는 공작을 통해 정치 활동뿐 아니라 인간관계 자체를 붕괴시키는 효과를 노렸다. 결국 타깃을 사회적·정서적 기반에서 완전히 분리시켜 스스로 고립을 선택하도록 만드는 것이 그들의 목적이었다.

3단계 - 고립시키기

그들은 마지막 단계까지 실행에 옮기지 못했다. 슬프고 안타깝게 도 노무현 대통령이 세상을 떠났기 때문이다. 하지만 앞서도 말 했듯 그들의 목표는 노무현의 물리적 죽음이 아니었다. 정신의 말살, 기억의 왜곡, 이념의 부정이 진짜 목적이었다. 그렇기에 사 후에도 공격을 멈추지 않았다. 히틀러와 괴벨스가 유효하게 써먹 었던 '한 사람의 부정적인 이미지는 평생 간다'라는 전략이 국정 원의 행동에도 그대로 투영됐다.

그 일환으로 국정원 심리전단은 노무현 대통령의 영정 사 진을 조롱하기 위한 방법을 고민했고, 이때 등장한 것이 바로 '노 무현+코알라(노알라)' 합성 사진이다. 한 국가의 전직 대통령이자 한 시대를 대표한 인물을 끝까지 농락하고 조롱하며 짓밟는 것, 이를 온라인 밈처럼 반복 유포해 대중의 집단 기억 속에 부정적 으로 각인시키는 것, 그게 그들이 노리는 '완전한 승리'였다.

가속화되는 공작들

노무현 대통령의 서거는 이명박 정권에게도 커다란 충격이었다. 예상과는 달리 국민의 슬픔과 분노가 거세게 분출되면서 고스란히 지지율 하락으로 이어졌기 때문이다.

그들은 고민했다. '이 감정의 파고를 어떻게 잠재울 것인가.' 그리고 이내 책임을 전가하라는 지시가 내려왔다. 다시 말해 노무현 대통령이 극단적 선택을 하게 된 원인을 '좌파'에게 돌리라는 것이었다. '좌파 세력의 내부 분열, 갈등, 기대와 실망이 그를 죽음으로 몰았다'는 프레임을 퍼뜨리려는 시도가 본격화되었다. 이 또한 단순한 언론 플레이가 아니었다. 국정원 심리전단이 주도한 조직적인 여론 공작이었다.

실제로 원세훈 원장은 "노무현 전 대통령 서거의 책임이 좌파에 있다는 것을 알리라"고 직접 지시했고, 이에 심리전단은 '좌파 제압 논리를 개발해 사이버 심리전을 전개했다'고 보고했다. 노무현 대통령 서거 이후 탄압의 배후로 지목된 이명박 정부를 향한 비판 여론이 폭발하던 상황을 의식한 조치였다. 목표는 분노의 화살이 정권으로 향하는 상황을 막고, 오히려 민주·진보 진영 내부로 그 책임을 돌려 분열을 유도하는 것이었다.

이외에도 4대강 사업에 대한 비판이 확산되자 이를 '근거 없는 선동'으로 몰아붙이기 위한 여론조작도 가동됐다. 이명박의 '국민과의 대화'가 예정된 시기에는 긍정적인 댓글과 게시물을 사전에 대량 유포해 비판적인 여론을 덮을 준비를 갖춘 채 사이버 부대가 움직였다. 반면 노조 탄압에 대한 반발이나 시위 현장을 이끄는 인물들에 대해서는 '불순 세력', '귀족 노조', '반국가적 존재'로 악마화하는 작업을 병행했다. 때로는 언론을 통해, 때로는 댓글을 통해, 그리고 때로는 세무조사와 사찰·감시를 통해 물리적인 압박도 함께 가해졌다.

이런 공작 기조를 가장 집약적으로 보여주는 문건이 바로 '원세훈 원장의 지시·강조 말씀'이다. 여기에는 다음과 같은 발언들이 담겨 있다.

> "국정 현안에 대해 반대를 위한 반대를 일삼는 좌파 단체들이 많은데 보다 정공법으로 대응"
> "종북 세력들은 사이버상에서 국정 폄훼 활동을 하는 만큼 선제적 대응해야 함"
> "전 직원이 어쨌든 간에 인터넷 자체를 청소한다 그런 자세로 해서 그런 세력들을 끌어내야 된다"
> "북한 뿐 아니라 국내 종북 좌파를 척결하는 것은 물론 그 동조 세력들도 면밀하게 점검해야 할 것임"

이 발언들은 국정원이 단순 정보 수집기관이 아니라 정권의 정치적 이해를 위해 여론을 통제하고 반대 세력을 물리적·심리

적으로 압박하는 '정치 공작 기관'으로 움직여 왔음을 적나라하
게 보여준다. 내용의 면면은 12·3 내란 국면에서 드러난 노상원
메모와도 흡사한 구석이 있다. '종북', '좌파', '청소', '척결' 등의
단어들이 중첩되고, 윤석열 정권의 계엄령 문건에서 드러난 통제
방식과도 연결된다. 많은 사람이 윤석열의 계엄령을 보면서 전두
환이 했던 방식을 따라 했다고 하는데, 일견 맞는 말이지만 그 뿌
리를 파헤치다 보면 이명박의 세계관과도 맞닿아 있음을 부정할
수 없다. 더 정확히 말하면 '적은 말살하고 아군만 남긴다'는 이명
박식 극단적 정치관에 다다른다.

2012년 18대 대통령 선거와 19대 국회의원 선거를 앞둔 시
점, 원세훈은 여론 공작의 수위를 한층 더 끌어올렸다. 당시 청와
대에 은밀히 보고된 'SNS 장악' 보고서에는 여론을 어떤 방식으
로 조작할지에 대한 구체적 계획이 담겨 있었다.

"유명 인물, 다양한 매체 총동원. 온·오프라인 작업을 총동원해
정부가 국민의 마음에 침투, 머릿속 생각을 바꿔라."

단어 하나하나가 무서울 정도로 노골적이다. 실제로 국정원
은 우호적인 소설가·개그맨·모델 등을 특정해 '화이트리스트'로
지정, 육성하고 이들을 활용해 여론전을 펼치는 전략을 세웠다.
또한 당시 20~40대 청년층을 겨냥해 '파워 아바타' 육성 계획까

지 마련했다. 이른바 '젊고 매력적인 외형을 가진 인물'을 전면에 내세워 마치 평범한 시민인 것처럼 위장시킨 뒤 조직의 목적을 수행하도록 하는 방식이다. 여기에 대학생이나 고등학생까지 동원하기도 했다. 실제로는 특정 단체와 긴밀히 연결되어 있으면서도 겉보기엔 정치적 배경이 전혀 없는 일반 청년처럼 포장됐다. 이 전략은 몇 가지 측면에서 효과적이었다.

첫째로 시각적인 호감을 유도해 메시지를 자연스럽게 퍼뜨릴 수 있었고, 둘째로 문제가 불거질 경우 "그냥 한 시민의 개인 의견일 뿐"이라며 꼬리 자르기가 가능했다. 마지막으로 이를 지적하는 사람에게는 "그런 음모론 좀 그만하라"라며 역공 프레임을 씌우기도 용이했다.

이에 그치지 않고 이명박 정부는 더 노골적인 방식까지 동원했다. 불편한 글을 올리는 사람의 신상을 불법적으로 털어 겁박하는 수법이었다. 대표적인 사례가 '미네르바 사건'이다. 당시 정부는 온라인 경제 논객 '미네르바'를 체포·기소하며 비판적 의견 표출 자체에 공포감을 심는 '위축 효과'를 노렸다.

또 하나 주목할 점은, 그들이 일베라는 극우 성향 커뮤니티를 전면 작업의 거점으로 삼았다는 사실이다. '산업화=진보 성향 커뮤니티 제압'이라는 공감대, '민주화=싫어요 버튼'이라는 조롱성 시스템이 자리 잡았다. 그 안에서 노무현 대통령을 조롱하는 합성물·여성 혐오·약자 비하를 담은 댓글과 게시물이 조직적으로 흘러나왔다. 결과적으로 일베는 단순한 커뮤니티를 넘어 정권 친화적 여론을 형성하고 확산시키는 심리전 전진기지 역할을 수행했다.

한편, 심리전 담당 부서는 정권에 비판적인 연예인을 대상으로 전방위 공작을 전개했다. 대표적인 피해자가 문성근·김여진 두 배우였다. 국정원의 사이버전 수행 역량을 활용한 특수공작 보고서에는 이들의 이미지를 실추시키기 위해 합성 사진을 제작하고 유포하라는 계획이 명시되어 있다.

여기서 주목할 대목이 있다. 처음 합성물을 만들었을 때 너무 자연스럽고 완성도가 높아 전문가가 제작한 티가 났다. 그러자 '전문가 티 나니까 날티나게 만들라'는 지시가 내려왔다. 누가 봐도 장난처럼 보이고, 일반인이 대충 만든 듯해야 공작 냄새는 풍기지 않으면서도 조롱 효과는 극대화된다는 계산이었다. 이는 국정원이 얼마나 치밀하면서도 교묘하게 움직였는지 단적으로 보여준다.

국정원의 공작은 연예인에만 국한되지 않았다. 대북 공작금을 유용해 정치인과 민간인을 불법 사찰하는 일도 서슴지 않았다. 일명 '포청천팀'은 내사팀·사이버팀·미행감시팀으로 나뉘어 전방위적 사찰 활동을 벌였다. 이들에게는 다음과 같은 지시가 내려졌다.

"벽을 뚫든, 천장을 뚫든 확실한 증거를 가져와라."

사이버팀은 대상자들의 이메일을 넘겨받고 'PC를 뚫어라'라는 지시까지 수행했다. 불법을 감수해서라도 '건수'를 만들어내야 한다는 강박이 기관 전체를 지배했다.

노조에 대한 공작도 예외가 아니었다. 국정원은 민주노총·전교조·전국공무원노조를 '3대 좌파 세력'으로 규정하고, 이들을 해체하거나 무력화하기 위한 정교한 심리전을 전개했다. 방식은 교묘했다. 인터넷 커뮤니티에 '전교조 소속 교사'를 사칭해 '양심교사'라는 필명으로 "이제 나는 전교조 교사가 아니다"라는 '양심선언형' 글을 퍼뜨렸다. 참교육과는 점점 거리가 멀어지고, 이념 색채가 짙어진 전교조를 탈퇴해 떳떳한 교사가 되겠다는 내용이었다. 표면적으로는 개인의 결단처럼 보이지만 실상은 내부 분열을 부추기고 지지층 결속을 약화시키려는 전형적인 심리전 패턴이었다.

이후 자작 댓글 공작이 이어진다. "나도 한때 지지했지만 이건 아니다", "이건 선 넘었다"처럼 마치 합리적인 내부 비판자로 위장해 여론을 조작하는 수법이다. 설령 이상함을 감지한 네티즌이 문제를 제기해도 "성역화 멈춰라", "진영 논리에 빠졌다"라는 식으로 몰아가면 끝이다. 단순한 의견 표명이 아니라 의도적으로 의심을 심고 균열을 만들며 끝내 신뢰를 무너뜨리려는 심리전 작전이었다. 이것이 바로 그들이 말하는 '여론전'의 실체였다.

여론조작 담당 규모

당시 국정원이 주도한 여론조작의 규모는 그야말로 상상을 초월했다. 2008년 대규모 촛불 집회 이후 '사이버 트라우마'를 겪은 이명박 정부는 기존 심리전단을 '심리정보국'으로 확대 개편하고, 내부 사이버팀뿐만 아니라 외부 민간 조직인 '사이버 외곽팀'까지 만들어 여론전에 투입했다. 확인된 것만 최소 30개 여론조작팀과 약 3,500개의 아이디였다. 당시 언론은 '댓글부대 3,500명'이라고 보도했지만, 국정원 개혁발전위는 "3,500은 아이디 수이며 실제 활동 인원은 그보다 적지만, 최소 수백 명 규모였을 것"이라고 밝혔다.

국정원의 주요 타깃은 인터넷 최대 공론장이었던 다음 아고라였다. 아고라 전체 토론글의 50% 장악을 목표로 외곽팀과 심리전단이 하루 평균 올린 글은 3,177건에 달했다. 실제 국정원 문건에는 "심리전단이 주요 이슈별로 실시간 대응토록 외곽팀을 독려한 결과 '주요 현안 관련 토론글' 중 우파 글이 76% 점유했고, 최근 6개월 연속 70% 이상으로 '좌左티즌'을 압도했다"고 기록되어 있다. 심지어 외곽팀은 토론글 작성에 그치지 않고 찬반투표에도 하루 평균 1만 9천 회 이상 개입해 극우 진영이 온라인 여론의 다수인 것처럼 꾸며냈다. 이로써 공론장은 더 이상 자연스러운 토론장이 아니라 사실상 국정원의 작전 공간으로 변질되었다.

국정원은 외곽팀의 불법행위가 외부에 드러나지 않도록 철저한 검증 절차를 마련했다. 문건에 따르면 "정보관(IO)·심리전 협조자를 통해 물색 → 직접 접촉 및 의사 확인 → 사상·활동 역량 2단계 검증(1차 IO, 2차 심리전단) → 상보(상부보고) 및 재가 → 외곽팀 활용 순"이라는 과정을 거쳐 인원을 선발했다.

이렇게 선발된 각 팀은 담당 영역별로 세분화해 아고라 전담 14개 팀, 4대 포털 사이트 전담 10개 팀, 트위터 전담 4개 팀으로 나뉘었고, 이후 SNS 영향력이 커지자 트위터 대응팀을 4개에서 6개로 확대했다. 외곽팀 구성원은 예비역 군인, 회사원, 주부, 학생·자영업자 등으로 다양했으며, 국정원의 외주를 받아 움직이는 민간 부대였다. 내부에서는 국정원을 '학교', 국정원장을 '교장', 국정원 2차장 산하 국내 정보 파트 요원은 '실무자', 그리고 젊은 우파 논객 김성욱 팀장은 'MASTER'라고 부르며 철저한 위계 체계 속에서 활동했다. 주간 단위로 활동 실적을 캡처해 보고했고, 댓글수·조회수·추천수 등 정량적 지표에 따라 실적이 평가됐다. 이에 따른 금전 보상은 성과급 형태로 지급되었다. 더 심각한 것은 이들 핵심 네트워크의 정체다. '자유'라는 단어를 내건 각종 커뮤니티와 연합 조직 등의 관변단체가 이 외곽조직과 긴밀히 연결돼 있었다. 그 안에는 당시 정부가 은밀히 지원한 극우 성향 시민단체와 사이버 여론조작 외주 업체도 포함됐다. 이들의 명단을 추적해 보면 현재 논란이 된 리박스쿨까지 같은 연결 선상에 놓여 있음을 확인할 수 있다.

이 조직을 움직이는 데 사용된 자금 중 하나로 '국정원 특수활동비'가 거론된다. 국정원의 특수활동비는 지금까지도 국회가 직접 열람하거나 감시하기 어려운 2급 기밀 예산으로 분류되어 있다. '국가 안보'를 명분으로 비밀리에 가려진 셈이다. 결국 막대한 공공 자금이 여론조작에 투입되고 있었지만, 그 흐름을 추적하거나 감사하는 데는 제도적 장벽이 존재한다. 따라서 특수활동비의 투명성을 확보하고, 정치 공작으로의 악용을 차단하기 위해서는 국회 차원의 감시와 견제 장치가 반드시 필요하다.

이명박 정부의 치밀함은 이게 전부가 아니다. 국정원만으로는 성에 차지 않았는지 경찰과 군까지 동원됐다. 청와대 내 국민소통비서관실을 중심으로 '사이버 컨트롤 타워'가 꾸려졌고, 이곳에서 국정원·국방부·경찰 관계자들이 정기적으로 회의를 열어 인터넷 동향을 공유하며 여론 통제 방안을 구체적으로 논의했다.

이 과정에서 국정원은 국정원대로, 기무사(현 방첩사)는 기무사대로, 경찰은 경찰대로 각각 댓글 공작과 온라인 심리전을 벌였다. 특히 군은 두 갈래로 가동됐다. 기무사는 '스파르타'라는 댓글 조직을 운용했을 뿐 아니라 500여 명을 동원해 4대강 사업·세종시 이전·제주해군기지·천안함 폭침 등 굵직한 정책 이슈에 개입했으며, 2012년 총선·대선에서는 정치인에 대한 비난·지지 댓글까지 달았다.

사이버사령부는 별도로 '블랙펜(또는 레드펜)' 분석팀을 운영했는데, 포털사이트 댓글을 검색한 뒤 북한 찬양·지지(B1), 대통령 및 국가정책 비난(B2), 군 비난(B3)으로 구분해 아이디를 분석했다. 이렇게 정리된 현황은 경찰청에 통보됐고 일부는 기무부대에도 공유된 것으로 TF 발표에서 확인됐다. 사실상 '온라인 블랙리스트' 작성과 유통이었다. 이들은 정권 비판 여론이 거세지면, 이를 희석시킬 사건을 찾아내 의도적으로 뉴스 프레임을 교란시켰다.

대표적인 사례가 경찰의 '강호순 사건' 활용 프레임 전환 시도다. 2009년 1월, 철거민 5명과 경찰 1명이 숨진 '용산 참사'가 벌어졌다. 무리한 진압을 강행한 경찰과 공권력이 빚어낸 비극이었다. 여론은 당연히 경찰 책임을 물었고, 비판 여론이 거세게 일었다. 그러자 경찰은 이 흐름을 차단하기 위해 전혀 다른 사건을 꺼내 들었다. 바로 같은 시기 발생한 '강호순 연쇄살인 사건'이었다. 언론과 대중의 관심을 자극적인 범죄 뉴스로 돌려 '용산 참사'라는 부정적 프레임을 덮으려 한 것이다. 당시 청와대 공문에는 이런 문구들이 적혀 있었다.

'용산 참사로 빚어진 경찰의 부정적 프레임을 연쇄살인 사건 해결이라는 긍정적 프레임으로 바꿀 수 있는 절호의 기회', '언론이 경찰의 입만 바라보고 있는 실정이니 계속 기삿거리를 제공해 촛불을 차단하는 데 만전을 기해주시길 바란다'

이는 단순한 상황 보고가 아니었다. 사건의 성격과 여론의 흐름을 인위적으로 바꾸라는 명령이었다. 실제로 전국 사이버 수사요원 900명에게 용산 참사 관련 각종 온라인 여론조사 투표 참여를 독려하고, 하루 최소 5건 이상의 게시물과 댓글을 작성하라는 지시가 내려졌다. 국민의 분노를 다른 사건으로 돌리고, 경찰과 정부의 책임을 희석시키기 위해 사전에 기획된 '의도적 여론 조작'이었다.

젊은 층을 우군으로 만드는 심리전

이들이 벌인 공작의 최종 목표는 국민 스스로 조작된 프레임에 빠져들게 만들고 그 안에서 자발적으로 움직이도록 하는 것이었다. 그렇게 기획된 대표적인 심리전 사례가 이른바 '절대 시계 놀이'였다.

어느 날 온라인 커뮤니티 게시판에 '절대 시계'라고 불리는 국정원 시계 사진이 잇따라 올라오기 시작했다. 시계 전면에는 국가정보원NIS 마크가 선명하게 새겨져 있었고 "국정원에서 직접 준다"는 말이 돌았다. 이 프로젝트에는 국정원 문건에도 언급된 전문 레이싱 모델까지 동원되었는데, 단순한 기념품 배포가 아니라 대중의 시선을 끌어 모으기 위한 연출이었다. 당시 정신을 차리지 못하고 있던 나는 물론이고, 내 주위의 동료나 친구들도 시계에 큰 관심을 보일 수밖에 없었다. 이 시계를 갖는다는 건 곧 '국가가 인증한 애국 시민'이라는 상징처럼 여겨졌다. 그렇게 형성된 분위기 속에서 '절대 시계를 받는 방법'이라는 글들이 은근슬쩍 온라인에 퍼졌다. 명확한 출처도 없었지만, 마치 의도적으로 빵가루를 흘리듯 조금씩 던져놓는 정보였다.

국내외 주요 포털에서 '혁명', '리명박', '태양절', '최고 존엄' 등 북한식 어휘를 검색해 이적 게시물을 찾아내, 신고했더니 절대 시계를 받았다는 '성공담'이 공유됐다. 핵심은 "도가 지나칠 정도로 북한을 찬양하는 사람이 있으면 끝까지 추적한다. 한 놈만 판다. 시계 밭이 따로 없다." 같은 문구였다.

그 글들이 진짜 자발적인 경험담인지 아니면 누군가의 지시에 따른 조직적인 작업인지는 단정할 수 없다. 하지만 한 가지는 분명했다. 이명박 정부와 국정원은 '국정원 시계'라는 물질적 보상과 상징 자산을 미끼 삼아 대중이 스스로 사이버 검열자이자 좌파 사냥꾼이 되도록 설계했다. 신고 자체를 '애국 행위'로 포장하고, 그 대가로 시계라는 '명예의 증표'를 증정함으로써 자부심을 부여했다. 이 구조 자체가 치밀하게 계산된 심리전의 완성판이었다.

국정원이 직접 나서서 '적을 색출'하지 않아도 사람들이 자발적으로 움직이고, 자발적으로 척결을 외치며, 자발적으로 조롱과 혐오를 유통시키는 폭력의 재생산 생태계를 구축한 셈이다.

그 결과는 지금도 이어진다. 5월 23일, 노무현 대통령의 서거일이 되면 일부 커뮤니티는 대문을 뒤집고 그날을 '중력절'이라 부르며 사자명예훼손을 쏟아낸다. 처음엔 국정원이 불씨를 던졌고, 이제는 누가 시키지 않아도 극우 네티즌들이 스스로 그 불을 '유행'처럼 번지게 한다. 그들은 자신을 비판하는 이들에게 말한다.

"전직 대통령 풍자도 못 하냐?", "너네도 이승만·박정희·전두환·이명박·박근혜·윤석열·김건희 조롱하지 않느냐?", "표현의 자유이고 해학과 풍자다.", "성역화하냐? 검열하지 말아라."

얼핏 보면 그럴듯해 보이나 이건 해학도 풍자도 뭣도 아니다. 혐오를 미화하고 폭력을 정당화하는 말장난일 뿐이다. 특정 정치 세력을 이롭게 하고 반대 세력을 약화시키기 위해 설계된 '모욕의 습관화'이며, 정보기관의 공작에 의해 점화된 '조롱의 내재화'다. 겉으로는 이런 비하와 조롱이 자연스럽게 퍼진 것처럼

58

보이지만, 그 이면에는 고도의 전략과 계산이 있었다. 국가 권력이 동원됐고, 국가 조직이 움직였으며, 국민의 세금이 투입됐다.

그 결과는 사람들의 정신 깊숙이 각인됐다. 심리전 교범에 따라 목표 집단의 명예를 훼손하고 부정적 이미지를 반복 노출하는 전술이 장기간 이어졌다. 그렇게 정권의 비판자를 사냥하도록 기획된 심리전은 결국 누군가의 마음을 장악했다. 그래서 이것은 악마적인 작업이다. 그들은 '설마 그렇게까지 하겠어' 싶은 일들을 아무렇지도 않게, 그리고 대담하게 실행에 옮긴다.

그렇기에 우리는 평범한 상식과 선의로는 싸울 수 없다. 그들은 우리가 상상하는 그 이상으로 선을 넘는 집단이라는 사실을 먼저 인정해야 한다. 그렇지 않으면 우리는 늘 한 발 늦게 반응하고, 결국 평생 끌려다니며 패배를 반복하게 된다.

3

끊어진 적 없는 비극의 고리

여론조작 세력의 귀환

역사는 비극을 반복하지 않는다. 단지 기억하지 않는 자들에게서 되풀이될 뿐이다.

이명박 정부 시절 인터넷 여론을 조작하고 심리전을 총괄하며 권력의 단맛을 누리던 자들이 있었다. 일부는 법정에 섰고 처벌도 받았다. 그로써 모든 것이 끝난 줄 알았지만 실상은 그렇지 않았다.

윤석열 정부 출범 이후 그들은 조용하고 자연스럽게 귀환했다. 이명박 정권의 핵심 인맥이었던 뉴라이트 세력들이 새 정권의 요직을 차지한 것이다. 가장 대표적인 인물이 김태효다. 그는 이명박 정부 시절 외교·안보를 총괄했던 뉴라이트 인사다. 군사

기밀 유출, 한반도 유사시 자위대 개입을 주장하는 논문, 일본 총리 자격으로 처음 야스쿠니 신사를 참배한 '나카소네 야스히로' 연구소의 상을 받는 등 친일 행적이 뚜렷했다. 그럼에도 윤석열은 그를 국가안보실 제1차장으로 앉혔다. 외교와 안보를 명분 삼아 심리전과 여론조작을 주도했던 자를 가장 중요한 핵심 요직에 다시 불러들인 셈이다.

뿐만 아니라 국가교육위원회 이배용, 통일부 김영호, 진실화해위원회 김광동, 국정상황실 한오섭, 방통위 이동관 등 역사·교육·안보·방송이라는 대한민국 정책과 가치의 중심축을 뉴라이트 출신들이 나란히 점령했다.

여기서 또 하나 주목해야 할 인물이 서천호 의원이다. 그는 부산지방경찰청장, 경찰대 학장, 국정원 2차장을 거치며 채동욱 검찰총장 불법 사찰, 국정원 댓글 수사 방해, 희망버스 여론조작에 직·간접적으로 연루됐다. 이후 구속까지 됐지만 사면이 내려지기 전인 2024년 2월 3일 국민의힘에 비공개로 공천을 신청했고, 결국 당선이 유력한 경남 사천·남해·하동 지역에 공천을 받았다.

문제는 그 이전 행보다. 그는 2024년 5월까지 피선거권이 박탈된 상태였다. 그럼에도 2023년 9월 12일, 총선 출마 지역인 사천시 죽림동에 단독주택을 구입했다. 당시 특별 사면까지는 5개월이나 남아 있었고, 사면도 확신하기 어려운 시점이었다. 게다가 현금이 없어 지인에게 2억 2,000만 원을 빌려 주택 구입 자금을 마련했다.

이사 후 지역 행사에 참석하며 기반을 다졌지만 여전히 출마 자격은 없었다. 그러던 중 2024년 2월 7일 설날 특별사면으로 피선거권이 회복됐다. 공교롭게도 그로부터 4일 전 이미 비공개 공천 신청을 마쳤고, 사면 당일 곧바로 출마를 선언했다. 불과 11일 뒤인 2월 18일, 그는 경선 후보로 확정됐고 여론조사 대상에 오르지 않았음에도 최종 공천을 거머쥐었다.

더욱 이례적인 점은 서천호가 2023년 신년 특사에 이어 2024년 설날 특사까지 2년 연속 특별사면을 받았다는 사실이다. 최근 10년간 주요 정·재계 인사 중 유일한 사례였지만 법무부와 대통령실은 끝내 그 이유를 밝히지 않았다.

도대체 윤석열은 왜 '약속 사면'이라는 비판과 논란까지 감수하며 이 같은 무리수를 뒀을까? 이는 단순한 인사 결정이 아니라 과거 공작 네트워크를 다시금 가동시키기 위한 포석이라고 보아야 한다.

앞서 말했듯 이명박 정부는 온·오프라인을 가리지 않고 관변단체까지 동원해 심리전과 여론조작으로 이념전쟁을 벌였다. 그와 똑같은 움직임이 윤석열 정부에서도 반복됐다. 이명박 때 심어진 씨앗은 완전히 뽑히지 않았고, 그 뿌리가 여전히 살아남아 우리 사회 곳곳에 퍼지고 있다. 심지어 이재명 정부가 들어선 뒤에도 이런 극우 주체들은 신천지·통일교·사랑제일교회·세계로교회 등의 사이비 종교와 리박스쿨 같은 조직망을 통해 활동을 이어간다.

최근에는 '단현명(모스탄)'을 중심으로 부정선거 및 혐중 정서를 퍼뜨리는 프레임 전쟁이 두드러진다. 이명박 정부에서 시작된 여론조작의 인적 구조와 세계관, 기획자들과 실무자들이라는 고리가 재결집했다. 윤석열이 그 '사람들'을 불러들였고, 그 '사상'은 다시금 권력의 엔진이 되기 위한 시동을 걸고 있다. 아직 그 모든 실체가 드러나지도 않았다. 지금은 표면 아래 숨어 있던 엔진이 본격적으로 폭주를 준비하는 '워밍업' 단계일 수 있다. 진짜 위험은 이제부터 시작될지도 모른다.

위장된 얼굴, 조작된 시민성

하나만 예를 들어 보자. 윤석열은 취임 초기부터 반국가세력·반대한민국·공산 전체주의 같은 단어를 집요하게 반복했다. 일반적으로 거의 쓰지 않는 말들임에도 이상하리만치 의도적으로 자주 등장했다. 이 표현의 뿌리는 『반대세의 비밀, 그 일그러진 초상』이라는 한 권의 책에서 나온다.

표면적으로는 '현대사상연구회'가 저자이지만, 실질적인 필자는 국정원 출신 이희천이다. 그는 원세훈 국정원장 시절 국내 정치 개입을 본격화한 인물로 책에서 이렇게 주장한다.

'보수 대 진보라는 구도는 진보에 유리하다. 진보라는 단어가 세련되고 매력적으로 들릴 수 있기 때문이다. 따라서 이제는 보수와 진보가 아니라 대세(대한민국 세력) vs 반대세(反대한민국 세력)라는 새로운 개념 틀을 도입해야 한다.'

이는 단순한 언어유희가 아니다. 정부를 비판하면 곧 '반대 한민국 세력'으로 규정하는 위험천만한 프레임 전환이다. 당시 이희천은 이 책을 들고 국정원과 군에서 정훈 교육까지 진행했다. 2024년에는 『이희천의 재집권 전략』이라는 책을 출간하고 국민의힘 강연 무대에 섰다. 논란이 불거지기 전까지는 '스카이데일리'의 정규 필진으로도 활동했다. '스카이데일리'는 형식은 언론이지만 실상은 극우 여론전의 전진기지에 가깝다.

스카이데일리의 행태를 보면 12·3 내란 당시에 "계엄군이 미군과 함께 선거연수원에서 중국 간첩을 체포해 일본 오키나와로 압송했다"는 기사를 내보냈다. 당연히 허위였음이 드러났다. 조사 결과, 기사 작성자가 "믿을 만한 제보자가 있었다"고 주장했지만 실제로 연수원에 있던 인물들은 중국 간첩이 아니라 모두 한국인 공무원이었음이 확인됐다. 결국 스카이데일리는 논란의 보도가 거짓 제보에 따른 허위 사실임을 인정하고 사과문을 올렸다.

문제는 여기서 끝나지 않는다. 필진들의 글을 보면 김구 선생을 비하하고, 한강 작가를 조롱하며, 5·18 민주화운동을 왜곡하는 내용이 수두룩하다. 게다가 국정원 댓글 공작에 참여했던 인사들이 다수 포진해 있다는 보도도 나왔다. 아직 윤석열 정부와의 구체적인 연결 고리는 명확히 드러나지 않았지만, 이들은 '언론'이라는 외피 속에 더 정교하게 몸을 숨기고 있다.

이런 전략은 오프라인에서도 반복된다. 12·3 내란 사태 직후 이른바 '2030 여성 응원봉단'과 '키세스단'이 주목받던 무렵이었다. '윤석열 탄핵을 반대하는 젊은 여성도 있다'는 메시지를 내걸고 매일신문과 인터뷰를 했던 천다희라는 인물이 있었다. 자막에는 서울 노원구에 거주하는 평범한 시민처럼 소개됐지만, 전광훈 집회에 참여해 다음과 같은 발언을 한다.

> "이젠 더 이상 좌파와 우파 진영 싸움이 아닌, 대한민국과 반대
> 한민국 세력의 싸움"

그뿐만 아니라 반국가세력 척결·간첩 색출·공산주의 축출 같은 과격한 주장을 서슴없이 쏟아낸다. 과연 평범한 시민이 이런 단어를 일상적으로 사용할 수 있을까? 여기서 중요한 사실은 '조직된 극우 담론'을 평범한 시민의 언어로 위장하는 방식이다. 이 과정에서 특히 2030 여성들을 향한 우경화 작업도 집중적으로 펼쳐지고 있다. 즉, 극우 세력은 청년 남성뿐 아니라 청년 여성을 전면에 세워 '민주당이 여성조차 잃었다'는 이미지를 만들고,

그들을 정치적 홍보 도구로 소비하는 중이다.

실상은 이렇다. 천다희는 개미청년단이라는 단체의 대표인데, 개미청년단을 추적해 보면 '열방제자교회'가 나온다. 목사는 양준원, 그의 딸은 양메리, 양메리의 남편은 전에녹, 그리고 전에녹의 아버지가 바로 전광훈이다. 이렇게 몇 번의 고리를 거슬러 올라가면, 일반 시민의 얼굴로 위장한 극우 기독교 네트워크가 드러난다.

대선 기간에도 비슷한 일이 있었다. 2030 여성들이 이재명 후보에게 실망해 등을 돌렸다며 기자회견을 했던 일이다. 기자회견에 나선 인물들을 추적해 보면 그들의 배후에는 손현보 목사의 세이브 코리아가 있다. 다시 말해 '2030 여성의 탈민주당 서사' 역시 철저히 기획된 우경화 심리전의 일부다.

이것이 바로 우리가 마주한 심리전 2.0의 실상이다. 의심조차 불가능한 방식으로 얼굴을 바꾸고, 옷을 갈아입는 리브랜딩 전략을 앞세워 대한민국의 여론 생태계를 교묘하게 조작한다. 그 배경에는 국정원 출신 기획자·관변단체·극우 사이비 종교 세력·극우 유튜버·유사 언론 들이 촘촘하게 얽혀 있다.

공작은 여전히 벌어지고 있다

나는 대한민국에서 벌어지는 모든 일이 다 공작이라고 주장하는 게 아니다. 하지만 물밑에선 지금 이 순간에도 조직적인 조작이 벌어지고 있다는 사실을 인식해야 한다. 그들이 확산시키는 메시지의 방향을 따라가 보면 대부분이 민주당과 이재명을 비난하고 일본에 우호적이며 중국을 타격하자는 주장으로 수렴된다. 그 뿌리는 이명박 시대 뉴라이트 세력이 남긴 검은 그림자. 뉴라이트가 윤석열이라는 권력의 등에 업혀 마치 좀비처럼 죽지도 않고 되살아나 여전히 활개 치고 있다.

이명박 정권에서 심리전과 여론조작을 일상처럼 벌였던 그들이 윤석열 정권에 들어와서는 정말 깨끗하게 공무를 수행했을까? 그들이 가장 잘하던 일, 누군가의 명예를 훼손하고 이미지를 덧씌우고 사람을 고립시키는 그 기술을 자신들의 정적인 이재명에게 쓰지 않았을까? 정치인 이재명이 대통령 되는 걸 막기 위해, 살아 있는 사람을 살아 있지 않은 것처럼 만들기 위해 어떤 공작을 벌였는지 반드시 밝혀내야 한다.

최근 열린공감TV가 공개한 김충식 씨 수첩은 이런 의혹을 다시 자극한다. 김충식 씨는 김건희 모친 최은순 씨의 내연남으로 알려졌다. 그의 비밀 창고에서 발견된 수첩 뒷면에는 '손목사(세계로교회 손현보) 아산 배방 부동산 7억'이라는 메모가 적혀 있었다. 문제는 이 기록이 2024년도 이재명 대표를 향한 정치 테러 사건의 배경과 겹친다는 점이다. 범행을 저지른 김진성 씨가 충남 아산 배방에서 부동산업을 하던 인물이었고 그를 돕던 이들

중 일부가 세계로교회와 관련 있었다는 의혹이 보도됐다. 이미 김충식 씨 측근의 녹취록에는 "김건희가 아산에서 사람을 모집했다"는 발언까지 공개된 바 있다. 물론 아직까지 직접적 증거는 확인되지 않았지만 조작의 흔적을 추적하는 과정에서 이런 단서 하나하나를 결코 가볍게 볼 수 없다.

더구나 사건의 세부적인 부분을 들여다보면 섬뜩한 지점이 한둘이 아니다. 일반적으로 정치인을 노린 테러는 충동 범행이 아니라 불특정 다수가 지켜보는 장소에서 벌어진다는 공통점이 있다. 트럼프 피습이나 케네디 암살, 아베 총격 사망 사건 모두 마찬가지였다. 이재명 대통령을 겨냥한 정치 테러 역시 유사한 조건에서 발생했다. 특히 사용된 흉기는 일반 시중 제품이 아니라 군 특수 목적용처럼 즉사를 노리고 장기간 재가공한 흔적이 있다는 분석이 제기됐다. 인체 구조를 겨냥한 치명적 사용법은 개인이 독학으로 습득하기 어려운 전문 영역으로 반복 훈련과 조직적 지원 없이는 실행하기 힘들다. 무엇보다 실행범 체포 이후 사후 입단속까지 고려된 공작의 양태를 감안하면, 나이 지긋한 시골 부동산 중개인이 단독으로 준비했을 가능성은 극히 낮다. 국정원 개입 의혹이 제기되는 이유다.

최근 국회 정보위원회에서는 이를 뒷받침하는 주장이 나왔다. 지난해 1월 부산에서 벌어진 이재명 당시 민주당 대표 대상 정치 테러와 관련해 국정원 내부 보고서에 "테러로 지정하지 말자"는 건의가 있었다는 것이다. 건의자는 검사 출신으로 알려진 김상민 전 국정원 법률특보로, 이후 국민의힘에서 총선 출마를 준비하며 김건희와의 연계 의혹까지 받았다.

정청래 민주당 대표는 "사건이 정권 차원에서 조직적으로 은폐·축소·왜곡·조작됐음을 입증하는 증거"라고 강하게 비판하며, "몇 개월간 준비된 암살 시도로서 분명한 테러"라고 규정했다. 그는 국무조정실의 재조사와 사법기관의 전면 재수사를 촉구했다. 당시 경찰이 현장을 서둘러 물청소하며 증거를 훼손한 장면도 깊은 의혹을 남긴다.

국가정보원 특별감사에서도 충격적인 사실이 확인됐다. 쌍방울 대북 송금 사건과 관련해 국정원은 검찰에 북한 관련 부서 자료만 선별 제출했고, 다른 부서가 생산한 보고서는 숨겼다는 것이다. 결국 검찰의 기소는 편향된 자료를 바탕으로 이뤄졌다. 이런 조각들을 모아보면 모두 정치인 이재명을 겨냥하고 있다는 사실이 분명하게 드러난다.

여기에 국정원의 불법 선거 개입 의혹까지 더해졌다. 중앙선관위를 상대로 무단 보안 점검을 벌이며 여론조작에 개입했다는 증언이 나온 것이다. 김규현 원장은 실무진의 반대를 무시하고 선거 직전 특정 결과의 공표를 압박했고, 인터넷진흥원 로고를 도용해 합동 점검처럼 위장했다는 지적도 있다. 헌법기관의 독립성을 훼손한 중대한 정치 개입이자 민주주의 제도의 근간을 흔드는 행위다. 이 일련의 정황은 국정원이 더 이상 국가 안보기관이 아니라 정권의 정치 공작 도구로 변질됐음을 보여준다.

이런 맥락에서 윤석열 정부가 특별 사면을 단행하며 원세훈 전 국정원장을 가석방 시킨 사실은 더욱 의미심장하다. 원세훈은 국정원 댓글 공작과 특활비 상납 등으로 징역 14년형을 확정받았다. 그러나 특별 사면으로 형량 절반이 줄고 이어 법무부가 가석방 산정 방식을 개정하면서 불가능했던 길이 열렸다. 제도적 변화가 연이어 일어나면서 '정치 공작의 상징'이 다시 세상으로 나오게 된 것이다.

과거와 현재를 잇는 고리가 여전히 살아 움직이고 있다. 앞선 의혹을 단순히 음모론으로 치부할 수 없다. 민주주의를 위협하는 구조적 공작이 현재도 작동하는 것은 아닌지 철저하게 검증해야 한다.

지금 우리가 보고 있는 건 그저 빙산의 일각일 뿐이다. 그러나 이미 많은 퍼즐 조각이 드러났다. 이제 특검과 국정조사를 통해 남은 그림을 맞추고 책임이 드러난 자들에게는 반드시 법적 책임을 물어 이들을 뿌리 뽑아야 한다. 이명박의 공작이 윤석열로 이어졌다. 정권이 바뀌었지만 그 유령은 여전히 살아 우리 사회 곳곳에 암약하고 있다. 이 유령을 추방하는 일은 민주주의를 위한 장기 과제이며 우리 모두의 몫이다.

4 /

리박스쿨의 교육 장악 계획

역사를 왜곡하는 자들, 교실로 침투하다

이명박 시대에 처음 드리운 검은 그림자는 상황에 따라 직접적이고 노골적인 방식으로 모습을 드러내기도 하고, 철저히 정체를 숨긴 채 암약하기도 했다. 이후 윤석열 정부가 들어서면서 이 세력은 정권과 결탁한다. 더 정확히 말하면 윤석열은 뉴라이트 세력의 꼭두각시에 가까웠다. 많은 이들이 윤석열이 뉴라이트를 활용해 권력을 키운 것처럼 생각하지만 드러난 정황들을 보면 오히려 뉴라이트가 윤석열이라는 인물을 전략적으로 이용했다는 해석이 더 설득력 있다.

그 한가운데 존재하는 단체가 바로 '리박스쿨'이다. 이 은밀한 조직을 처음 세상에 드러낸 것은 뉴스타파 탐사보도팀이었다.

기자들은 댓글팀 모집 제보에서 출발해 수개월간 발로 뛰며 잔당들의 흔적을 추적했다. 그 과정에서 단순한 댓글 공작을 넘어 교육 현장까지 파고든 장악 시도가 드러났다. 리박스쿨은 자손군(댓글로 나라를 구하는 자유손가락 군대)을 중심으로 한 온라인 여론조작과 교육 현장 침투라는 두 축을 기반으로 활동했다.

'리박'은 각각 이승만과 박정희를 의미하며, 이들의 핵심 목표는 그들을 찬양하는 서사를 초·중·고 학생들에게 주입하는 것이다. 청년층은 물론이고 초등학교 저학년까지도 그 대상으로 삼았다는 점에서 이들의 전략은 장기적이고 집요했다.

이명박 정권 아래 형성된 이 집단들의 본질은 '좌파 척결'이다. 이를 위해 사회 전반에 걸쳐 동시다발적인 작전을 전개했다. 권력을 동원해 상대를 억누르는 한편, 자신들의 기반과 조직을 은밀히 키워 왔다. 그중 교육계로 침투해 아이들을 대상으로 가스라이팅 전략을 담당한 곳이 바로 '리박스쿨'이다.

리박스쿨의 핵심 인사들 역시 친일 뉴라이트 세력이었다. 그들은 자신들이 줄곧 주장해 온 왜곡된 역사 인식을 어린 세대에게 체계적으로 이식하기 시작했다. 뉴라이트 역사관을 한 문장으로 요약하면 이렇다.

"절대적 진리를 부정하며 민주화·민족주의 서사를 '하나의 관점'으로 격하시킨 후, 친일·독재 서사를 동등하거나 더 우월한 대안으로 끼워 넣는 전략적 상대주의"

이런 사관을 바탕으로 이미 역사학계에서 합의된 내용—5·18 민주화운동, 제주 4·3 사건, 이승만과 박정희의 독재 등—을 제 입맛대로 바꾸었다. 예컨대 '1945년 8월 15일은 광복이라서 기쁘고, 1948년 8월 15일은 건국일이라서 기쁜 날이다. 우리는 이날을 기념해야 한다'는 식으로 건국절 담론을 자연스럽게 심는다. 이외에도 '이승만의 부정선거는 이승만의 의도가 아니었다.', '제주 4·3은 김일성과 남로당이 일으킨 폭동이다.', '이승만 대통령은 세종대왕, 이순신 장군만큼 존경받아야 할 위인'이라는 주장을 반복 주입하기도 했다.

이런 식으로 민주화와 민족 자결의 성취를 '하나의 시각'으로 깎아내리는 대신 친일·독재 미화 서사를 아이들의 머릿속에 뿌리내리려 했다.

사이버 내란은 단순히 온라인 여론조작에 그치지 않고 곧 '역사 전쟁'으로 이어진다. 우리의 기억과 서사를 지배하려는 세력과 민주주의와 진실을 지켜내려는 세력의 장기적 싸움이 겹쳐 있는 것이다. 이런 의미에서 보면 리박스쿨은 교육 현장을 거점으로 삼아 미래세대를 겨냥한 '장기적 세뇌 프로젝트'였다.

리박스쿨과 윤석열 정부의 연관성

윤석열 정부는 출범 초기, 기존 돌봄교실과 방과후 학교를 융합한 제도인 '늘봄학교' 정책을 추진했다. 2024년 1학기 전국 17개 시·도 교육청에서 초등학교 1학년을 대상으로 도입된 이 정책은 여러 준비가 부족한 상태였음에도 이상하리만치 서둘러 시행된 탓에 많은 이들이 의문을 가졌다. 하지만 윤석열 정부 특유의 좋빠가(좋아, 빠르게 가)식 속전속결이라 생각해 대수롭지 않게 넘어갔다. 일각에선 윤석열이 그만큼 교육에 진심인 대통령이라며 치켜세우기도 했다. 하지만 이후 드러난 정황은 전혀 그렇지 않았다.

그 중심에 바로 리박스쿨이 있었다. 윤석열 정부의 졸속 추진으로 인해 공교육 현장에서는 강사 인력 공백이 불가피했다. 바로 이 틈을 타 리박스쿨은 손쉽게 학교 안으로 진입할 수 있었다. 여기에 '교육 외주화' 구조도 결정적 역할을 했다. 당시 학교가 직접 일일이 강사를 섭외하는 게 아니라 방과후 프로그램 전체를 외부 위탁업체에 일괄로 맡기는 방식이 확대되면서, 해당 업체의 배후 세력에 따라 학교 현장은 극우 세력의 '하이패스'가 될 수 있었다. 통계마다 조금씩 다르지만 2024년 기준, 전국 초등학교의 32%가 외부 위탁업체와 통으로 계약해 방과후 프로그램을 운영 중이었다는 보도가 있다. 실제로 행정 부담을 줄이기 위해 강사 섭외 업체와 매년 수천만~수억 원대 계약을 체결하는 학교가 적지 않다고 한다.

윤석열 정부에서 탄생한 대통령 직속 자문기구인 국가교육위원회와 리박스쿨의 인적 연계도 적나라하다. 공식적으로 '나라가 좌경화되어 있다'며 우려를 제기해 온 위원회 소속 인사 중 일부가 리박스쿨 핵심 활동가였으며, 심지어 서부지방법원 폭동 사건에 연루된 인물의 변호사도 이 네트워크 안에 포함되어 있었다. 리박스쿨 대표인 손효숙은 프리덤칼리지 장학회를 설립했는데, 그 장학금 수혜자 중 한 명이 국가교육위원회 비상임 위원으로 임명된 사례도 있다. 대입 정책부터 중장기 교육 설계까지 총괄하는 핵심 기구인 국가교육위원회가 리박스쿨과 직·간접적으로 연결된 인물들에게 장악된 셈이다.

여기에 대한교조 인사들도 다수 포진되어 있었다는 점 역시 주목해야 한다. 이들은 전교조를 '이승만·박정희를 부정하는 좌파 교사 조직'이라 낙인찍고, 전교조 교사를 '나쁜 교사', 이들에 맞서는 교사들을 '선량한 교사'로 구분했다. 이를 통해 나쁜 교사는 배제하고, 선량한 교사는 자신들의 조직으로 흡수하는 방식의 활동을 전개했다.

현재까지 드러난 사실만으로도 리박스쿨은 단순한 프로그램 공급업체가 아니라 교육 장악을 위한 교두보임을 인지할 수 있다. 윤석열 정부가 늘봄학교 정책을 무리하게 확대 추진하면서 방과후 교사 외주화 체계의 허점이 드러났다. 이 구조는 리박스쿨 같은 극우 성향 단체가 파고들기에 이상적인 환경이었다. 아이들에게는 뉴라이트식 역사관과 정치적 세계관을 주입하는 동시에 전교조 교사들을 교육 현장에서 무력화시키는 '이중 전략'을 수행하는 기틀이 마련된 셈이다.

물론 일반 시민의 입장에선 '왜 이런 극우 세력들을 강사로 쓰는 거지? 아무리 위탁업체를 거친다 해도 사전에 검증하고 차단할 수 있지 않나?'라는 의문이 생길 수 있다.

그러나 그들의 교육 커리큘럼을 보면 놀이 체육·보드게임·창의 기술·서류 작성법 등 아이들의 발달 과정에 도움이 되거나 사회 진출에 꼭 필요한 내용처럼 교묘하게 포장되어 있다. 학부모나 학교 입장에서 의심할 만한 요소가 거의 없었던 것이다.

그렇기에 앞으로 부모들은 모든 교육 프로그램을 불신의 눈초리로 바라볼 수밖에 없다. 필요한 교육까지 외면당할 수 있는 구조가 만들어진 셈이다. 게다가 리박스쿨은 늘봄학교에만 머무르지 않고 도서관 강사·마을 강사·지역 사회 프로그램 등 그야말로 전방위적으로 뻗어 나갔다. 그렇게 주민 자치 영역까지 잠식하고 사회 전체가 불신 속에 갇히도록 확장된 것이다.

문제는 방과후 강사의 지위다. 정규 교사와 달리 학교 안에서도 감시망 밖에 있고 책임 주체가 모호해 관리도 어렵다. 결국 아이들의 증언을 통해서만 이상 징후를 포착할 수 있다. 이렇게 되면 교육 현장은 교사도, 부모도, 아이도 서로를 의심하는 폐쇄적 공간으로 변질되고 만다. 나는 리박스쿨이 끼친 수많은 해악 중에서도 이 점이 가장 치명적이라고 생각한다.

따라서 이 사안을 단순히 "특정 집단이 교육에 참여했다"는 차원으로 접근해서는 안 된다. 본질은 민주주의 사회에서 교육이 지켜야 할 최소한의 가치와 기준이 조직적이고 정교한 방식으로 무너지고 있다는 점이다. 불신은 의심을 낳고, 의심은 단절을 만든다. 지금 벌어지는 이 일은 아이들의 세계관을 바꾸는 작업이자, 사회 전체를 불신으로 마비시키려는 시도다. 이 구조를 멈추기 위해 다음과 같은 과제들이 시급하다.

첫째, 교육 외주화에 대한 철저한 감시와 정보공개의 투명화

학교의 자율성을 보장하되, 외주 위탁 과정과 강사 선정의 전 과정을 학부모와 지역 사회가 함께 들여다볼 수 있도록 해야 한다.

둘째, 교육의 공공성을 지킬 장기적 기준 확립

단기 정책이나 비용 절감 논리로 움직일 수 없는 교육의 공공성을 지키기 위한 제도적 장치 마련이 시급하다.

셋째, 강사 자격 검증 체계 강화

범죄경력 조회는 이미 시행 중이지만 극단주의, 사이비 종교 관련 이력까지 사전에 걸러낼 수 있는 체계는 부족하다. 이를 제도화하되, 개인정보보호법과의 충돌을 피하기 위해 공개 범위와 검증 기준을 명확히 해야 한다.

넷째, 공공기관 중심 운영 확대

방과후 프로그램을 민간 위탁에만 의존하지 않고 지자체나 교육청 산하 공공기관이 직접 운영·관리하는 비중을 늘려야 한다.

다섯째, 학부모와 교사 참여형 감시·평가 기구 제도화

부분적으로 시행 중인 운영위원회의 역할을 확대해 교재·교안의 사전 검증과 사후 평가까지 의무화해야 한다. 문제 발견 시 즉시 퇴출할 수 있다는 원칙이 필요하다.

여섯째, 정규 교사와 강사 간의 협력 체계 구축

일부 공유·점검 시도가 있으나 정식 협력 체계는 부족하다. 교사의 행정 부담 완화를 위한 지원 인력 배치도 병행되어야 한다.

일곱째, 온라인과 사설 교육 경로 대응

현재 가장 공백이 큰 영역이다. 유튜브·디스코드 등 온라인에서 벌어지는 일에 대응할 수 있는 사이버 교육 모니터링 체계가 필요하다.

여덟째, 학생 보호 및 신고 체계 구축

학생이 강의 중 혐오 조장·사이비 교육을 경험하더라도 현실적인 신고는 어렵다. 이를 보완할 수 있는 익명 신고 창구와 교육청 차원의 즉각 보호 장치가 필요하다.

여론조작은 끝나지 않았다

하나의 단체, 두 개의 시나리오

리박스쿨의 또 다른 축은 여론을 조작하는 조직인 자손군이다. 교육 장악과 온라인 여론전은 별개의 활동처럼 보이지만 실제로는 같은 설계도에서 출발해 상황과 사안에 따라 통합되거나 분리되었다. 실제로 강사나 학생들을 댓글 조작에 투입시키기도 했는데, 교육과 여론조작을 하나의 루틴으로 엮었다는 점에서 이들의 악의가 고스란히 드러난다.

자손군의 정량적 목표는 '10만 사이버 전사 양성'이었다. 단지 규모만 커졌을 뿐 과거 한나라당에서 추진했던 '사이버 전사 1천 명 양성' 프로그램과 구조적으로 동일하다. 더 나아가 윤석열 정부 출범 직후 대통령 직속 국가사이버안보위 신설 및 사이버전 전사 10만 명 양성 계획과도 정확히 맞물린다. 기사 댓글 작성부터 추천·비추천 조작, 기사 캡처와 링크 유포, 국민청원 동원, 입법예고 의견 작성, 카드뉴스 제작 및 확산, 맘카페 공략 등 이들이 수행한 작업은 정교했고 일상적이었다.

특히 맘카페에서 여론을 유리하게 조성한 뒤, 그걸 발판 삼아 교육계에 침투하는 전략을 보면 여론 자체가 목적이 아니라 수단이었음을 알 수 있다. 아이들의 머릿속에 들어가기 위해 먼저 어른의 타임라인을 점령하려 했던 것이다.

이 작전에는 여러 극우 네트워크가 직·간접적으로 연결되어 있었다. 대표적으로 앞서 언급한 스카이데일리 필진들이 리박스쿨 강사로 활동했고 그들의 콘텐츠를 교육 자료로 활용했다. 군 출신 인맥도 적극 동원되었다. '육총(육사총구국동지회)'—육군사관학교 전역자 모임—은 각 기수별 담당자가 희망자를 모아 교육 대상을 편성했고, 이들은 댓글부대원으로 훈련을 받거나 강사로 활동했다. 육사 12기부터 40기까지[5] 전역자들이 참여했는데, 리박스쿨은 이들에게 은퇴 후 제2의 직업을 제공한다는 명목으로 육사 출신들을 포섭하는 생태계를 구축했다.

특히 노년층 대상 댓글 교육 프로그램은 더욱 구체적이었다. 댓글은 왜 중요한가, 네이버 댓글 완벽 이해하기, 댓글 활동

---

5   12기는 1952년 입학, 40기는 1980년 입학으로 60대~90대로 이루어져 있다.

에 적합한 기사 선택하기, 본인 의견 댓글로 작성하기, 좋아요, 싫어요, 답글 작성하기, 유튜브 댓글 달기, 카톡으로 온 영상 유튜브 바로 열기, 유튜브 시청 기록 확인과 추천 영상 관리하기, 국민동의청원 동의하기, 국회 입법예고 의견 등록하기 등으로 구성된 커리큘럼은 교육만 받으면 바로 '실전 투입'이 가능하도록 설계되어 있었다. 훈련을 마치면 활동 지침도 제공했다.

1. 네이버 계정을 만든다.
2. 팀 리더가 선정한 기사에 '좋아요' 클릭, 댓글 3개를 쓴다.
3. 기사를 공유하거나 추천한다.

군대식 명령 체계처럼 짜인 자손군의 이 매뉴얼은 한 치의 빈틈도 없었다.

극우 의식의 집단 양성소, 리박스쿨 시스템

리박스쿨은 극우 세계관을 주입하고 그 세계관을 행동으로 연결시키는 훈련소였다. 같은 목적을 가진 단체들이 수없이 만들어졌는데, 대표적으로 트루스코리아[6]가 있다. 이들은 더불어민주

---

6 민주당 해산 국민운동본부(민해본)라는 이름도 함께 사용한다.

당 해산 1천만 서명 운동, 맘카페(좌경화된 여성) 회복, 부정선거 독후감 이벤트 등 다양한 활동을 전개했다. 여기에 더해 '10만 사이버 전사 양성'과 '청년 리더 50명 모집'이라는 지침까지 공유하며 조직을 키워갔다. 참여자들에게는 스카이데일리 1년 구독권을 제공했는데, 단순한 선물이 아니라 극우 세계관 주입을 위한 교본이자 입문서였다. 여기에 물든 청년들은 곧 리박스쿨 이외의 모든 언론과 교육을 '거짓'으로 간주하게 된다. 이들의 세계관을 요약하자면 이렇다.

> 학교는 전교조와 민주노총이 장악했고, 언론은 독재자인 이재명을 중심으로 국가가 통제하고 있으며, 세상은 좌파들의 조작된 가짜뉴스로 가득 차 있다. 이렇게 온통 거짓과 선동이 판치는 세상에서 합리적이고 이성적이며 진리를 추구하는 집단은 우리만이 유일하다. 진리를 수호하는 우리가 나서 통제된 언론과 오염된 교육에 물든 국민을 계몽한다는 '위대한 사명'을 이룩해야만 한다.

이런 망상을 강화하고, 더 널리 퍼뜨리기 위한 일환으로 활동했던 또 다른 장치가 '독립 언론인 양성 시민기자 교실'이었다. 자신들의 활동을 '애국'으로 포장하며 국내외 통계 속에 감춰진 '진실'을 신속하고 정확하게 기획·작성·취재·보도할 수 있도록 돕는 훈련 프로그램이었다. 이 프로그램의 목표는 명확했다. '자유 대한을 수호하는 언론인'을 집중 양성하겠다는 것이다.

여기에 '자유'를 내건 수많은 협력 단체가 가세했고 극단적인 극우 유튜버와 블로거들을 강사로 초청했다. 이 과정은 단순한 학습의 자리가 아니라 네트워크 결성과 역할 분배의 장이었으며 극우 인맥과 자금이 순환하는 통로의 일환이기도 했다.

극우 프로젝트의 실체와 구조

리박스쿨의 내부 문건에는 국민을 8등급으로 분류한 표가 존재한다.

자유대한민국을 수호하는 측면에서 본 국민들의 분류

A. 성인급 - 자유대한민국 수호를 위해 감옥 갈 각오를 하고 실천하는 사람

B. 천사급 – 자유대한 수호를 위해서 자기가 가진 것을 내놓는 사람

C. 애국시민급 - 항상 자유대한민국 수호를 걱정하고 행동하는 사람

D. 백성급 – 생업에 바빠서 나라를 걱정할 여유가 없는 사람

E. 동물급 - 나라가 위기인 것을 알면서도 모르는 척 자기만 돌보는 사람. 국회의원을 포함한 대부분의 정치꾼들

F. 짐승급 – 나라를 북한(김정은)에 바치려는 종북 좌익과 그 동조
   자들. 대한민국의 적국인 북한을 추종하는 역적에 해당
G. 짐승보다 못한 급 – 양심을 속이는 언론인·법조인
H. 악마급 – 부정선거를 기획·실행·동조·은폐하는 사람

　　자손군은 이 분류표를 단순한 선동이 아니라 실제 활동 지침으로 사용했다. 이 등급표를 바탕으로 누가 적인지, 누가 중립인지, 누가 아군인지를 가르는 그들의 세계는 철저히 등급화된 정치 심리전의 전장이다. 이들은 '자유'와 '애국', '가짜뉴스 척결'을 외치며 북한과 중국을 비난했지만 정작 내부에서는 훨씬 더 폐쇄적이고 공격적인 극우 세계관을 끊임없이 주입하고 있었다.

　　이런 전략은 이명박 정권 시절 국정원이 외곽팀을 통해 실행한 심리전 방식과 놀라울 정도로 유사하다. 실제로 리박스쿨의 작전 중에는 우호적인 유명 연예인은 포섭, 그렇지 않은 연예인은 공격, 작가·인플루언서 발굴 등 MB 정권 시절의 그림자가 뚜렷하게 드리워져 있다. 단순히 세계관만 공유한 것이 아니라 이명박 정부 당시 외곽팀에서 활동했던 단체와 인물들이 그대로 리박스쿨로 유입되었다. 애국단체총협의회, 자유연대, 자유민주국민연합, 자유사랑교회, 프리덤칼리지 장학회, 리박스쿨 등 관련 단체들은 서울 종로의 한 건물에 함께 입주해 있었다. 10년 넘는 세월이 흘렀지만 그때의 인맥·정보·자금 네트워크가 그대로 남

아 세를 확장하고 있다는 강력한 방증이다.

이 모든 흐름은 극우 세력들이 10년 이상 준비해 온 전략·전술의 실행 단계였다. 만약 12·3 내란이 성공했다면 민주 진영 인사들과 전교조·민주노총은 제거되고 전 국민은 통제 대상이 되었을 것이다. 실제 여인형 방첩사령관의 관련 기록을 보면 이들이 추진한 핵심 작전 중 하나는 자국민을 대상으로 한 사이버 심리전과 여론전, 정확히는 인지전[7]이었다.

방첩사 예하 보안연구소에 인지전을 전담할 '정보종합통합대응팀' 신설 계획이 존재했다는 점, 여인형 당시 방첩사령관의 추천으로 임용된 인지전 전문가가 팀장으로 내정됐다는 점, 인지전 관련 조직이 실무선에서 구성되고 있었다는 점 등 구체적 정황이 이미 드러났다. 이를 통해 윤석열 정부가 인지전의 전략적 중요성을 일찌감치 인식하고 있었을 뿐 아니라 실제로 시행하려 했음을 알 수 있다. 아직 밝혀진 것은 일부에 불과하지만 리박스쿨이 그 인지전 실험의 핵심 거점이었음을 보여주는 간접적 증거

7 　비교적 최근에 등장한 개념으로 적의 생각과 신념을 무너뜨리기 위해 정보와 심리를 조작하는 전쟁을 의미한다. 여기에는 전단 살포 등의 기존 심리전에 더해 SNS를 통한 사이버 여론전까지를 포괄한다. 과거 총과 미사일이 전쟁의 승패를 좌우했다면, 오늘날은 SNS 게시물·유튜브 영상·댓글·밈이 전쟁의 국면을 바꿀 수 있는 시대가 되었다. AI 시대의 '알고리즘'은 물론이고 '뇌과학의 무기화'라는 표현까지 나올 정도로 세상이 빠르게 변해가고 있다. 디지털 기술과 결합한 인지전은 보다 더 치명적으로 진화하는 중이다. 이를 대비하기 위해선 심리학은 물론이고 AI·뇌과학·커뮤니케이션학·행동경제학·프로파간다의 역사·국제 정치 상황 등을 파악해야 한다.

는 충분하다.

　윤석열 본인 역시 집권 초기 '하이브리드 전쟁의 시대'를 강조하며 군사·외교적 차원에서 대비해야 한다고 말해왔다. 원래 하이브리드 전쟁은 물리적 수단과 비물리적 수단을 동시에 결합해 적을 무너뜨리는 종합적 개념이다. 물리적 영역에는 군사력 사용, 무력 충돌, 테러와 같은 직접적 타격이 포함된다. 반면 비물리적 영역에는 사이버 공격, 여론조작, 심리전, 법률전, 가짜뉴스 유포, 종교 및 이념 갈등 자극 등 보이지 않는 공격 방식이 포함된다. 이 두 영역이 결합될 때 상대방은 어디가 전장인지조차 분간하지 못한 채 무너져 내리게 된다.

　윤석열 정부와 극우 세력은 이러한 하이브리드 전쟁 개념을 국내 정치에 적용했다. 민주 진영을 '적군'으로 설정한 뒤, 적을 더 효과적으로 공격하기 위해 교육과 언론, 온라인 커뮤니티와 알고리즘, 심지어 사이비 종교 세력까지 활용한 것이다.

　이것은 단순히 교육을 오염시켰다거나 댓글을 좀 조작했다는 차원의 문제가 아니다. 국가의 향후 100년을 극우 세계관으로 재설계하려 한 시도였다. 지금 우리가 마주한 것은 그 거대한 기획의 단지 표면일 뿐이다. 외부로 향해야 할 전쟁의 기술을 자국민에게 돌려 정신적 영토를 침탈한 행위, 바로 이것이 내가 사이버 내란이라고 거듭 강조하는 이유다.

이들을 다시 나오지 못하게 하려면: 법과 제도의 역할

사실 이명박 정권하에서 댓글 공작과 여론조작을 담당했던 자들 대부분은 문재인 정권이 들어서면서 처벌받았다. 물론 이들이 저지른 죄의 무게에 따른 처벌이 합당했는가는 따져보아야 할 지점이지만 대부분 감옥에 가거나 표면적으로 사라진 것은 사실이다. 그러나 정권이 바뀌자 이들은 사면이라는 절대 반지를 통해 일부는 복귀했고, 일부는 극우 단체의 중심으로 자리를 옮겼다. 그렇다면 이들은 없어지지 않는 것 아닐까?

나는 이것이 민주주의의 딜레마라고 생각한다. 민주주의 안에서 완전한 해결은 사실상 불가능하다. 그렇기에 우리는 더욱 적극적이고 섬세하게 대응해야 한다. 지금 당장 필요한 건 철저한 조사와 함께 이들을 처벌할 법과 제도를 마련하는 일이다.

물론 이들에 대한 단죄가 이뤄진다고 해도 나중에 정권이 바뀌어 또다시 사면될 수도 있고, 세상에 나와 다시 활개를 칠 수도 있다. 그럼에도 지금 이들을 처벌하는 일, 이들에게 동조하고 옹호하거나 교육계에 침투해 역사를 왜곡하는 자들에 대해서 명확하게 책임을 묻는 일은 반드시 필요하다.

이를테면 5·18 특별법[8] 같은 법안이 중요하다. 이를 통해 진상 규명과 희생자 명예 회복의 길은 열렸지만 정작 역사를 왜곡

---

8   2021년 여야 합의로 「5·18민주화운동 등에 관한 특별법」 소위 '5·18 왜곡 처벌법' 개정안이 통과되었다.

하고 훼손하는 이들이 실질적으로 처벌받는 사례는 극히 드물었다. 실효성이 약한 틈을 파고들어 오늘도 악플러들은 여전히 활개 치고 있다. 나는 역사적 사건을 제대로 정립하고 기록하는 일만큼이나 그것을 훼손하는 이들을 단죄하는 일도 중요하다고 생각한다. 그러나 지금까지 관련 처벌은 미흡했고, 댓글 공작과 같은 사안을 직접 규정할 법은 여전히 부실하다.

설령 처벌이 내려진다 해도 대부분 직권남용이나 정치 관여 정도에 그쳤다. 죄의 무게에 비해 지나치게 가볍다. 지금은 이조차도 제대로 적용되지 않다 보니 너무 많은 이들이 이 문제를 대수롭지 않게 여긴다.

우리가 이들을 직접 부추기지는 않았어도 최소한 방치해왔다는 사실만큼은 인정해야 한다. 이런 구조 속에서의 방치는 곧 부추김과 다를 바 없다. 바로 그 외면과 방관 속에서 역사를 훼손하는 무리들은 오늘도 계속해서 되살아난다.

법과 제도를 통해 이들이 어떤 잘못을 저질렀고, 어떤 처벌을 받았는지를 공개하고 기록해야 한다. 그래야만 리박스쿨 같은 조직이 저지른 범죄의 심각성이 더 널리 알려지고 그들을 옹호하는 행위 자체가 반민주적이고 반헌법적인 작태임이 명확해 진다.

지금 극우 세력 내부에서는 이미 리박스쿨의 꼬리 자르기 시도가 감지되고 있다. 내가 리박스쿨과 관련한 자료를 찾고 조사하면서 가장 답답했던 부분도 바로 여기에 있었다. 이 세력이 어디서부터 어디까지 연결되어 있는지, 자금이 어떻게 흐르는지, 어떤 활동을 하는지 여전히 베일에 가려져 있다. 그나마 이명박 정권 당시 공작들은 언론 보도나 재판 기록 등을 통해 어느 정도 확인할 수 있지만, 윤석열 정권에서의 국정원·검찰·경찰의 침투 범위, 현직 정치인의 개입 여부 등은 여전히 안갯속에 있다.

나는 이 사안이야말로 내란 특검·채상병 특검·김건희 특검과 같은 규모와 수준의 대응이 필요하다고 생각한다. 대한민국의 미래를 짓밟고 국민 전체를 친일 뉴라이트 사상으로 물들이려 했던 계획의 일부가 드러났다. 이렇게 엄청난 사안임에도 정치권에서는 이상하리만큼 조용하다. 사이버 공간에서 벌어지는 일들은 직접 눈에 보이지 않기 때문에 그 심각성에 비해 주목을 덜 받고 있다. 댓글 공작과 여론조작은 지금도 24시간, 1년 365일 내내 벌어지고 있는데 말이다.

그래서 나는 절박한 마음으로 이 책이 더 많은 시민에게 닿길 바란다. 이 사건의 심각성과 구조, 민주주의가 어떻게 잠식당해왔는지 그 실체가 제대로 알려지길 바란다. 법과 제도가 사람들의 관심을 불러일으킬 수도 있지만, 반대로 시민들의 연대와 주목이 법과 제도를 만들어 내기도 한다. 채상병 사건이 그랬다. 수많은 이들의 분노와 지지, 물러서지 않는 관심이 있었기에 지금의 특검이 가능했다.

벌써 리박스쿨 같은 조직이 다시 고개를 들고 있다. 사이버 여론조작은 지금도 진행 중이며 여전히 조직적으로 움직이고 있다. 그렇다면 우리는 묻지 않을 수 없다. '이 사안을 어디까지 법과 제도의 영역으로 끌어올 수 있는가?' 단순히 몇몇 인물을 처벌하는 선에서 멈춰서는 안 된다. 이 사안의 뿌리와 구조까지 철저히 드러내고 끊어내야만 한다. 그래야 다시는 같은 방식의 조작과 선동이 반복되지 않을 것이다.

민주주의는 원래 불완전하다. 허술하고 위태로운 토대 위에 서 있지만 그것을 지탱하는 힘은 결국 시민에게서 나온다. 이를 보완하고 지켜내는 일이야말로 공화국 시민의 최소한 책무다. 이 책이 그 작은 시작이 되길 바란다. 단순히 과거의 범죄를 고발하는 기록이 아니라 앞으로 우리가 어떤 사회를 만들고 싶은지, 어디까지 싸울 의지가 있는지를 되묻는 기록이 되었으면 한다. 이 기록을 남기고 그 기록을 기억해 주는 사람들이 존재한다는 사실 자체가 이 싸움이 아직 끝나지 않았다는 증거이자 희망이다.

2부.

극우 커뮤니티의 구조를 해부하다

1

일베의 출현과 국가 조직의 관리

이명박 정부에서 본격화된 댓글 공작과 여론조작은 처음엔 정부 차원의 작전이었다. 하지만 그 작업은 점차 사람들의 자발적인 형태로 확산되었고, 정치권은 이를 '표현의 자유'라거나 '한 줌의 일탈'쯤으로 치부하며 방조했다. 그 결과, 지금의 온라인 공론장은 쓰레기통처럼 오염되었다. 역사적으로 보면 그 중심에 일간베스트 저장소, 즉 '일베'가 자리 잡고 있다. 2부에서는 이런 극우 온라인 커뮤니티가 어떤 구조를 가지고 있는지, 또 가짜뉴스나 선동, 특정한 이슈 등이 어떻게 만들어지고 유통되는지를 해부하려고 한다.

일베의 출현과 그 세계관

일베는 2010년, 디시인사이드라는 사이트에서 파생되었다. 당시 디시인사이드 내에 자극적인 게시물이나 성인 게시물이 올라오면 운영진이 게시물을 삭제해 버렸다. 이런 사태에 대비해 게시물을 보존하기 위한 목적으로 만들어진 게시판이 일베의 시초였다. 이때만 해도 단순히 디시인사이드 내의 게시물을 백업하는 저장소에 불과했다. 그러나 '삭제될 만큼 과격한 콘텐츠가 모인다'는 특성이 곧 극단적 이용자들을 끌어모으는 자석이 되었다.

이후 2011년, 일베는 디시인사이드에서 완전히 분리되어 독립 사이트로 재탄생했고, 2012년 대선 전후로 이용자 수가 크게 증가하며 성격도 급변했다. 그렇게 일베는 출발 단계부터 '사회적으로 용납되지 않는 것'을 소비하고 웃음거리로 만드는 문화를 핵심 DNA로 삼았다.

독립된 일베 역시 자극성과 반사회성을 고스란히 이어받았다. 이들은 기존 사회에서 통용되지 않는 내용들을 '자유'라는 외피를 씌워 전파했으며, '유머'라는 포장지를 씌워 확산시켰다. 이런 특수한 성격을 가지고 있었던 만큼 국정원 공작팀 입장에서 일베는 여론 작업을 펼치기에 최적의 토대였다. 일베를 활용한 정권의 작업은 때로는 은밀했고, 때로는 노골적이었다. 세월호 참사는 그 단적인 사례다. 2014년 4월 16일 세월호 참사 직후부터 약 8개월간, 국정원은 유가족과 관련 인물을 대상으로 사찰과 동향 보고를 이어갔다. 특히 '유민 아빠' 김영오 씨의 경우 병원 의료진과의 면담, 가족 배경 조사 등 사적인 정보까지 구체적으로 수집했고, 그 결과는 청와대를 포함한 상위 기관에 보고되었다.

오프라인에서는 이들을 사찰하는 한편, 온라인을 통해서는 '일상 복귀 분위기 조성'을 목적으로 한 여론전이 전개됐다. 국정원은 자체 예산으로 영상 콘텐츠('세월호 잊자' 등)를 제작해 유튜브와 일베 등 극우 커뮤니티에 배포했다. 표면적으로는 유가족들이 일상으로 돌아갈 수 있게 도와주자는 내용인 것처럼 포장했지만 실제로는 세월호 문제 자체를 공론장에서 지워 '말하지 못하게 만드는' 침묵 유도 전략이었다.[9]

심지어 세월호 유가족들이 단식 투쟁에 나서자 면전에서 햄버거를 먹으면서 유가족들을 조롱하는 '폭식 투쟁'도 등장했다.

자유청년연합·새마음포럼·엄마부대·어버이연합 같은 극우 단체들이 주축이 되어 벌인 일이었지만 그 중심에 일베가 있음을 부인할 수 없다. 조롱을 '놀이'로 소비하는 문화와 온라인 동원 네트워크가 혐오를 오프라인으로 집결시킨 것이다.

그 외에 세월호 추모 촛불집회에 대응하기 위해 대규모 맞

---

9 실제 국정원 내부 문서에는 '보수(건전) 세력(언론)을 통한 맞대응', '침체된 사회 분위기 쇄신을 위한 일상 복귀 분위기 조성', '보수 언론·논객을 통해 국민적 참사를 정권 퇴진 투쟁에 악용하는 비판 세력의 정략성을 지속 폭로·국민 동조 방지', '추모 분위기 장기화에 따른 부작용 최소화를 위해 일상 복귀 분위기 절실' 같은 내용이 담겨 있었다.

불 집회를 열거나 세월호 참사 진실 규명 요구를 '위로와 치유가 아닌 갈등과 증오를 조장'한다고 비난하며 유가족들을 조롱하기도 했다. 여기에 전국경제인연합(전경련)을 통한 삼성 자금 지원 의혹까지 불거졌다. 당시 전경련은 대기업들로부터 거둔 회비와 특별회비를 특정 단체에 흘려보내는 통로 역할을 했는데, 그중 삼성은 가장 많은 금액을 부담한 것으로 드러났다. 특검 수사 결과, 2014년부터 2016년까지 어버이연합·엄마부대 등 극우 단체에 흘러간 70억 원가량의 지원금 중 상당 부분이 삼성 몫에서 충당된 것으로 확인됐다. 2012~2014년에도 전경련이 벧엘복음선교복지재단(벧엘재단)을 거쳐 어버이연합에 5억 원가량을 지원한 사실이 보도된 바 있어 대기업, 특히 삼성이 극우 단체 활동을 뒷배경에서 체계적으로 뒷받침했다는 정황은 충분히 쌓여 있다.

이렇게 정치 세력과 결합하고, 정권의 직·간접적 비호를 받고, 여러 자금까지 흘러 들어가면서 일베는 본격적인 극우 정치 인프라로 진화했다. 물론 일베가 어디서부터 공작이고 어디까지 자발적인 움직임인지는 그 경계가 모호하다. 다만 우리가 일베를 비롯한 극우 단체들의 작동 방식을 이해하려면 그들이 공유하는 세계관을 들여다볼 필요가 있다. 분명한 것은 이들의 세계관은 단순한 우연의 산물이 아니라 정치 권력·정보기관·재계가 유착해 만든 체계적 프레임이라는 점이다.

이들 입장에서 대한민국은 본래 50대, 남성, TK(대구·경북)

로 대표되는 산업화 세대가 주도하던 '정상 사회'였다. 그러나 페미니즘, 호남, 북한 추종자인 좌파 민주화 세력 때문에 이 질서가 무너졌다고 믿는다. 그들의 세계관 속에서 50대 TK 남성은 '1등 시민'이며 여성, 호남, 성소수자 등은 '2등 시민'으로 격하된다. 2등 시민인 민주화 세력은 산업화의 정당한 성과를 침해하는 불필요한 존재일 뿐이다. 일베의 버튼 시스템도 이런 맥락에서 설계되었다. 좋아요 버튼은 '일베로', 싫어요 버튼은 '민주화'인데, 이는 곧 민주화=무능, 퇴행이라는 반反민주주의적 세계관을 놀이처럼 확산시키는 장치였다.

이후 일베에선 여성할당제 같은 제도를 남성 역차별로 규정하는 프레임이 강화되기 시작했다. 할당제 제도 자체에 대해서는 정책적 효율성이나 형평성 차원에서 충분히 토론하고 비판할 수 있다. 그러나 일베식 논리는 그러한 합리적 비판을 넘어 제도를 매개로 여성을 집단적으로 낙인찍고 혐오를 정당화하는 방향으로 작동했다.

최근에는 청소년들 사이에 '계집신조[10]'라는 표현까지 등장해 논란을 키웠다. 온라인 혐오 언어가 단순한 유행어를 넘어 오프라인에서까지 사용되는 장면이 포착된 것이다. 이는 단지 일베

---

10 남초 커뮤니티에서 떠도는 여성혐오 밈으로 군대의 복무신조를 본떠 만들었다. '여자는 남자 말에 말대꾸 하지 않는다', '여자는 남자가 부르면 3초 안에 대답한다' 따위의 내용이다

의 이용 여부를 떠나 사회적 소수자와 민주화 세력 전반을 격하하는 혐오의 언어가 일상화되고 있음을 보여준다.

일베는 자기들만의 공고한 세계관을 바탕으로, 2016년 쇠퇴기[11]전까지 단순한 커뮤니티를 넘어 하나의 정치 심리전 플랫폼으로 작동해 왔다. 2012년 대선 때는 문재인 후보를 종북으로 몰아가는 이미지를 대량 제작해 유포하기도 했고, 그외에도 5·18 민주화운동을 '폭동'이라 부르며 왜곡하거나, 희생자들을 '홍어' 같은 혐오 언어로 비하한 게시글은 지금도 검색만 하면 어렵지 않게 발견된다. 이러한 '놀이'는 특정 세계관과 정서를 반복적으로 주입하는 언어적 프로파간다 훈련소라고 보아도 무방하다. 게다가 일베 내부의 은어와 혐오 밈은 '유머+자유+익명성'이라는 무기를 앞세워 힙하고 쿨한 것처럼 포장되어 점차 다른 커뮤니티로 확산되었다. 그 결과 한국 인터넷의 일상 언어조차 일정 부분 이들의 극단적 관점에 잠식당하게 되었다.

대표적인 사례가 "언론 믿지마 일베를 믿어"라는 구호였다. 처음에는 단순한 커뮤니티 농담처럼 소비됐지만, 곧 극우 진영 전반에서 언론 불신 프레임으로 확장했다. 세월호 국면에서 정부 책임을 묻는 보도를 선동으로 치부하며, 오히려 일베나 유튜브·

11　결정적 계기는 박근혜-최순실 국정농단 사태로 보고 있다. 실제 이때를 전후로 트래픽 및 활동성이 줄었다는 평가가 나왔다.

극우 매체만이 사실을 말한다고 주장하는 논리로 활용된 것이다. 실제로 이후 어버이연합 집회 피켓 문구나 JTBC 태블릿PC 보도 불신 선동에서 거의 비슷한 구호가 반복 등장했으며, 이는 '일베식 언어유희'가 극우 대중정치의 상징 문구로 전환된 대표 사례가 되었다. 이런 흐름은 팩트를 독점하려는 극우 진영의 전략적 의도가 깔려 있다는 점에서 단순히 인터넷 속 유머 코드가 정치 구호로 변용된 차원을 넘어선다.

언론의 보도와 공적 사실을 전부 불신하게 만들고 특정 커뮤니티와 매체만이 진실을 말한다고 믿게 만드는 것은 곧 현실 인식의 기준을 전환시키는 정치적 작업이었다. 결국 팩트 담론은 객관적 진실을 찾기 위한 도구가 아니라 상대 진영을 '거짓'으로 낙인찍고 자기 진영을 '진실의 수호자'로 세우는 무기화된 언어로 자리 잡았다.

이 팩트의 무기화는 일베가 처음 가시화했지만 점차 극우 진영 전반의 정치 기술로 제도화되었다. 세월호 참사 국면에서 '선동vs사실'이라는 구도가 조작되었고, 촛불 혁명 당시에는 '가짜뉴스vs진짜뉴스'라는 프레임으로 되풀이되었다. 오늘날 국민의힘으로 대표되는 극우 정당조차 이 흐름을 거의 그대로 답습하고 있다.

즉, 일베의 퇴조에도 불구하고 그들이 남긴 언어와 프레임의 습관은 여전히 한국 정치의 중요한 무대 뒤에서 작동 중이다.

일베와 국가 조직, 정보기관의 연관성

그러면 일베는 과연 어떤 과정을 거쳐 이렇게까지 극단화된 것일까? 일베는 원래부터 자극적이고 엽기적인 게시물이 자주 올라오는 곳이었고 상대적으로 보수 성향 이용자가 많은 커뮤니티였던 것은 맞다. 그러나 단순한 보수 성향이었던 일베가 극우화의 전면적인 촉매제가 된 것은 국가 권력의 개입이 결정적이었다.

일베는 2011년 출범 이후 하루 수십만 명이 방문하는 거대 커뮤니티로 성장했으며 얼마 지나지 않아 호남 지역 비하, 김대중·노무현 전 대통령에 대한 조롱, 여성 혐오 게시물 등이 도마에 오르기 시작했다. 원세훈 전 국정원장은 댓글 공작 의혹을 부인했지만 노골적인 개입 정황은 곳곳에서 드러났다. 문성근·김여진 배우의 합성 음란 사진 유포 사건도 그러했고, 2012년 대선 무렵 역삼동 오피스텔에서 발각된 김하영이라는 국정원 심리전단 소속 직원의 '댓글 활동' 사건도 이후 드러난 개입 정황 중 하나였다. 이후 일베에 출몰하며 댓글 작업을 벌인 국정원 직원들이 더 있었다는 사실도 추가로 폭로됐다.

게다가 국정원이 안보 특강에 일베 회원들을 초청해 논란을 키운 바도 있고, '절대 시계'를 나눠주며 이들과 네트워크를 형성한 사건도 유명하다. 국정원이 일베 유저들에게 효능감을 부여하고, 커뮤니티에 대한 통제와 유착을 시도한 셈이다.

절대 시계를 받았다고 자랑하는 인증 글들이 다수 올라오자 일베·디시인사이드 같은 커뮤니티에서는 "멋지다. 어떻게 얻었는지 알려달라", "절대 시계를 나에게 팔 수 없느냐", "남자라면 국정원 절대 시계 정도는 차야 가오가 산다"라며 부러워하는 댓글들이 올라오기도 했다. 이런 글들을 계속 접하다 보면 시계를 받고 싶은 욕망이 생겨난다. 이에 부응하듯 국정원에서는 2009년, 2010년 연달아 절대 시계 등의 경품을 내걸고 '간첩 및 좌익사범 색출해 내기', '가상 6·25 전쟁' 플래시 게임 이벤트 등을 진행하기도 했다. 시계 외에도 교통카드, 지갑, 벨트, 마우스 등 다른 기념품들도 제공했지만 '절대 시계' 인기에는 미치지 못했는데, 오죽하면 '절대 시계 앱'까지 출시할 정도였다. 그러다 보니 네티즌들 사이에서는 "국정원에 취직하려면 일베부터 뚫어야 하냐", "국정원이 키보드 워리어를 밀어주는 집단이냐"라는 조롱 섞인 반응도 나왔다. 이 또한 원세훈 당시 국가정보원장의 '젊은 층 우군화 심리전 강화' 지시 작전 중 하나에 불과하다. 실제로 국정원 심리전단이 일베를 활용하며 대선 국면 여론 동향을 분석하고 상부에 보고했다는 사실이 밝혀졌다.

국정원 심리전단 직원들이 작성한 보고서[12]에 따르면 이들은 일베 내 특정 정치인에 대한 게시글, 커뮤니티 내 접속자 수,

---

12 이 문건은 '국정원 댓글 공작 사건 수사 및 재판 과정'에서 검찰이 관련 자료를 확보하면서 재판 증거로 제출되었고, 이후 언론에도 보도되었다. 「주요 카페·커뮤니티 특이 동향」, 「SNS 장악 보고서」 등이 있다.

트래픽 추이 등을 체계적으로 모니터링해 윗선에 올렸다. 표면적인 명분상으로는 대북 심리전 차원의 인터넷 활동이라고 했지만 실제로는 국내 정치용 정보 보고를 해온 셈이다. 당시 군인 출신인 이종명 국정원 제3차장은 이러한 심리전단 활동을 적군과 민간인에 비유해 이렇게 표현했다.

"적군을 공격할 때 상부에서는 민간인을 사살하지 말라고 지시한다. 그러나 현장에선 민간인과 적군을 구별 못 한다. 적군이 민간인을 방패로 활용하면, 사살하지 않으려고 해도 민간인 피해가 있지 않나."

그들에게 이 작업은 단순한 댓글 달기가 아니라 '총성 없는 내전'이었다. 키보드를 무기로 삼은 정보전이자 정치 전쟁이었다. 더 충격적인 건 국정원 프락치로 활동했던 인물의 증언이다. 국정원 경기지부 사찰 조직과 연계된 '김 대표'라는 인물은 5년간 국정원으로부터 돈을 받고 민간인 사찰을 대행했으며, 이 과정에서 국정원 직원들로부터 일베 사용을 권유받았다고 밝혔다. 그는 "국정원 직원들은 박근혜를 '누님', 남재준을 '장군님'이라 부르며 술자리에서는 일베 특유의 손동작(ㅇㅂ 제스처)을 강요하기도 했다"고 증언했다. 심지어 이들이 업무 지시용으로 보낸 이메일 제목에는 "광주는 뭡니까" 같은 일베식 은어가 그대로 담겨 있었다. 이는 국정원 내부 일부 직원 집단이 단순히 일베를 관찰한 수준을 넘어 일베 세계관을 내면화해 공유하고 있었음을 보여준다.

게다가 모 일베 유저는 국정원장 원세훈의 직인이 찍힌 표창장을 공개한 바 있다. 그는 김대중 대통령의 '행동하는 양심'을 조롱하며 '행동하는 욕심'이라 부르기도 했다. 민주·진보 진영의 상징적인 인물과 핵심 슬로건을 우스꽝스럽게 만들고 희화화하는 것은 일베식 왜곡 정치의 전형적 수법이었다. 이런 인물에게 수여된 표창장은 국가 기관이 일베의 단순한 관찰자 수준이 아니었음을 보여주는 상징적 장면이다. 일베와 정부, 국정원은 결코 분리된 존재가 아니었다. 정부가 육성하고 극우화시키고 여론전의 전위대로 활용한 일종의 디지털 병참기지였다.

일베는 분명 오랜 기간 우리 사회에 막대한 해악을 끼쳤다. 하지만 시간이 지나며 이 커뮤니티는 점차 쇠퇴하기 시작했다. 폐쇄성과 고령화뿐 아니라 경찰 수사와 언론의 집중 문제 제기, 사회적 낙인 효과가 겹치면서 젊은 층은 빠르게 이탈했다. 그렇다고 일베와 이명박 정부가 뿌린 씨앗이 그렇게 사라질 리 없다. 그들이 찾은 새로운 놀이터가 바로 에펨코리아FMKorea, 펨코였다.

펨코는 일베처럼 유머와 밈을 외피로 씌워 혐오와 정치 선동을 은폐했다. 그러나 더 나아가 포인트 구조와 사설 토토 시스템, 인터넷 방송 여론까지 결합해 이를 일상적 오락처럼 소비·확산되도록 만들었다. 단순한 커뮤니티를 넘어 도박·인방 문화·커뮤니티가 얽힌 '플랫폼형 생태계'로 진화한 것이다. 일베와 비교하면 혐오의 강도는 줄지 않았지만 표현 형식은 더 세련돼졌고 확산 속도는 훨씬 빨라졌다. 그 결과 혐오와 정치 프레임은 더욱 은밀하게 스며들었고 공론장의 왜곡은 오히려 한 단계 더 고도화되었다.

2

인터넷 방송과 혐오의 확산

펨코를 다루기 전에 먼저 일베와 펨코 사이에 놓인 '인터넷 방송 문화'를 짚고 넘어갈 필요가 있다. 아프리카TV(현재 SOOP)로 대표되는 이 방송 문화는 디시·일베의 세계관을 훨씬 더 파급력 있고 자발적인 방식으로 확산시키는 통로였으며, 이들의 유입이 현재의 펨코를 만드는 데도 일조했다. 게다가 일베 같은 텍스트 중심의 커뮤니티가 아니라 영상 형식인 만큼 그 파급력은 훨씬 직접적이고 감각적이다.

이 문제는 민주·진보 진영의 정치인들이나 언론, 학계에서조차 거의 다루지 않는다는 점에서 더욱 그 중요성을 지적할 필요가 있다. 나는 10대부터 이 흐름 속에서 살았고 그 안에 오래 머물러 있었던 만큼, 다른 이들보다 조금 더 구체적으로 볼 수 있었다.

관련해서 내 이야기를 좀 하자면, 나는 2010년 10월 18일 프로게이머 생활을 마무리했다. 그 무렵 여전히 이 바닥에 남아 있던 일부 동료들 사이에선 이런 말이 나왔다.

"우리 중 누구라도 아프리카TV로 가면 인연을 끊자"

이 말은 단순한 농담이 아니었다. 당시 아프리카TV 간판 BJ 였던 '철구'를 비롯한 몇몇 BJ들 때문이었다. 철구는 스타크래프트 프로게이머 출신으로 '아프리카 대통령'이라고 불릴 정도였는데, 자극과 엽기, 욕설과 혐오, 선정성으로 사람들의 이목을 끌면서 '프로게이머 출신=문제적 BJ'라는 낙인을 남겼다. 그때만 해도 프로게이머들이 어린 남학생들에게는 연예인 같은 이미지가 좀 있었다. 하지만 시대 분위기상 프로게이머에 대한 편견이 지금보다 훨씬 심했고, 승부조작 사건으로 스타크래프트라는 게임의 인기도 예전에 비해 시들해졌던 만큼 우리 사이에서는 프로게이머에 대한 이미지가 나빠지지 않도록 나름대로 관리하고 조심해야 한다는 취지에서 나온 말이었다.

이후 2012년 5월 입대를 했는데, 그 시기에 많은 변화가 있었다. 스타크래프트가 몰락하고 리그 오브 레전드가 대세가 되자 동료들은 리그 오브 레전드로 전향하거나, 완전히 다른 길을 택했다. 그중 상당수가 아프리카TV로 넘어가서 BJ로 활동하기 시작했다.

뒤늦게 아프리카TV에 진출한 선수들은 좋든 싫든 철구가 선점한 방송의 문법에 영향을 받을 수밖에 없었다. 게다가 대부분 비슷한 정서를 공유하던 시기였기에 당시에는 나 역시 크게 심각한 문제라고 느끼지 못했다. 인터넷 속에서 살아가던 시절이었던 만큼 그냥 유행처럼 받아들였다.

돌이켜보면, 바로 그 시기에 한국 인터넷 방송 문화는 자극과 혐오를 기본값으로 굳혔다. 단순한 개별 BJ의 문제가 아니라 이후 수많은 방송이 따르게 될 플랫폼의 표준이 된 것이다.

누군가는 "철구가 하는 콘텐츠가 엽기적이고 자극적이긴 하지만 그렇다고 해서 그게 무슨 문제냐"라고 말할 수 있다. 하지만 나를 비롯한 주위 비슷한 또래들은 이미 SNS와 각종 커뮤니티들을 통해서 나름대로의 세계관을 정립했고 자극적인 콘텐츠에도 익숙해진 상태였다. BJ 철구는 그걸 가장 적극적으로 퍼뜨리는 사람이었다. 이를테면 그는 518개의 별풍선을 후원받으면 "폭동 개 감사하다"라는 식으로 리액션했다. 이외에도 여성 혐오적 발언이 공공연히 등장했고 일정 정도 이상의 별풍선을 후원받으면 이른바 성범죄자 김길태 세리머니를 하는 데까지 이르렀다.

나는 이 모두가 국정원의 영향이라고 단정하는 것은 아니다. 다만 사이버 심리전·여론전 차원에서 국가 기관이 초기에 '씨앗을 뿌려 놓은 것'은 분명하다. 그 씨앗에 무방비로 노출된 집단 중 하나가 바로 나 같은 프로게이머들이었다. 하루 종일 연습에 매달리다 보면, 잠깐 숨을 고르는 동안 할 수 있는 거라곤 ALT+TAB을 눌러 커뮤니티를 눈팅하는 일이 전부였다. 그곳에는 전략·전술 분석, 선수들에 대한 평가, 웃고 넘길 수 있는 유머 콘텐츠, 각종 정보글이 끊임없이 올라왔고 나는 그 흐름을 따라가며 자연스레 세상이 돌아가는 방식을 배웠다. 처음에는 단순한 관심이었지만 어느새 세계관과 언어까지 스며들었다.

당시 이러한 정서를 그대로 반영한 인터넷 방송으로 청소년들 사이에 널리 알려진 이들이 앞에서도 언급했던 철구와 신태일이다. 두 사람은 페이스북, 아프리카TV, 유튜브에서 자극적이고 기행에 가까운 콘텐츠로 폭발적인 인기를 얻었다. 문제는 주목을 끌기 위해 기초수급자 비하, 5·18 민주화운동 폄훼, 아동과 청소년을 대상으로 한 위험한 퍼포먼스, 성적 노출과 혐오 발언 같은 막장 행보로 수없이 논란을 불러왔다는 것이다. 그럼에도 수십만 명의 시청자를 끌어모으며 커뮤니티와 플랫폼의 문화 자체를 선정성 중심으로 바꿔 버렸다.

특히 2020년 철구의 전역 복귀 방송은 그 심각성을 극명하게 보여준다. 동시 시청자만 37만 명을 돌파하며 서버가 마비될 정도로 폭발적 반응을 끌어냈는데, 이는 단순히 한 개인의 인기를 넘어 막장 콘텐츠가 얼마나 거대한 흡인력을 가지는지를 보여준다. 과거 온갖 사회적 논란을 일으킨 인물임에도 복귀 무대가 곧바로 축제처럼 소비된 것이다. 이는 청소년과 청년층의 여가 문화가 자극성·막장성에 쉽게 중독될 수 있는 구조적 현실을 잘 보여준다. 과거의 내가 그랬듯 많은 이들이 그러한 문화 속에서 무방비로 길러지고 재생산된 셈이다.

결국 초기에 특정 세계관을 확산시키기 위한 정권 차원의 작업이 있었지만 어느 순간 그것이 하나의 문화가 되어 스스로 굴러가기 시작했다. 그때부터 자생적인 제어는 불가능에 가까워진다. 만약 누군가 이런 문화에 비판을 가하면 소위 "방방봐(방송은 방송으로 봐라)", "챗챗봐(채팅은 채팅으로 봐라)"라는 말로 간단하게 제압해 버리면 그만이다. 여기에 드러나는 논리는 단순했다.

"우리끼리 웃자고 한 건데 왜 죽자고 달려드냐?", "깨어있는 척
하는 인간들이 와서 생트집을 잡는다."

결국 모든 문제제기를 '진지충'으로 몰아붙이며, 혐오를 놀이로 면책시키는 방식이다. 앞서 언급한 철구의 기행이나 신태일의 막장 콘텐츠 역시 같은 논리로 방어됐다. "그냥 콘텐츠일 뿐인데 왜 이렇게 과민반응 하냐?"라는 식의 방패는 실제 사회적 해악을 지적하는 목소리를 무력화시켰다. 이러한 분위기는 곧 PC 주의와 인권 담론 전체에 대한 반감으로 연결되었고 세대 간 감

각의 단절, 나아가 민주 진영에 대한 분노로 이어졌다. 더 심각한 건 이러한 환경 속에서 청소년들이 '관심은 돈이 된다'라는 사실을 학습했다는 점이다. 논란이 커질수록 호기심 때문에라도 새롭게 유입되는 시청자가 많아지고, 시청자가 많아질수록 후원금은 늘어난다. 혐오가 곧 수익이 되는 구조였다. 이런 방식이 '정치'와 무관하다고 말할 수 없다.

나도 한때 이 문법에 익숙했고, 익숙한 만큼 무감각했다. 당시 주위 10대, 20대 남성들이 이런 콘텐츠를 무비판적으로 받아들였다. 실시간 채팅을 통해 수많은 유저가 웃으면서 소비할 뿐 아니라 다수가 이 세계관에 스며드는 걸 보면서 그들은 자연스레 스스로 주류라고 느낀다. 누군가 이 흐름을 지적하면 프로불편러가 된다. 플랫폼은 방송 정지 같은 제재를 하는 척하지만 어이없게도 광복절 특별 사면 같은 형식으로 곧바로 풀어준다. BJ가 후원받는 별풍선의 일부를 수수료로 떼어가는 플랫폼 입장에서 유명 BJ들은 황금알을 낳는 거위나 다름없었다. 이렇게 문제는 반복되고 관성처럼 굳어진다.

지금도 초·중·고 강연에 가면 장래희망으로 유튜버나 아프리카 대통령을 꿈꾸는 학생들이 적지 않다. 인터넷 방송을 둘러싼 이 만연한 문제들은 지금도 여전히 방치되고 있으며, 규제 논의가 있어도 실효성은 거의 없었다. 그 결과 이 생태계는 너무 오랫동안 비제도적 상태로 방치되어 이제는 오히려 하나의 문화와 유행으로 굳어졌다.

대표적인 사례가 노무현 대통령 서거를 조롱하는 콘텐츠다. 먼저 멸칭을 붙이고, 이어 기괴한 음악을 합성해서 만든 이른바 병맛 콘텐츠로 이어진다. 처음엔 불쾌하고 황당하지만 반복적으로 노출되다 보면 어느 순간 피식 웃게 되고 묘하게 중독된다. 그러다 주변에서 비슷하게 생각하는 친구들과 만났을 때 농담처럼 주고받게 된다. 이렇게 혐오가 놀이로 변환되는 회로가 작동하는 것이다.

이 문화의 핵심은 '막말=솔직함=사이다'라는 착각이다. 사회적 금기를 깨는 막말과 조롱들이 오히려 "솔직하고 용기 있다"라는 찬사로 포장된다. 하지만 이는 개성과 용기가 아니라, 자극적 혐오를 포장한 조회수 장사에 불과하다.

사회 전체가 혐오를 금기시하던 시기에는 전반적으로 자제하는 분위기가 있었다. 하지만 어느 순간 다수가 소비하고 공공연하게 언급하기 시작하면서 상황은 달라졌다. 혐오의 역치가 낮아지고 일종의 놀이와 유행처럼 확산되며 마침내 상품으로 전환된다. 즉 멸칭→병맛→중독→유행→상품이라는 단계적 구조가 형성된 것이다.

이 흐름을 보면 분명히 일관성이 있다. 초기에는 국가 조직의 개입으로 시작하지만 이후에는 유저들이 자발적으로 콘텐츠를 생산하고, 법과 제도권의 방치 속에 폭발적으로 확산된다. 플랫폼은 이를 수익 구조와 결합시키면서 결국 혐오는 문화로 굳어진다. 온라인 커뮤니티, 인터넷 방송, 유사 언론, SNS 모두가 이 궤적을 따라왔다.

3
펨코, 혐오를 팝니다

펨코는 2008년 10월, 축구 시뮬레이션 게임 풋볼매니저의 정보를 공유하기 위해 FM코리아라는 이름으로 출범했다. 이 사이트 또한 디시인사이드의 특정 갤러리에서 독립해 파생되었다는 특징이 있는데, '펨코'라는 약칭이 사용자들 사이에서 일반화되며 지금의 명칭으로 자리 잡았다. 게임 중심의 커뮤니티였던 만큼 아프리카TV나 트위치에서 활동하던 게임 방송인들도 정보를 얻기 위해 자주 방문했고 시간이 지나면서 인터넷 방송인이나 스트리머들에 관한 여론도 활발히 오르내리기 시작했다.

판에서 이름이 알려진 사람들 입장에서 펨코가 자신의 평판을 가장 빠르게 확인할 수 있는 공간이 되면서 펨코를 찾는 한편, 다른 커뮤니티들이 여러 사건 사고로 몰락하면서 자연스럽게 유저 수가 늘어났다. 이후 유머, 정치, 해외 축구, 야구, 농구, 격투기, 연예, 역사, 게임 등 다루는 주제를 확장하면서 2020년부터 커뮤니티 부문 2위에 해당하는 대형 플랫폼으로 성장했다.

그렇게 덩치를 불려 갈수록 펨코라는 사이트가 가진 독특한 운영 방식에 관한 문제가 불거졌다. 현재 내가 펨코에 주목하고 있는 지점은 세 가지다. 각각 혐오의 보상화, 포인트의 현금화, 도박의 플랫폼화 구조다.

혐오의 보상화

펨코는 유저가 얻은 포인트에 따라 아이콘이 바뀐다. 처음에는 알에서 시작하지만 점수가 오를수록 개, 곰 등으로 바뀌며 일종의 계급처럼 작동한다. 이 자체는 그럴 수 있지만 문제는 포인트 획득 방식에 있다. 포인트는 추천을 받으면 오르고, 비추천을 받으면 떨어진다. 이 단순한 메커니즘은 '다수의 입맛에 맞는 글'을 올리는 유저에게 보상을 제공하고, 소수의견을 올리거나 펨코 문화에 비판을 가하는 유저는 벌을 받는 방식으로 작동한다. 특히 포인트를 쌓아 상위 등급에 오른 유저일수록 포인트를 잃지 않으려는 심리가 강해지기 때문에 다수의 정서에 반하는 의견은 애초에 자제하게 된다.

예를 들어 축구 경기가 있을 때 손흥민 선수 찬양 게시물을 올리면 안정적으로 포인트를 얻을 수 있고, 더 쉽게는 자극적인 혐오 콘텐츠를 확산시키는 방법도 있다. 만약 다수의 의견에 반하는 글을 쓰면 프로 불편러로 몰리며 비추천 폭탄을 맞는다.

그래도 계속 글을 남기는 유저들이 있는데, 이 경우 운영진이 나서 해당 유저에게 무려 4년 정지를 내린 사례도 다수 존재한다. 1,460일간의 정지는 곧 영구 퇴출에 가까운 효과를 낳는다. 결국 모두가 다수의 입맛에 맞는 글을 올릴 수밖에 없고 자연스럽게 이왕이면 '포인트나 벌자'라는 생각을 갖게 된다. 펨코 정치·시사 게시판에는 민주당, 진보 진영 비판 글이나 이준석 의원, 개혁신당 옹호 글을 올리면 포인트를 금방 모을 수 있다는 인식이 공공연하게 퍼져 있다.

포인트의 현금화

펨코 포인트는 단지 커뮤니티 내부의 계급을 구분하는 기준일 뿐 아니라 실제 현금 거래의 수단이 되기도 한다. 포인트를 다른 유저에게 선물할 수 있는 '선물하기' 기능이 존재하는데, 이때문에 중고나라, 당근마켓, 번개장터 등에서 현금 거래가 이루어진다. 1만 포인트당 약 2만 5천 원에서 3만 원 선이며, 현재도 대체로 2만 원 안팎에서 거래가 이어지고 있다.

문제가 커지자 펨코 운영진은 형식상 제재 조치를 하겠다고 밝혔지만 핵심 기능인 포인트 선물하기는 여전히 유지하고 있다. 펨코를 둘러싼 이 문제는 선물하기 기능만 없애면 실질적으로 해결된다. 펨코의 작동 방식에 관해 약간의 이해도만 있으면 누구나 알고 있는 핵심 내용이다. 그러나 운영진은 이를 선택하지 않는다. 포인트가 돈이 된다는 걸 아는 사람들이 포인트를 얻기 위해 더 자극적인 콘텐츠를 더 많이 올릴 것이고, 이는 펨코 사이트의 트래픽이 올라가면서 곧 수익과 직결되기 때문이라고 본다. 결국 운영진은 이 시스템을 알고도 방치하고 있는 셈이다.

도박의 플랫폼화

가장 심각한 문제는 도박 플랫폼화다. 펨코는 로그인만 하면 성인 인증 없이도 사설 토토를 이용할 수 있다. 정식 토토 허가조차 받지 않았음에도 일본의 프로 축구 3부 리그 같은 마이너리그까지 베팅이 가능하다.

펨코에서 도박을 하기 위해서는 역시 포인트가 필요하다. 자연스럽게 도박으로 포인트를 잃은 유저는 이를 되찾기 위해 더 많은 글을 쓴다. 문제는 펨코 내에서 어떤 콘텐츠를 올려야 포인트를 잘 벌 수 있는지 이미 학습되어 있다는 것이다. 앞서 언급했듯 이준석 의원 찬양, 이재명 대통령과 민주당 비난 혹은 자극적인 혐오 콘텐츠가 필요하다. 그렇게 포인트를 쉽게 번 유저들은 다시 도박을 하고 금방 포인트를 잃는다. 그래도 상관없다. 곧바로 다시 이준석 찬양이나 민주당 비난 혹은 소수자 혐오에 열을 올리면 되기 때문이다. 이걸로 포인트를 벌면 다시 도박으로 잃는 악순환이 벌어진다. 완전한 도박 중독자의 행태와 다를 바가 없다.

나는 실제로 한 펨코 네임드 유저를 추적한 적이 있었다. 그는 지난 몇 년간 수천 개에 달하는 게시물을 작성했지만 보유한 포인트는 거의 없었다. 펨코 내 사설 토토에 빠져 포인트를 다 탕진했기 때문이다. 이후 본전을 찾기 위해 다시 혐오 글을 작성해 포인트를 벌고 또다시 도박에 쏟아붓는 행동을 반복했다. 결국에는 다른 유저들에게 포인트를 빌리거나 구걸하는 지경에 이르렀다.

펨코에서는 이런 유저들을 위한 '뽀찌 인증' 게시판이 있다. 도박으로 포인트를 잃었거나 포인트가 필요한 유저들이 사연을 올리면 다른 유저가 위로금처럼 포인트를 선물한다. 이 구조는 도박장을 그대로 모방하고 있으며 실제 펨코 내에는 '끊고 싶지만 중독됐다'는 고백이 수없이 올라오고 있다.

이런 문제는 이미 오래전부터 제기되었다. 2019년 한 유저는 "중학생 때 펨코를 접했고, 장난삼아 시작한 토토에 중독됐다"라고 고백했다. 그는 "내가 술도 담배도 하지 않는데 대신 펨코 도박에 빠졌다"라고도 말했다. 이런 시스템은 청소년 인터넷 도박 중독 문제와도 연관성이 있다는 사실을 방증한다. 포인트로 시작한 도박이 실제 오프라인에서 돈을 거는 도박으로 이어질 수 있기 때문이다. 펨코는 도박의 진입로이자 인큐베이터 역할을 자처하고 있는 셈이다.

심지어 펨코에서는 매일 5회 광고를 클릭하면 150~250포인트를 얻을 수 있는데, 이 시스템은 운영진 입장에선 광고 수익을 얻을 수 있고, 유저 입장에선 글을 올리지 않아도 도박에 참여할 수 있게 만든다. 도박의 최소 베팅 단위가 100포인트이기 때문이다. 이 모든 시스템이 도박 심리를 자극하고 중독 구조를 강화하고 있는 것이다. 겉으로는 게임·스포츠 커뮤니티를 표방했지만 실제 운영은 혐오와 도박적 요소를 결합한 셈이다. 일본 파칭코식 환전 시스템은 유저를 붙잡아 두는 장치이고 혐오 게시글은 클릭과 체류 시간을 늘리는 수단으로 기능한다. 펨코는 혐오를 상품화해 유저의 중독성과 결합시킨 사례라 특히 더 심각하다.

이를 오늘날 청소년 인터넷 도박 중독 문제와 연결지어 보면 그 위험 수위가 임계점을 넘었다는 것을 알 수 있다. 한 실태조사[13]에 따르면 초·중·고 학생 중 약 4.3%(약 16만 7천 명)가 도박을 한 번 이상 경험했다고 한다. 이 중 19.1%가 최근 6개월간 지속적으

---

13 2024년, 한국도박문제예방치유원에서 실시한 조사로 전국 605개교의 13,368명(초 4~6학년 및 중·고교 재학생)을 대상으로 했다.

로 도박을 했다. 도박을 경험해 본 학생들의 48.4%가 타인 명의를 사용했고, 24.4%는 대리 베팅을 했다고 한다. 심지어 초등학생 중에서도 대리 베팅 사례가 보고되었다.

2024년에는 경찰이 청소년 대상 온라인 도박 특별 단속을 벌였는데, 6개월 만에 총 2,900여 명을 검거했다. 이 중 청소년 사범은 무려 1,035명으로 전체의 35%를 차지했다. 청소년 검거 인원 대부분이 도박을 한 행위자였는데, 고등학생이 798명, 중학생 228명, 대학생 7명, 심지어 1만 원을 걸고 도박한 9세를 비롯한 초등학생 2명도 포함되었다.

도박 사이트에서는 간단한 내기 형식의 게임을 만들어 청소년들이 본인도 모르게 도박에 빠지도록 유도하고 있다. 처음에 돈을 잃으면 다음에 더 큰 돈을 걸어서 한 번에 만회해야겠다는 심리가 생기기 마련이다. 그러다 보면 친구한테 돈을 빌리거나 부모님 카드 및 신분증을 도용하는 문제와도 연결된다. 펨코의 도박 플랫폼화와 나란히 놓고 보면 결코 가볍게 넘겨선 안 된다.

물론 펨코 내부의 혐오 정서와 도박 문제, 이준석 중심의 정파 편향이 유저들 사이에서 자생적으로 생긴 것인지 혹은 누군가의 조직적 개입이 있었는지는 아직 정확히 드러나지 않았다. 하지만 우리는 앞에서 여론조작 세력들의 운영 방식과 사례를 충분히 봐 왔다. 국정원, 극우 정당, 극우 단체들이 혐오·유머·자유·

익명성을 무기 삼아 온라인 커뮤니티에 개입해 온 전례를 감안하면, 펨코 같은 거대한 청년 남성 기반 커뮤니티를 정말 '그냥 놔뒀을까?'라는 질문은 현실적인 의심으로 남는다.

이와 별개로 최근에는 이준석 의원이 측근들에게 펨코 내 여론 조성을 지시했다는 제보를 받기도 했다. 뿐만 아니라 그의 평소 발언과 주변 정치인들의 증언을 종합해 볼 때 이준석이 펨코에 깊이 중독된 정황은 무수히 드러난다.

나는 2019년부터 이 문제를 당·정·청에 알리고 연구와 대응에 나서야 한다고 주장해 왔지만 결국 이들을 설득하지 못한 채 6년이 지났다. 그 사이 펨코는 더 거대해졌고 지금은 엄청난 트래픽을 끌어오는 핵심 플랫폼이 되었다. 펨코의 방치는 곧 사회적 중독을 조장하는 일이다. 우리는 이 구조를 뿌리부터 다시 들여다봐야 한다.

4

책임 없는 자유는 폭력이 된다

온라인 커뮤니티 문화의 구조적 특징

현존하는 대부분의 극우 온라인 커뮤니티의 문화를 살펴보면 몇 가지 중요한 공통점이 있다.

첫째, 밈 중심 정치화

밈이 정치·혐오 메시지를 포장해 감정과 프레임을 주입하는 도구로 기능한다. 예컨대 MC무현, 노럼통 같은 조롱식 별명은 웃음거리로 소비되는 동시에 부정적 인식을 각인시킨다.

둘째, 놀이형 혐오 확산

혐오 발언이 게임처럼 경쟁과 보상 구조를 타고 퍼진다. '더 자극적일수록 웃긴 것'이라는 문화가 정착되며, 어느 순간 웃겨야 산다는 심리가 지배한다. 추천·댓글 랭킹이 혐오 경쟁의 보상장치로 작동한다.

셋째, 조직적 여론조작

집단 좌표 찍기, 시간대별 댓글 폭격 등 계획적 활동을 통해 여론 흐름을 왜곡한다. 12·3 내란 당시 여러 커뮤니티에서 동일 문구와 이미지가 특정 시간대에 집중적으로 퍼졌고 이를 언론이 확대 재생산했다. 동시에 오프라인에서도 같은 메시지가 적힌 현수막이 전국적으로 걸렸는데, 이는 온·오프라인 여론조작이 맞물려 작동했다는 방증이다.

넷째, 반지성주의·음모론 확산

사실관계보다 감정과 서사에 먼저 반응하며, 검증 불가능한 주장을 밈 형태로 퍼뜨린다. 특히 애초에 대응할 가치가 없다고 치부되거나 설명하기 애매한 사안일수록 이들의 쉬운 먹잇감이 된다. 당사자 입장에서는 황당무계한 소리라 대수롭지 않게 넘기지만, 그사이 짧은 영상과 자극적인 텍스트는 검증 과정 없이 무한 반복·확산된다. 이렇게 누적된 왜곡 정보는 결국 누군가의 인식을 바꿔놓는다.

다섯째, 커뮤니티 권력화

일부 커뮤니티는 단순한 담론 공간을 넘어 자체 언론·프레임 생산지 역할을 하며, 유튜버와 정치권까지 눈치 보게 만드는 영향력을 행사한다. 내란 당시 디시인사이드의 내란 3대 갤러리(국민의힘 갤러리·국민의힘 비대위 갤러리·미국 정치 갤러리)는 그 중심에 서 있었다. 여기서 생산된 프레임과 밈이 다른 온라인 플랫폼과 극우 유튜버, 나아가 일부 언론 기사와 정치 발언으로까지 확산되며 여론 형성에 직접적 영향을 미쳤다.

여섯째, 연령 하향·시민적 정체성 약화

10대 유입이 늘면서 유머·비하·혐오의 경계가 흐려지고, 정치적 함의가 있는 혐오 표현조차 웃음거리로 소비되는 문화가 자리 잡았다. 특히 인터넷 방송 플랫폼 아프리카TV(SOOP)와 각종 온라인 커뮤니티가 결합되며, 자극적인 언행과 혐오 발언이 흥행을 위한 콘텐츠로 소비되기 시작했다. 이 과정에서 "이게 뭐 어때서?"라는 감각 마비가 일상화됐고, 혐오와 조롱이 무해한 놀이처럼 포장됐다. 이러한 문화는 단기적으로는 웃음과 유희를 제공하는 것처럼 보이지만, 장기적으로는 청소년과 청년층의 정치적 가치관 형성, 민주주의 감수성, 사회적 연대 의식을 심각하게 훼손할 위험이 있다.

물론 이런 문제들은 한국만의 현상이 아니다. 미국의 4chan, 일본의 5ch, 유럽 극우 커뮤니티도 혐오와 조롱을 정치화하며 서로 영향을 주고받았다. 한국 극우 커뮤니티의 밈과 언어 역시 해외 극우 담론과 긴밀히 연결되어 있다. 국경을 넘어선 혐오가 공명하는 중이다. 더 나아가 이런 커뮤니티는 단순한 여론의 장이 아니라 국가 차원의 심리전이 내재화된 전장이다. 정보기관이 직접적 개입을 멈추더라도 그들이 설계한 프레임과 구조가 이미 커뮤니티 문화 속에 자리 잡은 셈이다.

혐오의 놀이화

이런 특징들로 작동하는 극우 커뮤니티 문제는 정치 현장에서 더욱 심각하게 드러난다. 박근혜 탄핵 당시 노년층 태극기 부대가 아스팔트로 나왔다면, 윤석열 탄핵 국면에는 젊은 남성들이 서울서부지법과 헌법재판소 앞에 모여 애국을 외쳤다. 이들은 온라인 커뮤니티를 넘어 현실 광장에서 직접 행동에 나섰고, 극우인 게 자랑스럽다고 말하며 폭력과 협박까지 서슴지 않았다. 이러한 흐름은 단순한 세대 변화가 아니다.

12·3 내란 이후 3개월 동안 온라인에서 시정 요구를 받은 불법·유해 글은 3,500건이 넘었다. 불과 석 달 만에 2023년 한 해 전체 적발 건수의 4분의 3이 쏟아져 나온 것이다. 특히 차별·비

하 글 시정 요구 건수에서 디시인사이드가 단연 두드러졌다. 같은 기간 156건이 적발돼 일베와 펨코를 압도했으며, 네이버·카카오 등 대형 포털이 0건에 그친 것과 극명한 대조를 이뤘다. 하루 4천만 명 이상이 이용하는 네이버보다 특정 커뮤니티가 훨씬 많은 혐오 게시글의 온상이 된 셈이다.

탄핵 정국에 들어서자 디시인사이드의 내란 3대 갤러리는 폭발적으로 활성화됐다. 게시물 수는 석 달 만에 무려 130배 폭증했다. 특히 미국정치 갤러리는 내란 이전인 11월 2,500여 건에서 내란 이후인 1월 1일 33만 건으로 치솟았다. 이곳은 단순한 온라인 논쟁의 장을 넘어 혐오 표현과 선동의 무대이자 극우 청년층의 정치적 거점으로 기능했다.

이 흐름이 가장 극단적인 형태로 폭발한 사례가 서부지법 폭동 사태다. 윤석열에 대한 구속영장 발부에 반발한 극우 지지 세력이 법원 청사로 몰려들어 시설물을 파손한 초유의 폭동 사태였다. 법원을 공격했다는 것은 곧 법치주의에 대한 부정과도 다름없었다. 이 사건으로 86명이 체포됐고, 경찰 부상자만 56명에 달했다. 그 중심에 온라인 커뮤니티가 있었다. 온라인 커뮤니티를 매개로 극우 유튜버, 사이비 종교, 그리고 정치권이 결탁했다. 이때 온라인 커뮤니티에 올라온 게시물들을 보면 법원 담벼락 높이, 헌재 평면도 등 폭동 모의 글까지 공유되면서 온라인에서 생산된 정보가 현실 폭력으로 직결되는 모습을 보였다.

이렇게 특정 시기, 특정 사건과 맞물려 폭발적으로 벌어지는 문제도 있지만 오랜 기간 뿌리 깊게 자리 잡은 병증도 있다. 나는 이것이 극우 커뮤니티의 본질에 더 가깝다고 보는 입장인데, 바로 '혐오의 놀이화'다.

대부분의 사람은 자신의 생각이나 가치가 사회적으로 용인되는 것인지 아닌지를 나름대로의 방법으로 학습하며 살아간다. 예컨대 내가 장애인이나 성소수자 혹은 여성을 아무 이유 없이 혐오하는 인간이라고 가정해 보자. 설령 그런 마음을 갖고 있다고 해도 내가 정상적인 교육을 받고 일반적인 사회생활을 하면서 다양한 사람들과 관계를 맺다 보면, 특정 집단에 관한 일방적인 혐오나 무시나 조롱이 반사회적인 행위라는 사실을 깨닫는다. 그런 생각 자체가 없어지지는 않는다 해도 보통은 그걸 공개적으로 드러내지는 않기 마련이다.

그러나 혐오가 기꺼이 받아들여지는 공간에서 표현의 자유라는 갑옷까지 두르게 되면 그때부터는 놀이로 둔갑한다. 이제 사람들은 안심한 채 선을 넘기 시작하고, 누군가가 이를 비판하더라도 자기 합리화는 물론이고 비판하는 사람을 향한 공격마저도 가능해진다.

"웃자고 한 건데 왜 죽자고 달려들어? 혹시 진지충임?"
"긁혔냐? ㅋㅋㅋㅋㅋㅋㅋㅋ"

"표현의 자유를 억압하네. 너 중국 찬양하냐?, 북한 사람이야?"

"이게 안 웃겨? 틀딱이네. 틀니 좀 빼시죠."

"풍자와 해학 모름? 멋대로 성역화하네."

이런 비아냥은 혐오를 무해한 농담으로 포장한다. 게다가 논란은 조회수로, 조회수는 수익으로 직결되기에 더욱 빠르게 확산된다. 혐오는 클릭을 먹고 자란다.

극우 커뮤니티를 중심으로 퍼져 있는 이 문화는 누군가에게 상처를 주는 방식으로 콘텐츠를 소비하도록 부추기며 혐오에 사회적 정당성을 부여하는 장치가 되기도 한다. 대부분의 경우 혐오는 약자를 겨눈다. 이곳의 유저 다수는 자신이 서 있는 자리가 초라하다고 느낄수록 누군가를 짓밟아야만 살아 있다는 감각을 얻는다. 자신보다 아래를 확인해야만 현재 위치가 안전하다고 믿기 때문이다. 약한 대상을 찾아내, 그래도 나는 쟤보다는 낫다고 스스로 위로하는 동시에 타자를 향한 공격을 일삼는다. 하지만 이들이 간과하는 건, 누군가를 향한 혐오의 칼날이 언제든 자신을 향할 수 있다는 사실이다.

이를테면 나는 주기적으로 악플러들을 고소한다. 이들 대부분이 더 강한 힘이 등장하면 꼬리를 내린다는 걸 잘 알기 때문이다. 소위 금융치료를 받으면 순식간에 '깨갱'하는 식이다. 나는 그동안 펨코를 비롯한 극우 커뮤니티와 싸우며 그들 사이에서 주적으로 낙인찍혔다. 덕분에 악플은 수시로 쏟아진다.

물론 내가 공적인 활동을 하는 이상 나를 향한 비판 또한 내가 감당해야 할 몫이라고 생각한다. 하지만 어머니를 향한 성적 모욕, 패드립, 과한 욕설, 조리돌림 등 선을 넘는 행위에는 단호하게 대응한다. 이 과정에서 나는 이들 커뮤니티에 만연한 혐오의 심리구조를 적극 활용한다.

예를 들어 악플이 스무 건이라면 스무 명 모두를 한 번에 고소하지 않는다. 1차로 열 명 정도만 선별해 고소장을 접수한 뒤, 닉네임을 블러 처리한 채 고소 사실을 공개한다. 그러면 그때부터 닉네임 길이나 자신이 과거에 올린 글 등을 추정하면서 스스로 불안에 빠진다.

그중 '난 가?' 싶은 사람들은 '황희두가 올린 글 보니까 아무래도 나 고소당한 것 같은데, 참나... 황희두 따위가 날 고소해?'라는 식의 '허세 글'을 올리지만, 사실 이들 중 열에 아홉은 댓글을 통해 위로를 받거나 법적인 조언을 구하고 싶어 한다.

그러나 늘 함께 타인을 조롱하고 혐오를 일삼으면서 웃고 떠들던 커뮤니티에서 이런 상황이 발생했다고 갑자기 서로 감싸고 격려해 줄 리는 없다. 물론 일부 위로의 글도 있지만 대부분은 "그러길래 누가 그렇게 하래?"라는 식이다. 이른바 남의 고통을 비웃던 '누칼협(누가 칼 들고 협박했냐?)'을 자신이 돌려받는 순간이다.

이게 바로 '나만 아니면 돼'의 핵심 정서다. 극우 커뮤니티의 유저들은 혐오와 조롱을 집단으로 즐기지만 누군가 고소당하거나 피해를 입으면 빠르게 손절하는 특징이 있다. 함께 웃지만 책임은 오로지 개인의 몫이다. 그들은 서로를 죽일 수는 있을지언정 구하지 못한다.

나는 기본적으로 무관용 원칙을 지키지만 때로는 게임처럼 '고소 취하 이벤트' 방식을 활용하기도 한다. 물론 아무 조건 없이 취하하지는 않는다. 특정 미션[14]을 내걸고 일정 기간 내에 성실히 수행하면 깔끔히 고소를 취하한다. 반대로 소장을 받은 이후라면 아무리 사과문을 보내거나 부모가 연락을 하더라도 칼같이 자른다.

나는 이런 방식이 그들의 미래에도 결국 도움이 될 수 있다고 믿는다. 나 역시 한때 그 세계 안에 있었던 사람으로서 인간은 아주 사소한 계기로도 바뀔 수 있다는 걸 안다. 내가 우리 사회를 둘러싼 여러 사건을 직접 보고 겪으면서 눈을 떴듯이, 이들도 자신이 구축한 세계가 실은 전혀 공고하지 않은 모래성에 불과하다는 사실을 깨닫고, 여기에 균열이 생길 때 변할 가능성이 생긴다고 본다. 물론 백 명 중 아흔아홉이 변하지 않을지라도 단 한 명

---

14 이를테면 공개 사과문 작성 같은 방식인데, 다음에는 펨코에 이 책의 독후감을 올리라고 해볼 생각이다.

이 바뀐다면 이유는 충분하다.

　또 이런 식으로 법적 대응이 반복되면, 이들도 어느 정도 학습효과가 생기기 마련이다. 커뮤니티 내부에서 '각도기'를 들이대면서 비판은 하되 고소당하지 않는 선을 지킨다거나 욕을 해도 표현을 우회하는 것이다. 법적 제재는 단순한 처벌이 아니라 커뮤니티 내부에 '위험 감지 센서'를 장착하게 만드는 일종의 사회적 경고 시스템이다. 나를 비난하든, 민주당을 비난하든, 혹은 약자를 혐오하든 그 수위 자체가 낮아진다면 그것만으로 공공선의 차원에서 진전이라고 생각한다.

　물론 그중엔 끝까지 뭔가 믿는 구석이 있는 것처럼 행동하는 이들도 있다. 보통 이렇게까지 하면 일반인은 어느 정도 긴장하기 마련인데 그러지 않은 경우엔 정보기관이나 사이비 종교 혹은 극우 정치 세력과의 연결 가능성을 의심해 볼 수 있다. 그때부터 나는 그 유저의 발언들을 예의주시한다. 이들이 극우 세력의 주요 메시지를 연결하는 소통 창구일 가능성이 높기 때문이다.

구조를 파악하지 못하면 아무것도 해결되지 않는다

　물론 내가 도 넘는 유저들을 상대로 법적 대응에 나서는 것은 전쟁으로 치면 일종의 게릴라전에 불과할 뿐 본질적인 해결책이 될 수는 없다. 게다가 고소·고발은 절차도 복잡하고 변호사 선임 등 자금도 많이 필요하기에 누구나 쉽게 실천할 수 있는 방식은 아니다.

특히 커뮤니티 전략에는 고유의 딜레마가 존재한다. 극우 커뮤니티를 단번에 폐쇄하면 표현의 자유를 억압했다는 프레임에 빠지는 동시에 '순교자 서사'가 강화된다. 반대로 무대응으로 방치하면 더 번성한다. 따라서 문제의 근원을 해결하려면 보다 다각적인 접근이 필요하다. 정치권에서 이 사안을 제도권 안으로 끌어들이는 것이 시급하다. 그 첫걸음은 극우 커뮤니티의 구조를 정확히 파악하는 일이다.

펨코가 이토록 성장한 데에는 인터넷 방송인들의 유입이 결정적이었다. 과거 나와 내 동료들이 디시인사이드에 빨려 들어간 것이나, 게임 커뮤니티를 유심히 살폈던 이유도 여기서 프로게이머 관련 여론이 가장 빠르게 생성되었기 때문이다.

이런 흐름은 연예인이나 정치인들도 마찬가지다. 내가 유명한 정치인이라고 해보자. 그런데 특정 사이트에서 내 이름이 자주 거론된다면 그 사이트의 반응을 신경 쓰지 않을 수 있을까? 처음엔 나에 관한 여론만 살피겠지만 시간이 지나면 다른 게시글도 자연스럽게 보게 될 것이다. 디시인사이드의 '실시간 베스트', 펨코의 '포텐 터짐' 같은 게시판이 바로 그런 역할을 한다. 과거 네티즌들이 대형 포털의 실시간 검색어를 통해 세상의 흐름을 가늠했던 상황과 유사하다. 게다가 펨코는 구조 자체가 정교하다.

게임뿐 아니라 사회, 문화, 정치, 경제, 스포츠 등 다양한 주제의 글이 동시다발적으로 올라온다. 결국 이들의 성장 배경에는 단순한 여론이 아니라, 콘텐츠의 자극성 → 커뮤니티 내부의 반응성 → 미디어를 통한 확산 → 플랫폼 알고리즘의 추천으로 이어지는 순환 고리가 자리 잡고 있다.

그러다 보니 어떤 계기로든 이러한 사이트를 드나들기 시작하면 그 세계관에 스며들 수밖에 없다. 이는 단순한 취향 형성을 넘어 반복 노출로 인해 혐오나 조롱이 '정상적 담론'처럼 느껴지는 심리적 효과를 낳는다. 인플루언서나 인터넷 방송인이라면 그 영향은 더욱 크다. 그들에게 중요한 건 전 국민의 여론이 아니라 자신이 자주 들락거리는 커뮤니티에서의 반응이다. '사람들이 이건 좋아하네', '이건 욕먹네' 같은 판단 대부분이 그 사이트를 기준으로 이뤄진다. 결국 자신이 운영하는 채널에서도 사람들이 좋아할 만한 이야기, 좀 더 정확하게 표현하면 자주 들어가는 사이트의 유저들이 원하는 이야기를 공급한다. 그런 커뮤니티가 디시인사이드나 일베 같은 곳이라면 구체적인 논리나 논조는 몰라도 호남, 페미, 친중, 친북, 586, 평등 같은 단어는 부정적 뉘앙스로 받아들인다.

더 심각한 문제는 이런 왜곡된 정서가 잘못임을 인지하면서도 어쩌지 못한다는 점이다. BJ로 활동하던 한 동료는 나에게 이렇게 털어놓은 적이 있었다.

"사실 이런 문화가 잘못됐다는 건 알지만 절대로 방송에서는 그런 말을 할 수가 없어. 그러다 보니 너한테 괜히 미안해지더라."

이는 개별 방송인이 여론에 휘둘려 자기검열을 내면화하고, 그 결과 왜곡된 커뮤니티 정서가 다시 방송과 플랫폼을 통해 증폭·확산되는 순환 구조를 보여준다. 내가 정치인들에게 극우 커뮤니티 관련 문제를 얘기할 때도 늘 이런 지점을 강조한다. 예를 들어 호남에서 정치하는 민주당 정치인과 경북에서 정치하는 민주당 정치인은 정서적 기반이나 발언의 수위가 다를 수밖에 없다. 현실적 환경을 고려해야 하기 때문이다. 스트리머나 크리에이터라고 왜 다르겠는가. 심지어 이들의 발언은 곧장 수익으로 직결된다.

그런 점에서 변화의 핵심은 개별 방송인에게 있지 않다. 문제 발언에는 비판과 책임이 뒤따라야 하지만 본질은 개인이 아니라 그들이 활동하는 플랫폼의 생태와 반응 메커니즘 그리고 여론이 만들어지고 소비되는 환경에 있다. 하지만 대부분의 정치인이 이런 맥락을 섬세하게 이해하지 못한 채 방송인과 유저를 '이상한 사람들'로 치부하고 외면하거나, 싸잡아 비난하는 데 그친다. 그 결과 이들은 더 강하게 뭉치고 오히려 "우리가 뭘 잘못했냐"는 집단 방어 기제가 작동한다. 문제가 해결되기는커녕 골이 점점 더 깊어진다.

이 악순환을 끊으려면 먼저 정보 유통 창구의 구조부터 정확히 파악해야 한다. 혐오와 허위 정보가 어떻게 생산·확산되는지, 그것을 가능케 하는 플랫폼의 설계와 알고리즘은 어떻게 작동하는지 들여다봐야 한다. 그래야만 실질적 해법이라는 다음 단계로 나아갈 수 있다.

제재와 자유 사이: 책임 없는 자유는 폭력이 된다

구조를 파악한 다음에는 반드시 적절한 제재와 책임 부과가 뒤따라야 한다. 자유에는 책임이 따른다는 원칙을 모르는 이는 없을 것이다. 그러나 유독 표현의 자유만큼은 이 원칙에서 매우 멀리 떨어져 있다. 나는 우리 사회가 표현의 자유와 그에 따른 책임을 각각 양팔 저울에 올려놓는다면, 표현의 자유가 95, 책임이 5 정도로 매우 불균형한 상태에 있다고 생각한다. 그 오랜 방치의 결과가 바로 지금 우리가 겪고 있는 혐오 확산, 사이버 폭력, 군중의 폭도화다. 이제는 자유에도 책임이 따른다는 원칙을 명확히 세우고 그에 맞는 제도적 대응과 실제 사례를 축적해 나가야 할 때다.

물론 이 사안은 법과 제도만으로 완전히 해결할 수는 없다. 하지만 지금껏 법과 제도로조차 제대로 대응하지 않았다는 게 더 심각한 문제다. 이미 혐오가 문화처럼 굳어져 사회 전반에 만연하다. 지금 법을 정비한다 해도 가시적 효과가 나타나기까지는 상당한 시간이 걸린다. 그러나 지금 시작하지 않으면 훗날 치러야 할 대가는 더 크고 잔혹할 수밖에 없다.

혐오 발언을 표현의 자유라는 이름으로 포장해서는 안 된다. 나는 청소년 대상 강의에서 종종 이렇게 비유한다.

"힘센 일진에게 삥 뜯을 자유, 폭행할 자유를 줄 수 있나요? 표현의 자유라는 이름 아래 누군가를 조롱하고 억압할 권리가 허용되어서는 안 됩니다."

따라서 이제는 플랫폼 자체를 정조준해야 할 시점이다. 지금의 플랫폼들은 사실상 어떠한 제재도 받지 않았고, 어떠한 책임도 지고 있지 않은 상태다. 플랫폼이 악용되는 이유는 단지 사용자의 문제가 아니라 디지털 공론장을 관리해야 할 법적·기술적 의무를 플랫폼이 방기한 결과이기도 하다. 공공적 성격을 띤 온라인 공간을 무책임하게 방치해 온 결과 오늘날 사이버 폭력과 여론조작이라는 현실로 이어지고 있다.

대표적으로 앞서 언급한 디시인사이드의 내란 3대 갤러리 같은 공간은 반체제·반국가적 행태를 노골적으로 일삼고 있지만 놀라울 정도로 아무 제재 없이 운영되고 있다. 우울증 갤러리 역시 마찬가지다. 우울증에 빠진 사람들이 모이는 공간이라는 점을 악용해 미성년자를 대상으로 성범죄를 저지르거나 극단적 선택을 유도하는 사례가 있었다. 사회적인 문제로 불거지면서 경찰이 2024년 해당 게시판의 폐쇄를 요청했지만 방송통신심의위원회는 끝내 '자율 규제'라는 답변을 내놓았다. 또다시 무대응으로 넘어간 것이다.

아프리카TV(SOOP)도 예외는 아니다. BJ 철구가 성범죄자 김길태를 풍자하는 세리머니로 논란을 일으켜 영구 정지 처분을 받았지만 얼마 지나지 않아 복귀했다. 이런 사례가 반복되지 않도록 국정감사 등을 통해 플랫폼의 책임을 분명히 묻고, '사이버 내란 특별법'을 제정해 체계를 재정비해야 한다.

독일에서 2017년부터 시행한 네트워크 집행법NetzDG은 우리에게도 시사하는 바가 크다. 플랫폼이 불법 혐오 콘텐츠를 24시간 내 삭제하도록 의무화하고 이를 어길 경우 책임자 개인에게는 최대 500만 유로(한화 약 81억 원), 기업에는 최대 5,000만 유로(한화 약 810억 원)의 벌금을 부과할 수 있도록 했다. 또 반기별 투명성 보고서 제출을 의무화해 시민사회가 플랫폼의 책임 이행을 감시할 수 있도록 했다. 당시 과잉 검열 우려라는 논쟁도 뒤따랐지만 플랫폼 역시 공론장의 책임 주체임을 명확히 한 세계 최초의 입법이라는 점에서 중요한 의미를 남겼다.

이후 이 법은 EU 차원에서 제정된 디지털서비스법DSA으로 흡수되었고, 독일 또한 국내에 적용하기 위해 2024년부터 독일 디지털서비스법Digitale-Dienste-Gesetz, DDG을 시행했다. 독일에서 처음 시작한 NetzDG가 유럽 전체로 확산되면서 그 핵심 정신이 넓은 차원에서 재구성된 셈이다.

우리가 흔히 독일과 유럽이 표현의 자유를 존중한다고 생각하지만 NetzDG와 DSA를 보면 이들이 자유에는 책임이 따른다는 원칙을 얼마나 중요하게 인식하는지 알 수 있다. 그렇다고 이 법안이 마냥 규제만을 강조하는 건 아니다. 플랫폼을 공론장의 책임 주체로 규정하고, 불법·유해 콘텐츠를 신속 조치하되, 투명성 보고[15]·이용자 이의제기[16]·독립 감독[17] 등을 통해 과잉을 견제한다. 결과적으로 '검열 대 자유'의 이분법을 넘어 책임 있는 자유라는 규범을 세웠다.

한국 역시 이런 사례에서 교훈을 얻어야 한다. 지금처럼 표현의 자유라는 허울 좋은 구호에 기대어 플랫폼을 무제한 방치한다면 공론장은 계속해서 왜곡·파괴될 수밖에 없다. 이제는 정치권이 앞장서서 법적·제도적 대응의 토대를 마련할 필요가 있다.

이 모든 과정의 궁극적 목표는 '디지털 시민성의 회복'이다.

---

15 플랫폼이 반기·연례로 '삭제·제한된 게시물 수/사유/처리시간, 정부·사법요청 건수, 신고 채널 운영 현황, 추천·광고 시스템 개요'를 공개해 외부 감사를 가능하게 하는 장치.

16 게시물 삭제·제한 시 사유를 통지하고, 사용자에게 정해진 기한 내 내부 재검토를 신청할 권리를 보장하며, 필요하면 외부 분쟁조정(중재) 절차로 연결되는 구제 수단.

17 정부로부터 독립된 규제기구가 조사·감사·시정명령·과징금 등을 통해 집행을 감독하고, 대형 플랫폼에는 위험평가·외부감사·개선계획 제출을 요구해 과잉삭제와 방임을 동시에 억제하는 메커니즘.

만약 누군가가 광화문 한복판에서 옷을 벗고 난동을 부리거나, 여러 명이 한 사람을 집단 폭행한다면 당연히 처벌을 받는다. 사람들이 많이 지나다니는 곳이나 범죄가 자주 발생하는 지역에는 CCTV를 설치하고 순찰을 강화하는 등 공공질서를 유지하기 위해 각별한 노력을 기울인다. 온라인 공간도 예외일 수 없다. 공론장에서 벌어지는 일에는 일정 수준의 관리가 뒤따라야 한다.

우리는 그동안 익명이라는 무기, 유머라는 명분, 자유라는 면허증 아래 너무 많은 것을 허용해 왔다. 표현의 자유는 과도하게 방치되어 있었고 그 결과가 오늘날 공론장 붕괴로 이어졌다.

이제 현실을 바로잡아야 한다. 단순한 온라인 관리나 플랫폼 규제 문제가 아니다. 우리가 함께 살아가는 온라인 공동체를 지키기 위한 최소한의 상식이자 노력이다. 공론장은 모두의 것이다. 모두의 공간이라면 모두가 지켜야 할 질서가 있어야 한다. 정치권이, 교육 현장이, 그리고 우리 시민 개개인이 모두 나서야 한다. 이건 검열이 아니라 너무 오랫동안 미뤄 온 책임의 복원이다. 자유가 온전한 자유로 머무르기 위해서는 타인의 존엄과 안전을 해치지 않는다는 최소한의 조건이 반드시 지켜져야 한다.

3부.

'이대남'이라는 현상

1

원인은 무엇인가?

그들이 극단에 빠져드는 이유

비록 일부에 불과하다고 하지만 왜 다른 세대에 비해 2030 남성들이 극단적인 정치에 쉽게 빠져드는 걸까? 이 질문은 단순히 몇 가지 키워드로 설명할 수 없는 복잡한 문제다. 학계에서도 이 현상을 두고 세대 간 구조적 불평등, 경제적 양극화의 심화, 586세대에 대한 반감, 기술 발전과 스마트폰의 대중화, 플랫폼 산업 변화, 온라인 커뮤니티 관련 문제 등 다양한 원인을 제기한다. 실제로 오늘날 청년들은 고용 불안정, 무한 스펙 경쟁, 부동산 가격 폭등, 성과주의 압박 등 끝없는 생존 경쟁에 내몰려 있다.

그러나 이러한 사회경제적 불안은 여성에게도 적용된다. 먹고살기 힘든 현실, 무한 경쟁의 스트레스, 계층 상승의 막막함이 남성만을 향할 리 없다.

나는 이 현상을 이해하려면 복합적이고 구조적인 맥락에서 접근해야 한다고 본다. 우선 디지털 환경의 변화가 결정적이었다. 2010년 전후로 스마트폰이 전 세계적으로 보급되면서 스마트폰 하나만으로 모든 콘텐츠의 생산과 소비는 물론 커뮤니케이션·뉴스 습득·여론 형성까지 가능해졌다. 스마트폰은 현실보다 더 강력한 대체 세계를 제공했고, 알고리즘은 이용자의 불만과 분노를 자극하는 방향으로 더욱 과격한 콘텐츠를 추천했다. 현실에서 고립되거나 소외감을 느낀 이들에게 온라인은 곧 대안적 삶의 공간이자 정치적 정체성의 놀이터가 되었다.

이 흐름은 플랫폼의 수익 모델과 맞물리며 더욱 공고해졌다. 사용자들의 관심과 데이터를 수집해 수익을 극대화하는 과정에서 중독·가짜뉴스·사회적 양극화 같은 부작용이 심화되었다. 특히 트롤부대[18]·댓글부대 같은 조직적 여론조작 세력들은 이러한 플랫폼 환경을 적극 활용해 공론장을 의도적으로 왜곡했다. 개인의 감정은 클릭과 소비로, 그 소비는 곧 정치적 동원으로 연결되면서 공론장은 점점 분열되고 과격해지고 파편화되었다.

젊은 남성만이 경험하는 병역 의무도 빼놓을 수 없다. 군 복

18　다수의 계정(실사용자·알바·가짜계정·봇)을 동원해 댓글·게시물·신고·DM 등으로 온라인 여론을 인위적으로 흔드는 조직을 뜻하는 말. 주로 특정 정부·정당·기업·이해집단의 이익을 위해 허위·왜곡 정보 유포, 여론 몰이, 괴롭힘, 신고폭탄 같은 전술을 쓴다

무는 단순히 18~24개월을 소모하는 차원을 넘어 학업·취업 준비·경력 형성의 연속성을 끊어낸다. 이것이 보상받지 못하는 희생 혹은 역차별이라는 인식이 온라인 공간에서 집단적으로 증폭되면서 청년 남성의 정치적 과격화를 자극하는 핵심 요인으로 작용했다.

여기에 민주화 이후 한국 사회의 정서적 분화가 겹쳐졌다. 군사독재 시절에는 연대와 공감을 기반으로 한 공동체적 가치가 중요했지만 민주화 이후 개인의 목소리와 가치관이 존중되는 다원적 사회로 변모했다. 이 전환은 필연적으로 사회적 불안정성을 동반했다. 내 옆 사람이 나와 같은 생각을 하지 않는다는 사실, 내가 믿는 정의가 모두에게 통용되지 않는다는 현실이 누군가에게는 혼란과 불안을 낳았다. 그 틈새를 파고든 것이 젠더 갈등을 활용한 비정치적 심리전이었다.

그들이 부추긴 성별 갈등은 단순한 남녀 대립이 아니었다. 사회적 좌절과 불안, 소속감 결핍을 투사할 '적'을 지정하는 과정이었다. 흔히 윤석열의 정치를 두고 특정 집단이나 이데올로기와 자신을 일치시키고 동시에 적을 지목하는 '정체성 정치'라고 비판하지만, 사실 이런 전략은 이명박 정부 시절부터 축적된 심리전의 연장선이다. 자유, 반공, 안티 페미니즘 같은 키워드를 통한 감정 동원 전략은 이명박 정부에서 본격화되었고, 윤석열 정부는 이를 더 노골적으로 계승했을 뿐이다. 많은 이들이 젠더 갈등의 출발점을 정치인 이준석이나 문재인 정부 시기로 돌리지만 그 기원을 추적하면 또다시 이명박 정부가 등장한다. 뉴라이트부터 여론조작, 댓글 공작, 공론장 붕괴 그리고 젠더 갈등에 이르기까지… 나는 사이버 내란 문제를 파헤치면 파헤칠수록 '이명박이야말로 만악의 근원'이라는 생각을 할 수밖에 없다.

극우 세력의 등장부터 현재까지의 흐름

원세훈 국정원장 시절 국정원은 심리전단을 심리정보국으로 격상하며 국내 정치에 본격적으로 사이버 심리전을 투입했다. 바로 그 시기에 맞물려 극우 진영이 활용한 핵심 전략 가운데 하나가 페미니즘을 파고드는 방식이었다.

정부가 직접 이념을 수호하면 반발이 크지만 페미니즘을 건드리면 진보 진영 내부에서 갈등을 유발해 스스로 붕괴할 수 있다는 계산이었다.

이러한 전략은 남성 단체와 온라인 커뮤니티를 매개로 빠르게 확산되었고 결국 극우 여론 형성의 발화점이 되었다. 실제로 당시 남성연대 성재기 대표의 카페에도 비슷한 취지의 공지가 올라왔다.

"자칫 소모전이 될 수 있는 전면적인 이념 논쟁은 되도록 피하고, 모든 남성이 쉽게 공감할 수 있는 페미들의 만행을 성토하는 걸로 동조 세력을 늘려갔으면 합니다. 페미니즘을 때리면 결국 좌파도 타격을 받게 되어있습니다."

"(이명박 정부) 현 시점에서 굳이 우파 이념과 정부를 방어하며 출혈을 감수하는 것보다 성동격서로 페미들을 집중적으로 공격하면서 좌파는 자연스레 가랑비에 옷 젖게 만들고 우리의 세력과 내실을 충실히 하는 데 집중해야겠습니다"

이런 전략을 앞장서서 실행했던 인물들은 성재기, 이희범, 김상진, 김동근 등이다. 성재기는 남성연대를 만들어 남성 인권운동을 표방하며 온라인에서 젠더 갈등을 정치적으로 활용했고, 김동근은 남성연대를 거점으로 삼아 일베 등지에 안티페미니즘 담론을 확산시켰으며, 일베를 옹호·홍보하는 '베충이몰'을 운영하기도 했다. 그는 대학가에선 우익 청년 동아리를 만들어 활동한 뒤, 프리덤칼리지 장학회의 우익 청년 아카데미 멘토와 리박스쿨 강사로도 참여했다. 김상진은 극우 성향의 집회·시위와 온라인 선동 활동에 적극 참여했다. 이들 단체는 성재기의 남성연대를 제외하면 대부분 같은 사무실을 공유했고 하나의 극우 정치네트워크로 얽혀 있었다.

여기에 공교육살리기학부모연합(공학연) 같은 극우 학부모

단체들이 결합했다. 공학연은 국정원과 청와대가 대기업을 통해 간접 지원한 관변단체 네트워크를 거쳐 성장했으며, 이후 전국학부모단체연합(전학연)으로 확장해 학생인권조례 반대·무상급식 반대 등 활동을 이어갔다. 문재인 정부 초기에는 반페미·반성소수자 의제를 주도하며 '안티페미' 여론 형성에 힘을 보탰고, 이는 리박스쿨로 연결되었다. 이 과정에서 드러난 공통된 패턴은 크게 두 가지다.

· 단체명과 간판을 끊임없이 바꿔가며 여론 주도권 유지
· 커뮤니티-SNS-유튜브로 매체 지형이 바뀔 때마다 빠르게
  적응하며 의제 선점

결국 청년·대학생 단체(트루스포럼, 자유대한청년포럼, 한국대학생포럼, 자유대학생연합, 대한민국청년대학생연합 등)와 학부모 단체, 극우 매체가 맞물려 '여론조작-교육-시민운동-언론'을 잇는 고리를 형성했다. 여기에는 다중 계정을 활용한 조작, 갈등 글 캡처 후 무한 배포, 가짜 계정을 통한 여론전, 반복 노출 전략, 사건 발생 시 카드뉴스·영상·성명으로 증폭하는 매뉴얼이 작동했다. 그리고 국정원 외곽팀인 알파팀 출신 인물, 관련 단체, 극우 언론 네트워크가 이들을 측면 지원했다.

이 같은 흐름은 젠더 갈등을 체계화하는 데 그치지 않고 교

육·노동·시민운동 현장까지 침투하는 기반이 되었다. 이 과정에서 이희범이 극우 세력의 대부로서 핵심적인 역할을 해왔다. 그는 공학연·애총 등 국정원과 전경련의 지원을 받는 관변단체를 거점으로 활동했으며, 2018년에는 민주노총과 한국노총을 견제하기 위해 국민노동조합(국민노조)을 창립했다. 이후 국민노조 산하 택배본부 등을 통해 어용적 성격의 반노조 활동을 전개했고, 리박스쿨 창립에도 깊이 관여했다. 윤석열 정부가 출범하고 나서는 '건폭 몰이' 담론에 편승해 민주노총 간부들을 고발하며 노조 혐오 담론을 제도화하는 논리로 활용했다. 홍범도 장군 흉상 이전 논란의 배후 역시 국민노조 산하 제대군인자유노조 단체였으며, 그 과정에서 역사 왜곡과 친일 미화까지 선동하는 행태가 드러났다.

이희범은 이외에도 20개가 넘는 관제단체를 설립해 필요할 때마다 동원할 수 있는 '정치 공작용 조직 네트워크'를 구축해왔다. 자유언론국민연합·국민건설산업노조·폭정종식 민주쟁취 비상시국연대 등 수많은 단체는 이름만 다를 뿐 동일한 목적을 가진 네트워크 조직이었고, 윤석열 정부의 각종 정책과 여론전에 결합해 '공론장 왜곡 전위대'로 기능했다.

이런 기반 위에서 '아스팔트 삼총사'라 불린 김상진, 안정권, 배인규가 등장했다. 특히 배인규는 유튜브 '신남성연대'라는 이름으로 젠더 이슈를 전면화해 청소년 남성층을 집중적으로 파고들었다. 그는 김상진·안정권·김동근의 영향을 받은 3세대 유튜버 모델로, 성재기의 남성연대(1세대 - 카페), 트위터 여론전(2세대 - SNS), 유튜브·숏폼 플랫폼(3세대 - 영상)으로 이어지는 극우 확산 매뉴얼을 충실히 계승했다. 이는 국정원 알파팀 문건의 '새로운 SNS 플랫폼을 주기적으로 선점하라'는 전략과 정확히 겹친다.

이후 본격적인 유튜브 시대를 맞으며 반페미니즘 담론은 수익화 콘텐츠로 전환됐다. 뻑가·유튜브·구제역 등 이른바 렉카 유튜버가 등장해 자극적 언사와 가짜뉴스 프레임으로 클릭을 끌어모았고 극우적 세계관을 농담·밈처럼 소비하게 만들어 공론장을 오염시켰다. 일부 2030 남성은 이런 콘텐츠에 반복 노출되며 인식을 체계적으로 내면화했다.

이 흐름과 맞물려 개신교 기반 극우 네트워크가 흩어진 단체를 결속시키는 접착제로 기능하면서 교회·극우단체·유튜브 채널이 상호 증폭 구조를 형성했다. '문화 전쟁'이라는 기치 아래 정치·종교·언론이 결합하여 혐오와 반공 이데올로기를 생활세계 속으로 스며들게 했다. 이는 단순한 시민운동이 아니라 조직적·체계적 심리전이었다. 결국 성재기의 남성연대에서 출발한 갈등 구조는 이희범 사단→아스팔트 극우→유튜브 렉카 생태계로 이어지며, 오늘까지 극우·반페미 여론공작의 구조적 뿌리이자 매뉴얼로 남았다.

지금, 우리에게 필요한 것

일각에서는 일부 2030 남성들의 극우화·과격화는 세계적인 현상이지 한국만 유독 두드러지는 게 아니라는 반론도 있다. 실제 미국과 캐나다를 비롯한 유럽의 여러 나라에서도 젊은 여성은 진보적 성향을, 젊은 남성은 보수적 성향을 보이는 경향이 있다. 학자들은 그 원인으로 진보 담론의 한계, 젠더 평등 피로감, 기회 박탈에 대한 분노, 온라인 커뮤니티의 여론 왜곡, 우파 포퓰리즘의 감정 호소력을 꼽는다. 즉 트럼프로 대표되는 우파 포퓰리스트들이 젊은 남성을 대상으로 한 경제·젠더 메시지를 결합해 분노와 불안을 정치적 자산으로 전환하고 있다는 것이다.

한국도 이와 유사한 흐름에 놓여 있는 것은 사실이다. 그러나 글로벌 트렌드라고 해서 모든 나라가 동일한 방식으로 작동하는 것은 아니다. 한국만의 몇 가지 주요한 특징이 있다.

· 분단의 특수성, 집요한 색깔론, 압축적 근대화가 만든 격차
· 이명박·박근혜 시기 국정원과 기무사, 사이버사령부의 조직적 온라인 공작이 만들어낸 극단화
· 자유, 안보, 반공 등의 키워드 반복 및 확산 그리고 낙인과 공포를 기반으로 한 감정 동원 강화

나는 이런 원인들이 청년층의 의제 인식과 정치 감정 지형

에 깊은 흔적을 남겼고, 그때 형성된 상처와 왜곡이 지금까지 이어지고 있다고 분석한다. 이것이야말로 2030 남성층의 극우화·과격화의 가장 근본적인 배경이라고 보는 입장이다.

지금 우리가 이 흐름의 기원을 추적하고 구조를 해부하며 왜곡의 층위를 벗겨내는 이유는 단순히 과거를 해석하자는 차원이 아니다. 이것은 과거의 한 시기를 정리하는 문제가 아니라 현재도 작동 중인 정치 심리전의 궤적을 드러내고 미래 세대의 민주적 토대를 회복하기 위한 일이다. 극우 담론은 결코 자연적이지 않았다. 그것은 제도 바깥에서 조직된 공작이 제도 안으로 진입하는 과정에서 집요하게 빚어진 결과물이다. 그래서 나는 이 현상을 단지 '생각이 다른 청년 집단'이라는 수준으로 축소하거나 개인적 선택으로만 돌리는 주장에 단호히 반대한다.

심리 조작의 원리는 교묘하다. 정보를 제한하거나 과잉 공급해 혼란을 일으키고, 사람의 뇌를 지치게 만들어 생각할 여유를 빼앗는다. 동시에 '구제'와 '불멸'을 약속하며 집단적 정체성에 매달리게 하고, 사랑받고자 하는 욕망과 배신에 대한 두려움을 자극한다. 끝내 자기 판단을 불허하고 특정 권위나 집단에 의존하게 만드는 방식으로 통제한다. 이런 구조적 기술이 청년 개개인의 자존감과 생존 문제와 중첩되었기 때문에 단순한 정책 조치로는 문제를 해결할 수 없다.

무엇보다 이 과정은 정권마다 다른 얼굴로 반복되었다. 이명박 정부 국정원은 자유·반공·안보를 전면에 내세우며 본격적 심리전을 설계했고, 박근혜 정부는 이를 계승해 일베와 극우 청년 층을 결합하는 동시에 국정 교과서를 통해 정체성 전쟁을 제도화하려 했다.

이후 문재인 정부 시기에는 반페미니즘·공정·능력주의 담론이 폭발적으로 확산되며 청년 세대의 정서를 뒤흔들었다. 결정적으로 온라인 여론전과 프레임 전략에 체계적으로 대응하지 못했다는 점이 뼈아프게 다가온다.

그 결과 윤석열 정부는 다시 극단적 반페미니즘·반공 이데올로기를 정치 동원 전략의 핵심으로 삼아 극우 유튜버들과 제도권 정치가 결탁하는 단계로 나아갔다.

즉 특정 개인의 돌출적 문제가 아니라 정권마다 계승·변형된 정치 기술이 극우화·과격화를 부추겨 온 셈이다. 이 흐름을 정치적으로 포착해 부상한 인물이 바로 이준석이다. 그의 성공은 우연이 아니라 국정원이 뿌려 놓은 극단적 세계관과 정치 심리전의 토양 위에서 자라난 상징적 산물이라 할 수 있다.

지금 우리에게 필요한 것은 단발성 해명이 아니다. 축적된 왜곡과 감정을 정면으로 마주하고 해결하는 일이다. 구조화된 정치 심리전의 흔적을 이해해야만 그 틈을 파고든 전략과 방식 그리고 남겨진 상흔까지 제대로 해부할 수 있다.

2

심리를 파헤치다

팩트는 복잡하고, 혐오는 단순하다

그렇다면 극우화·과격화된 남성들의 심리는 도대체 무엇일까? 어째서 그들은 정치권을 비롯한 우리 사회 곳곳에 노골적인 혐오를 퍼뜨리고 있는 걸까? 세부적으로 들어가면 개인마다 차이는 있겠지만, 나는 그들 전반에 내재된 정서에 관해 누구보다 잘 알고 있다고 생각한다. 한때 내가 그 세계에 있었고, 지금도 그곳에 남아 있는 사람들 혹은 나처럼 빠져나온 사람들에게서 다양한 반성문과 고백, 제보를 꾸준히 받고 있기 때문이다. 그래서 먼저 내 경험을 바탕으로 그 심리를 풀어내고자 한다.

1. 열등감과 공허함

프로게이머 은퇴 후 군 복무하던 당시, 스타크래프트가 공식 게임 대회에서 퇴출되었다. 은퇴한 상태였지만 한동안은 말로 설명하기 어려운 공허감에 휩싸였다. 한때 삶의 전부였던 무대가 사라진다고 하니 마치 직장과 정체성이 한꺼번에 무너져 내리는 느낌이었다.

그 무렵 새롭게 주목받기 시작한 게임이 바로 리그 오브 레전드(LoL, 롤)였고, 어느 순간 SKT T1이라는 팀과 페이커라는 선수가 세계적으로 각광받기 시작했다. 그때 이 팀에 소속된 선수 중 낯익은 아이디가 눈에 띄었다. 알고 보니 스타크래프트 시절에 나와 같이 연습하던 후배였다. 당시만 해도 그 친구가 나보다 한 수 아래라고 생각했는데, 세월이 지나 나는 패배자 자리에 머무는 동안 그는 새로운 게임에 적응해 세계 최정상에 오른 셈이었다.

그 장면을 마주한 순간 머리를 망치로 얻어맞은 듯한 충격을 받았다. 당시엔 절대 인정하지 않았겠지만, 돌아보면 그 감정은 분명 열등감이었다. 부러웠고 배가 아팠다.

아는 사이였기에 악플을 다는 등의 직접적인 행동을 하지는 않았지만, 속으로는 은근히 그의 패배를 바랐다. 그가 경기에서 지면 묘한 희열을 느꼈고, 반대로 승승장구하면 괜히 속이 쓰렸다. 그렇게 나는 점점 누군가의 몰락을 바라며 대리만족을 얻는 인간으로 전락하고 있었다. 매일 우울했고 프로게이머 시절 그 잠깐의 영광만을 되새기며 살았다.

2. 키보드 워리어의 쾌감

그즈음부터 본격적으로 키보드 워리어 생활에 빠져들었다. 현실은 보잘것 없었지만 키보드라는 무기만 있으면 누구든 공격할 수 있었다. 장관·대통령·연예인 할 것 없이 모두가 만만해 보였고, 내 댓글로 인해 누군가 휘청거리거나 화를 내는 모습을 보면 그게 최고의 쾌감이었다. 그러다 어느 순간부터 내가 세상을 바꾸는 대단한 일을 하고 있다고 믿기 시작했다.

낮은 자존감과 스스로의 존재감을 찾고 싶다는 갈망, 의로운 일을 하고 있다는 착각이 뒤엉켜 있었다. 자연스레 사회적 물의를 일으킨 누군가를 찾아내 비난할 순간만을 기다렸다. 사건이 터지면 서둘러 달려가 댓글을 달며 생각했다.

'나는 지금 정의를 실현하고 있는 거야. 잘못했으면 욕먹어야지. 누가 그렇게 살래?'

여기엔 이른바 '헬조선은 망해야 한다'는 냉소적 인식이 깔려 있었다. 지금 내가 비루하고, 딱히 앞날에 비전도 보이지 않으니 '다 같이 망하면 그만'이라는 마음이었다. 그렇게 되면 차라리 통쾌할 것 같았다.

3. 강자 동일시와 대리 권력

이런 정서는 시간이 지나면서 스스로 변이를 일으켜 결국 '강자 동일시' 개념과 결합되었다. 내 삶에 뚜렷한 희망이 없고 자존감이 떨어질수록 강한 사람에게 감정적으로 기대고 싶어졌다. 자연스럽게 사회적 강자에 일체감을 느끼고 그 권위에 자존감을 위탁하면서 약자 집단을 공격하는 방향으로 나아갔다.

나에게 그 '강자'는 이명박이었다. 자존감이 바닥을 치던 무렵 온라인에선 'OO왕 이명박 시리즈'가 유행하고 있었다. 국정원이 이를 증폭시켰다는 사실은 나중에야 알았다. 사람들이 분노할 만한 사건들을 나열하고, 마지막에 이명박이 등장해서 해결했다는 식의 단순한 서사였다. '경제왕 이명박', '외교왕 이명박' 같은 포장에 더해 중간중간 그래프를 넣거나 도식화까지 해주면, 나로서는 그걸 검증할 능력도 없었고 그럴듯해 보였기에 그대로 믿게 되는 구조였다.

그러면서 차츰 이명박 개인의 서사에도 빠지게 되었다. 현대그룹 일반사원으로 입사해 사장을 거쳐 회장이 된 과정, 샐러리맨의 신화, 서울시장 시절 청계천 복원과 버스 환승제도, 대통령에 당선되기까지의 과정 같은 미화된 성공 서사가 나를 사로잡았다. 지금 와서 생각해 보면 허구와 과장으로 점철된 내용이었지만 당시 나는 '수트핏 이명박'이라는 짤까지 보면서 그를 멋지고 친근한 리더라고 믿었다.

반면 인터넷에서 소위 좌파라고 불리던 정치인들은 약해 보였다. 특히 김대중·노무현 같은 인물이 남긴 '약자를 보듬자', '포용하자'는 메시지는 힘없는 메아리로만 들렸고, 나약함의 신호처럼 느껴졌다.

정리하자면, 내 위치가 불안하고 자존감이 떨어질수록 겉으로는 강해 보이고 싶었다. 하지만 실제의 나는 조금도 강하지 않았기 때문에 대신 강해 보이는 사람을 동경하게 되었고, 어느새 그와 나를 감정적으로 일체화했다. 동시에 마음껏 돌 던져도 되는 사람들의 멘탈을 긁으며 일종의 대리 권력을 휘두르는 듯한 쾌감을 자아냈고, 약해 보이는 집단 전체를 깔보며 '나는 그들보다 낫다'는 자기 위안에 빠져 점점 더 극단으로 치달았다. 그렇게 누군가를 조롱하고 무시하면 무시할수록 상대적인 우월감을 느끼게 된 것이다.

이 심리는 비단 그 시절의 나에게만 해당하는 게 아니라 악플러들 대부분의 정서와도 맞닿아 있다. 예를 들어 누군가 어떤 정치인을 향해 공격적인 댓글을 달았고 그 정치인이 실제로 선거에서 떨어졌다면 스스로 이렇게 착각하게 된다.

'와, 대박이네. 내가 보잘것없는 줄 알았는데, 알고 보니 꽤 잘

난 사람이었네?'

고작 악플 몇 줄 달았을 뿐인데 내 손끝에서 사회적으로 영향력 있는 인물들의 삶이 흔들린다는 자기 확신, 세상에 영향을 끼쳤다는 환상은 사람을 완전히 바꿔놓는다. 만약 이런 상태에서 국정원이 행사에 초청해 주거나 '절대 시계' 같은 기념품까지 건네준다면 어떻게 될까? 단순한 악플러가 국가로부터 인정받는 순간, 거의 종교적 확신 수준의 정당성을 얻게 된다.

김내훈 작가는 이런 과정을 일컬어 '20대의 극우화'라기보다는 '20대의 과격화 혹은 급진화'라고 설명한다. 불안과 불만이 쌓인 청년들에게 극우 포퓰리즘 세력이 그럴듯한 언어를 쥐어주며 그 감정을 극단적인 방향으로 조직화한다는 분석에 전적으로 공감한다.

그런데 문제는 그다음이다. 내가 그렇게 정의라고 믿으며 누군가를 비난하고 조롱했는데 알고 보니 그게 조작된 거짓 선동이었다면 어떻게 될까? 나는 그 대표적인 피해자가 노무현과 이재명이었다고 생각한다.

만약 우리가 현실에서 어떤 잘못을 저질렀다면 어느 정도는 수긍하고 반성할 수 있다. 하지만 온라인상에서는 다르다. 익명성이 보장되니 누가 무엇을 했는지 드러나지 않고 책임도 분산된다. 심지어 본인조차 과거에 어떤 글을 남겼는지 잊어버리기 쉽다. 그렇기에 뒤늦게 자신의 행동에 문제가 있었다는 걸 깨닫더라도 그 사실을 인정하는 것은 곧 자기 부정을 의미한다. 오히려 과격한 언행을 쏟아낸 사람일수록 책임을 감당하기 어려워 상대를 더 악마화하는 경우가 많다. 그렇게 해야만 자신의 행동이 정당화되기 때문이다.

이 심리는 간단하다. 이를테면 이재명이 그런 사람이 아니라는 걸 설명하려면 수많은 근거가 필요하지만 비난과 혐오는 단한 줄이면 충분하다.

"자세히는 모르지만 어쨌든 이재명이 잘못한 게 많은 건 사실이잖아"

팩트는 복잡하고, 혐오는 단순하다. 많은 이들은 지금 자신이 누군가를 혐오하고 있다는 사실조차 인정하지 않는다. 대신 '나는 혐오하는 게 아니라, 저 사람이 악당이라 비판할 뿐'이라는 명분을 만든다. 감정 해소이자 자기 정당화이며, 복잡한 정보 수집을 회피하는 동시에 커뮤니티 유대감을 강화하는 장치가 된다.

여기에 '생각의 외주화'가 더해진다. 스스로 검증하고 고민하기보다 집단이 제공하는 혐오의 프레임과 밈을 그대로 가져다 쓰는 것이다. 그렇게 되면 개별적 성찰은 사라지고, 단순한 구호와 조롱만으로도 정치적·도덕적 우위를 점한 듯한 착각을 하게 된다. 이렇게 만들어져 뿌리내린 문화 전쟁, 밈 전쟁은 결코 단기간에 끝나지 않는다. 그리고 이 구조 안에서 활동하는 극우 커뮤니티 이용자들 대부분은 이렇게 생각한다.

"민주 진영은 어차피 봐주잖아. 표현의 자유라고 하고 그냥 넘어가잖아. 그러니까 우리는 계속해도 돼"

이처럼 사유의 게으름과 생각의 외주화가 맞물려, 혐오는 자기 복제의 동력을 얻게 된다. 이 악순환은 오늘도 멈추지 않은 채 끊임없이 확산되고 반복된다.

감정과 서사의 전쟁

그동안 정치권은 이 문제의 해법이라며 다양한 의견을 내놓았다.

"경제 문제를 해결해 잘 먹고 잘 살게 해주면 해결된다.", "소통을 강화해야 한다.", "경청하는 자세가 중요하다.", "좋은 법안과 정책을 내면 변할 것이다."

일견 타당해 보이지만 실은 반쪽짜리 진단에 불과하다. 왜

냐하면 애초에 커뮤니티 세계관은 논리보다는 감정과 서사로 움직이기 때문이다.

예컨대 펨코 정치시사 게시판에 모인 이준석 지지자들은 민주당 4050 지지자들을 '영포티Young Forty[19]'라며 조롱한다. 정작 이준석 본인과 개혁신당 정치인들 대부분이 바로 그 영포티 세대에 속한다. 그럼에도 그는 여전히 자신을 2030 청년 세대의 대변자인 양 포장하며 대학생들과의 접점을 강조한다. 대선 기간 '학식 먹자'며 대학가를 돌았던 모습은 평소 586 세대를 향해 "자신들이 젊다고 착각하고 있다"며 조롱하던 그의 언행을 그대로 되치기하는 장면이었다. 그러나 펨코 유저들은 이런 모순을 외면한 채 오히려 진정성 있는 행보라며 치켜세웠다.

보통 어떤 집단의 세계관을 이해하려면 최소한의 일관성이 필요하다. 그러나 익명이 보장된 온라인 세상에선 애초에 그것을 전제로 하지 않는다. 그래서 논리적으로 접근할수록 이해하기 어렵다.

예를 들어 시진핑과 김정은을 싫어하는 펨코 유저가 있다고 가정해 보자. 만약 그가 정말 독재에 반대하고 민주적 절차를 중요하게 여긴다면 논리상 트럼프 역시 비판해야 한다. 하지만 현실은 정반대다. 그들에게 트럼프는 터프가이이고 상남자다. 같은

---

19 젊게 살고 싶어 하는 40대를 일컫는 용어로 정치권에서는 주로 비난하는 용도로 쓰인다.

기준이라면 시진핑이 더 상남자가 아닌가. 자기 마음대로 모든 걸 결정하고 미국에도 뻗대고 심지어 반대자를 그냥 숙청까지 해 버리지 않나. 그러니까 결국 이들에게 논리적 일관성으로 접근하면 안 된다.

미국은 세계 최강이기 때문에 좋은 나라이고, 일본은 우호적인 콘텐츠가 많이 보이는 데다 대부분 좋다고 하니까 그냥 좋은 나라다. 그에 반해 북한과 중국은 더럽고 냄새나는 적국일 뿐이다. 즉 온라인 세상에서 팩트나 논리는 별로 중요하지 않다. 강자는 좋은 것이고, 약자는 나쁜 것이다. 다수가 호응하는 주류 의견은 맞는 말이고, 소수가 호응하는 비주류 의견은 틀린 말일 뿐이다.

바로 이런 이유 때문에 민주당을 비롯한 기성 정치권이 하는 주장, 당위·팩트·진정성을 통해 그들을 무너뜨릴 수 있다는 건 크나큰 오산이다. 그들은 지금 제3의 관중을 향한 일종의 서사 싸움을 벌이고 있다. 그들 나름대로는 오랜 시간 자신들의 캐릭터와 세계관을 구축해 왔고, 지금도 온라인이라는 공간에서 언어와 밈으로 치러지는 전쟁을 지속 중이다.

우리가 해야 할 일은 이해와 경청의 제스처에 그치지 않는다. 온라인 커뮤니티에서 반복된 은어·조롱·혐오 밈을 해체하고 그것이 어떻게 구축되었는지 밝히는 일부터 시작해야 한다.

결국 우리가 무너뜨려야 할 것은 이들의 논리적 허점이 아니라 그 논리를 떠받치는 언어와 감정, 세계관, 그리고 집단적 분위기 그 자체다. 만약 감정과 언어의 전장에서 주도권을 잃으면 아무리 좋은 정책과 진심 어린 소통도 조롱과 공격의 소재로 전락할 것이다. 그렇게 되면 우리의 언어는 대중에게 도달하기도 전에 봉쇄당하고, 소통의 통로 자체가 붕괴될 위험에 처한다.

3

과격화된 청년들, 변화는 가능한가?

개인의 차원에서

1. 키보드 밖의 세상에서 다시 사람을 만나야 한다는 말

가끔 선 넘는 사람들을 고소할 때면 지금의 내가 과거의 나를 때리는 듯한 기분이 든다. 그래서인지 과격화에 빠져 있는 2030 남성들 혹은 예전의 황희두에게 꼭 해주고 싶은 말이 있다.

"세상은 키보드 밖에 있다."

아이러니하게도 이 말은 한때 이준석이 했던 말이기도 하다. 나는 이준석과 그를 따르는 이들이야말로 이 사실을 명심할 필요가 있다고 생각한다. 정말로 세상은 키보드 밖에 있다. 아무리 온라인 공간이 일상의 대부분을 차지하는 시대라 해도 삶이란 결국 오프라인에서 만나는 사람들과 그 관계 속에서 형성된다.

AI 시대가 본격화되면서 온라인이 우리 삶에 더욱 깊숙이 침투할 것이 분명하다. 그런 시대일수록 사람과 사람 사이의 관계, 책임감 있는 연결이 더욱 중요하다. 키보드 앞에 앉아 타인의 멘탈을 긁어대며 일시적 만족을 얻는 방식으로는 결코 삶의 균형을 찾을 수 없다.

나도 과거에는 불안했고 시기심과 열등감에 휩싸여 자기파괴적인 행동을 반복했다. 내가 나를 지탱하려면 누군가를 끊임없이 미워해야만 했다. 그건 자기를 깎아내리면서도 동시에 허세로 무장하는 모순된 감정의 고리였고 빠져나올 수 없는 굴레였다. 이걸 깨부숴야만 한다.

2. 성공 신화와 자기계발 산업의 덫

겉으로 강해 보이기 위해 성공한 사람들을 찬양하며 합리화하던 경험이 있어서인지 모르겠지만 나는 요즘 자기계발과 동기부여 시장을 유심히 들여다보고 있다. 이른바 '성공 팔이'하는 이들은 마치 주식·부동산·코인 부자들이 어디에나 널려 있는 것처럼 속이면서 조금만 노력하면 '경제적 자유'를 얻을 수 있다고 말한다. 하지만 당연하게도 실제로 그런 사람은 극히 일부에 불과하다.

주식이나 투자를 하지 말자는 게 아니다. 나는 자본주의 사회에서의 건강한 욕망을 부정해서는 안 된다는 주의다. 다만 이것을 마치 인생의 전부처럼 과장하고 누구나 쉽게 큰 부를 누릴 수 있을 것처럼 포장하는 것은 크나큰 문제다. 사람들은 더 큰 불안과 박탈감을 느끼고 결국 또 다른 허상에 기대게 된다.

게다가 자기계발 산업은 청년들의 불안을 상품화해 끊임없이 강좌와 콘텐츠를 팔아넘긴다. 이들 상당수는 본업에서의 성취보다 강의 판매로 성공을 노린다. 언론과 사회가 이런 구조를 조장하고 SNS가 이를 극대화한다.

그렇기에 우리는 더더욱 오프라인으로 나와야 한다. 다양한 사람들과 얼굴을 맞대고 대화하고, 함께 무언가를 해보는 경험이 필요하다. 내가 민주당 게임특위 위원장을 맡으며 e스포츠와 게임에 주목한 이유도 마찬가지다. 책을 내고서 이런 말을 하는 게 좀 아이러니하긴 하지만 지금 청년·청소년들에게 "독서 토론하자"라고 해 봐야 현실적인 파급력은 크지 않다. 하지만 함께 게임을 하거나 e스포츠 대회를 즐기며 같은 팀과 선수를 응원하고, 승리를 공유하는 경험은 가능하다. 오프라인의 공동 경험은 긍정적인 소속감을 줄 수 있는 중요한 대안이다. 이러한 경험의 축적은 한 개인을 바꾼다.

나는 온라인에서 누군가를 조롱하거나 악의적으로 공격하는 일이 얼마나 즉각적이고 강력하게 도파민을 자극하는지 잘 안다.

하지만 그럴수록 개인도 의지를 갖고 한 걸음씩 바깥으로 나와야 한다. 운동을 하든 새로운 취미를 갖든 스스로의 본능과 의식 사이에서 접점을 만들어 가는 노력이 필요하다. 그래야만 현실 세계로 복귀하고 다시 누군가와 연결될 수 있다.

물론 오프라인 모임도 언제든 혐오와 배타성으로 흐를 수 있기에 건강한 운영을 위한 규범이 필요하다. 이 원칙을 바탕으로 공동체가 나서 안전한 만남과 긍정적 경험을 설계해 주어야 한다.

정치의 차원에서 – 상대의 언어·전략·세계관을 정찰하라

여러 번 강조했듯 지금 우리가 마주한 문제는 단순히 정치만의 영역이 아니다. 사회·경제·교육·문화가 복합적으로 얽힌 문제다. 따라서 양극화 문제를 비롯해 경제적 불평등을 해결하기 위한 정치권의 노력은 필요조건일 수는 있지만 충분조건은 되지 못한다.

단순한 소득 격차 해소만으로 정체성과 감정, 서사로 무장한 분노의 물결을 막기 어렵다. 문제의 핵심은 '정책'이 아니라 '감각'에 있다. 정치인이라면 최소한 이 감각을 놓쳐서는 안 된다. 지금까지 대응은 '표를 얻기 위해 그쪽으로 빨려 들어가거나', '어차피 안 되니까 무시하거나' 크게 두 가지 방식뿐이었다. 그러나 방향을 정하기 전에 먼저 해야 할 일은 정확한 파악이다. 상대의 체계화된 구조와 전략을 모른 채 움직이는 것은 현실 정치에서 가장 위험한 선택이다.

나는 스타크래프트와 정치가 비슷한 구석이 많다고 본다. 스타크래프트라는 전쟁 게임의 핵심은 상대 정보를 얻는 정찰에 있다. 내가 준비한 빌드 오더와 전략을 완벽하게 수행하는 것도 중요하지만 결국 승패를 가르는 건 상대가 무엇을 준비하고 있는지, 언제 어떤 타이밍에 어떻게 움직이는지를 얼마나 빠르고 정확하게 읽어내느냐에 달려 있다. 그 정보 위에서 내 전략을 유연하게 수정하고 최적화하는 것이 프로들의 운영 방식이다.

하지만 지금 민주당과 진보 진영의 분위기를 보면 상대 진영이 무엇을 하든 '우리만 잘하면 된다'는 자기 확신에 빠져 있는 듯하다. 이렇게 현실을 오판하고 있는 사이 극우 세력은 이미 자신들의 언어와 세계관으로 무장하고 온라인 공간에서 전사들을 키워내고 있다.

민주당은 내란 세력을 어디까지 배제할지, 품을 사람은 어떻게 구분할지 등 기준과 전략을 분명하게 세워야 한다. 그런데 지금은 그런 전략은커녕 상대 진영에 대한 기본적인 '정찰'조차 이뤄지지 않고 있다.

정찰 없는 정치는 암기한 대로만 플레이하다 상대의 공격에 속수무책으로 무너지는 아마추어 게임과 다르지 않다. 정치든 게임이든 내가 아무리 치밀하게 전략을 세워도 상대의 움직임을 실시간으로 읽고 대응하지 못하면 결국 패배한다. 상대의 언어와 세계관을 꾸준히 분석하고 그 정보를 바탕으로 치밀한 수 싸움을 전개해야 한다. 더 나아가 끊임없이 변하는 판세에 맞춰 전략을 유연하게 조정하는 역량도 필수다. 정찰 없는 전략은 공허하고, 전략 없는 정찰은 무력하다.

이는 손자가 말한 '지피지기 백전불태'의 현대적 적용과 다르지 않다. 상대를 알고 나를 알아야만 끝없이 이어지는 감정과 서사의 전쟁에서 위태롭지 않을 수 있다.

민주당은 이 전장에 어떻게 들어갈 것인가.

현재 민주당은 거시적 관점에서 두 가지 전략적 선택 앞에 서 있다.[20]

첫째, 이미 극단화된 이들을 더는 상종할 수 없는 무리라 단정하며 선 긋고 배척하는 길이다. "우리는 그런 사람들과 함께할 수 없다"고 선언하고 외면하는 방식이다.

---

20 구체적인 법적·정치적 해법은 6부 3장에서 다룬다.

둘째, 그들과의 소통을 포기하지 않고 교육·문화·제도적 접근을 통해 최소한의 창구를 열어 두는 길이다.

후자의 경우 '그렇게 한다고 이들이 바뀔까?'라고 생각할 수 있다. 나 역시 과거의 나를 떠올리며 수없이 시뮬레이션을 돌려본 적이 있다. 사실 그때의 나는 누가 와서 소통을 시도해도 달라지지 않았고, 팩트를 들이민다고 납득하지도 않았다.

내가 변한 건 전략적 설득 때문이 아니라 예상치 못한 순간에 마주한 인물·경험·사건 등이 누적된 결과였다. 가끔 나와 비슷한 사람들이 메일을 보내오는데 그들 역시 각자만의 계기가 있었다고 말한다.

문제는 이 개별 변화를 수치화할 수 없다는 점이다. 변하는 사람은 간혹 있지만 이게 교육의 영향인지, 법과 제도 변화 때문인지, 경청의 힘인지, 특정 콘텐츠의 효과인지 우리는 알 수 없다. 심지어 본인조차도 어떤 계기였는지 설명하지 못하는 경우도 많다.

그래서 나는 국가와 정치권에서 할 수 있는 모든 수단을 전방위적으로 동원해야 한다는 입장이다. 법·제도·기술·문화·교육적 접근이 모두 필요하다. 그중 어떤 방식이, 어떤 사람에게, 어느 시점에 효과를 발휘할지는 알 수 없다. 예를 들어 누군가는 악플러의 법적 처벌 사례를 보고 생각을 바꿀 수 있다. 다른 사람은 교육을 통해 몰랐던 사실이나 새로운 관점을 접하고 변할 수 있으며 또 다른 사람은 가까운 친구가 겪은 사건을 통해 충격을 받아서 변할 수도 있다.

무엇보다 국가와 정치권이 자신들을 배척한다고 느끼는 순간, 그것은 곧바로 혐오의 자양분이 된다. '너희들은 어차피 우리를 버렸잖아'라는 주장과 함께 공론장은 더욱 오염될 것이다. 따라서 우리는 끝까지 창구를 열어 두고 가능한 모든 노력을 기울여야 한다.

분명한 건 누가 언제 무엇에 반응할지 알 수 없다는 점이다. 따라서 가능한 다양한 시도를 해야 한다. 되든 안 되든 시간이 얼마나 오래 걸리든 일단 해 보는 자세가 필요하다.

이때 기준선은 분명히 세워야 한다. 극우적 폭력 성향을 띠거나 법원 폭동까지 옹호하는 일부 청년 집단은 이미 대화와 설득이 불가능한 단계다. 이들은 반드시 법적 책임을 통해 격리·소수화해야 한다. 그렇지 않으면 사회 전체가 극단적 서사에 잠식될 수 있다.

물론 이것은 이후에 세워야 할 전략이고 지금 당장 민주당·시민사회·교육계·관료 모두가 해야 할 일은 극우화·과격화된 청년 세력들의 정보 유통 창구와 서사를 이해하는 것이다. 제대로 파악해야만 그 위에서 싸움이든 설득이든 실질적 대책 마련이 가능하다.

극단적인 가정을 하나 해보자. 만약 내일부터 펨코에서 페미니즘을 옹호하기 시작한다면 '인간 펨코'라 불리는 정치인 이준석은 뭐라고 말할까? "여전히 페미니즘은 문제가 많아"라고 할까? 아니면 "나는 원래부터 여성 인권에 관심이 많았다. 다만 극단적인 래디컬만 비판했을 뿐이다"라고 말할까? 당연히 후자일 것이다. 이를 뒷받침하듯 이준석은 2019년 7월 30일 김작가TV에 출연해 젠더 토론 방송 후기를 이야기하던 중 사회자가 "만약에 이준석 위원이 상대방 (페미니스트) 변호사 입장이 되었어요. 좀 더 논리적으로 답변했을 수 있을 거 같아요? 전체적으로?"라고 묻자, 이렇게 답했다.

> "사람을 그대로 바꿔서 했으면 제 생각에는 페미니스트들이 지금 절 추앙하고 있을 수 있어요"

만약 그가 페미니즘이 진심으로 잘못됐다고 믿고 있었다면 이런 발언은 결코 나올 수 없었을 것이다. 이 대목은 이준석이 확고한 신념이 아니라 필요에 따라 말을 바꾸는 기술로만 사람들을 선동한다는 사실을 스스로 드러낸 장면이다.

이준석의 태도에서 정치를 프레임 전쟁의 도구로 삼고 논쟁을 단순한 말기술로만 소비하는 모습이 적나라하게 드러난다. 바로 이 지점이 우리 사회의 여론과 민주주의를 위협하는 직접적인 문제다. 결국 본질은 개별 정치인의 말이나 행위가 아니라 그들을 지탱하는 '준거집단의 정서'에 있다. 이 정서가 새로운 서사를 만들어 내고 정치인의 태도와 메시지마저 재구성한다.

대중의 감정을 읽고, 밈을 이해하며, 싸움의 문법과 전장을 제대로 파악해야 한다. 이를 바탕으로 흐름을 신속하게 정찰하고 대응 전략을 치밀하게 설계하는 역량을 길러야 한다. 그래야만 필요한 전장에서 효율적으로 싸울 수 있고, 나아가 지형 자체를 바꿔낼 수 있다.

4부.

이준석, 키보드 워리어 정치인의 한계

공정도 정의도 능력도 개혁도 없다

우리가 살면서 사회화를 거치고 시민성을 내면화했다면 설령 마음속에 혐오 정서를 갖고 있더라도 그것을 공적 공간에서 드러내는 데 스스로 제약을 걸게 된다. 그러나 극우 커뮤니티는 이를 놀이의 형식으로 치환해 혐오를 부추겼다. 이준석은 그 화법과 세계관을 제도 정치로 끌어들인 대표적 인물이다.

그 점에서 나는 극우 커뮤니티 못지않게 우리 사회에 위험한 영향을 끼치고 있는 정치인이 바로 이준석이라고 본다. 일각에서는 이준석을 '제도화된 일베' 또는 '양복 입은 일베'라고 표현하기도 하는데, 전적으로 동의한다. 그가 일베 출신이어서가 아니라 조롱과 냉소, 혐오의 언어를 무기 삼아 일베 정서를 정치 무대로 이식했기 때문이다.

키보드 워리어였던 시절 나 역시 이준석을 동경했다. 하지만 그 세계에서 빠져나와 돌아보니 그의 언행과 정치 행태는 내가 경험했던 커뮤니티의 방식과 전혀 다르지 않았다. 그때 나는 우리 정치가 이준석 같은 인물에게 공간을 내주어서는 안 된다고 확신했다. 그 세계를 겪은 만큼 그 방식이 얼마나 파괴적인지 알고 있었기 때문이다. 실제로 그간의 행보를 보면 이준석의 정치에는 국가 발전도, 시민 간 신뢰 구축도, 미래 비전도 없다. 그가 할 줄 아는 것이라곤 대중의 말초신경을 자극하고 조롱을 무기로 분열을 증폭시키는 수법뿐이다.

공정도 능력도 없는 '서사의 껍데기'

이준석은 자신을 '언더독' 서사로 포장해 왔다. 비주류, 약자, 아웃사이더, 기성 정치 바깥의 청년 이미지를 앞세워 당 대표, 총선 승리, 국회의원, 대선 출마까지 이어지는 궤적을 반복해 강조했다. 언론도 '이준석 돌풍', '합리적 보수의 아이콘', '개혁적 보수의 등장' 같은 수사를 동원해 마치 기성 시스템 밖에서 오직 실력만으로 떠오른 인물처럼 포장했다. 여기엔 늘 공정과 능력이라는 키워드가 따라붙는다. 나는 이 두 단어야말로 이준석 정치의 근본적인 자기모순이라고 본다.

우선, '공정'이라는 말과 달리 그의 정치적 출발점은 공작 정치의 유산 위에 있었다. 이명박·박근혜 정부 시절의 국정원 댓글 공작과 조직적 여론조작을 새누리당 최고위원까지 지낸 이준석이 몰랐을 리 없다. 그는 2019년 여성신문 방송에서 이런 폭로를 했다.

"워마드 운영자 강모 씨, 옛날에 저랑 같이 새누리당 대선 캠프에 있었어요"

페미니스트를 자처한 워마드 유저들은 박근혜를 '우리 햇님'이라 부르며 숭배하는 반면, 안중근·윤봉길·김구 등 민주주의와 독립의 상징 인물들을 "테러리스트"라 칭하고, 사진 합성까지 해가며 공격했다. 이승만, 박정희, 전두환 등 독재 권력자들은 의도적으로 비판 대상에서 제외했다. 이준석의 증언과 워마드의 정치적 행태를 종합하면 젠더 갈등은 우연한 온라인 현상이 아니라 정치 공작의 도구였을 가능성을 강하게 시사한다. 이준석은 이 구조를 알고도 정치적 자산으로 활용한 셈이다.

다음으로 '능력'이라는 말과는 달리 그의 모습은 혐오와 조롱의 놀이화, 펨코 커뮤니티 정서에 의존한 수준에 그쳤다. 그가 일관되게 구사한 전략은 정책이 아닌 이미지, 설득이 아닌 선동, 정치가 아닌 게임과 키보드 워리어 기술이었다.

실제로 그는 "게임은 이기려고 하는 것이 아니라 상대를 빡

치게 하기 위해서 하는 거다"라는 말을 종종 인용했다. 게임에선 승패와 별개로 상대의 멘탈을 긁는 기술이 있다. 이는 단순한 장난이 아니라 현실 정치에서 도발과 조롱을 핵심 전략으로 삼았다는 방증이다.

그는 선거에서 이기면 자신의 능력 덕분으로 포장하면서 지거나 문제가 생기면 남 탓으로 돌리곤 했다. 이 또한 게임에서 고의로 게임을 망치거나 다른 플레이어들을 괴롭히며 그 반응을 즐기는 '트롤러'들이 흔히 보이는 행동과 닮아 있다. 실제로 대선과 지선 승리를 자신의 성과로 포장하며 '능력'을 어필하더니, 정작 명태균 게이트 논란이 불거지자 곧바로 말을 바꾸며 타인에게 책임을 돌렸다. 이런 식의 태도는 게임이라면 영구 리폿 대상[21]에 해당한다. 그런데 현실 정치에선 오히려 이게 '힙한', 저돌적인 청년 정치처럼 소비된다.

특히 여성 혐오 정서를 이용해 펨코 등에서 지지를 얻는 행위는 능력의 발현이라기보다는 포장된 인기와 연출에 불과하다. 그는 능력을 말하지만 증명된 성과는 없었고, 공정을 외치지만 불공정한 판을 설계하거나 이용하는 데만 익숙했다.

결국 이준석의 공정과 능력은 껍데기 서사에 불과하다. 그가

---

21 게임의 공정성과 건전한 환경을 해치는 등 심각한 규정 위반 행위를 반복적으로 저지른 플레이어에게 영구적으로 게임 이용을 제한하는 것.

구축한 정치적 정체성은 공작 정치, 혐오 정서, 온라인 밈 심리전의 결합물이다. 그런 껍데기가 청년 정치 혹은 개혁 보수의 대변자처럼 소비되고 있다는 현실 자체가 오늘날 민주주의의 위기를 보여준다.

게다가 이준석은 정계 입문조차 스스로 말하는 공정한 경쟁과는 거리가 멀었다. 그는 2011년, 26세에 박근혜 비대위원장에 의해 한나라당 비대위원으로 전격 발탁됐다. 하지만 그 배경에는 아버지와 유승민 전 의원의 인맥이 있었다. 유승민과 그의 부친은 서울대 동기였고, 이준석은 2004년 유승민 의원실에서 인턴으로 일했다. 아빠 찬스와 유승민 인맥이 아니었다면 과연 20대 중반의 정치 신인이 집권 여당의 최고위원급 인사로 발탁될 수 있었을까?

결국 이준석은 '기회의 평등'이 아닌 '연줄의 특권'을 발판 삼아 정계에 들어섰고, 혐오와 밈 정치, 선동과 이미지 전략에 기대어 정치적 입지를 넓혀왔다. 그가 말하는 공정, 능력, 자유는 결국 약자에게 돌아갈 자리를 빼앗고 강자만이 살아남는 정글 자본주의의 미화에 불과하다.

만약 이준석이 진짜 공정을 원한다면 최소한 과거 극우 정권이 자행한 여론조작과 공작 정치부터 비판했어야 한다. 무엇보다 온라인 커뮤니티 기반의 조직적 조작 구조를 걷어내는 작업 없이 젠더 갈등 해소, 능력주의, 공정한 경쟁 등을 말하는 건 위선이며 기회주의에 불과하다. 언제나 자신에게 유리한 말만 골라 외치며, 불편한 진실은 침묵하거나 회피하는 모습은 그가 평소 강조해온 '소신파 정치인'의 모습과는 거리가 멀다. 이준석은 공정의 수호자가 아닌 불공정의 수혜자일 뿐이다.

최근 드러난 명태균 게이트 역시 그의 정치가 얼마나 공허한지 여실히 보여준다. 스스로 비단 주머니라 자랑했던 메시지가 실은 타인에게서 만들어졌다는 정황, 당 대표 등극 과정이 공정한 경쟁이 아니라 조작과 잡음으로 얼룩졌다는 소식은 그의 정체성을 근본부터 흔들고 있다. 심지어 칠불사 사건은 지금도 온라인에서 조롱의 대상이 되고 있다. 지금껏 쌓아온 청년 정치인 이미지, 개혁 보수의 상징이라는 외피는 점점 벗겨지고 있으며, 남은 건 냉소와 실망 그리고 권력 게임의 악취뿐이다.

더 치명적인 문제는 정치인으로서의 '성과'다. 앞선 비판을 차치하더라도 정치인 이준석은 능력주의를 입에 올리기조차 민망하다. 그를 통해 어떤 효능감을 느낄 만한 정치적 성과도 없었고, '이준석 법'으로 대표될 만한 법안을 발의하거나 통과시킨 사례도 전무하다. 이준석의 업적은 그가 처음 정치판에 등장했던 2011년에도, 지금도 하버드 졸업만이 유일하다. 평론가 시절과 국회의원이 된 이후를 비교해 보면 언어는 과격해졌고 품위는 떨어졌다. '하버드 출신 청년'이라는 서사의 껍데기에 기댄, 공정도 능력도 정의도 개혁도 없는 정치. 이것이 정치인 이준석의 민낯이다.

이준석이 만들어 낸 또 하나의 서사는 '피해자 코스프레'다. 그는 '윤핵관에게 당한 피해자'를 자처하지만, 정작 국민의힘 당 대표로서 윤석열 정부를 탄생시킨 핵심 역할을 했다는 사실에 대한 성찰과 반성은 찾아볼 수 없다. 분위기가 좋을 땐 한껏 과시하다가도 불리해지면 피해자 행세로 어물쩍 넘어간다. 전형적인 이준석식 물타기 수법이다. 그런데 정작 이준석 사당이나 마찬가지인 개혁신당 논란은 어떠한가. 허은아·김용남 같은 동료를 향해 쏟아낸 발언만 봐도 그는 내로남불의 상징임이 분명하다.

결국 이준석은 입으로는 능력주의와 공정 담론을 반복했지만 실제로는 커뮤니티에 기댄 혐오와 조롱의 정치를 실천했을 뿐이다. 그 기반이 무너진 지금 남은 건 텅 빈 서사와 얄팍한 언어뿐이다.

펨코에 끌려다니는 이준석

그간 이준석을 지탱해 온 두 축은 명태균과 펨코다. 일부에서는 그가 펨코를 이끈다고 하지만 정황상 펨코가 이준석을 끌고 다닌다는 쪽이 더 설득력 있다.

내가 그런 확신을 갖게 된 건 2024년 총선 전후였다. 개혁신당의 이낙연·류호정 등과의 합당 논란이 불거지자 펨코는 통합론파와 자강론파로 갈렸다. 대다수 유저는 개혁신당의 독자 행보를 바라며 "왜 이낙연과 합치느냐"며 반발했다. 이후 "천하람은 자강론파인데 이준석이 통합론파다", "이준석의 배신에 실망했다"라는 글이 쏟아졌고, 급기야 이준석을 향한 지지가 천하람에게로 옮겨 가는 듯한 반응까지 나오기 시작했다.

논란이 커지자 이준석은 해명 방송을 켜고 지나가듯이 말했다.

"천하람이 (통합에) 찬성했나 궁금해하시는데요. 제가 이거는 정확히 얘기해 드릴게요. 천하람이 통합론자입니다."

이 발언은 단순한 정보 전달이 아니라 이준석을 읽을 수 있는 중요한 신호다. 첫째, 펨코 내 여론을 과도하게 의식하고 있을 뿐 아니라 대세에서 밀려날까 봐 매우 초조해한다는 사실을 알 수 있다. 둘째, 자신을 도운 동료조차 위기 국면에선 방패로 내세워 책임을 비켜 가려는 태도가 드러났다.

또한 이 장면은 그의 선택을 시사하기도 했다. 당시 이준석은 이낙연과 손잡으며 기존과 다른 정치를 할지 아니면 여전히 펨코에 갇힐지를 두고 갈림길에 서 있었다. 그는 끝내 펨코의 담론에서 벗어나지 못했다. 이런 모습을 보면서 나는 '개가 똥을 끊지'라는 우리의 옛 속담을 떠올릴 수밖에 없었다. 그렇게 이준석은 지금도 펨코 여론에 묶인 채 '인간 펨코'로 남아 있다. 한때

"천공의 유튜브를 보면 윤석열의 행동을 예측할 수 있다"라는 말이 있었는데, 이준석도 다르지 않다. 펨코 정치 게시판 주류 글과 분위기만 봐도 이준석의 발언과 행동은 뻔히 읽힌다. 그는 결국 펨코에 끌려다니다 펨코와 함께 최후를 맞을 것이다.

2 내가 이준석을 상대하는 방법

내가 이준석을 '마삼중'이라 부른 이유

내가 이준석을 본격적으로 비판하기 시작한 계기는 20대 대선 무렵이다. 결정적 장면은 당시 국민의힘 대표였던 이준석이 이해찬 더불어민주당 대표에게 훈수를 두며 비난을 퍼부은 일이었다. 이준석은 '과거 vs 미래'라는 구도를 만들며 자신이 참신하고 정치를 잘 아는 인물인 양 포장했다. 개인적으로 이런 태도는 도저히 받아들이기 어려웠다.

그때 내가 반복해 퍼뜨린 별명이 바로 마이너스 삼선 중진, 이른바 '마삼중'이었다. 능력주의를 앞세운 이준석식 세계관에 따르면, 이해찬 전 대표는 무패 7선 중진이고 이준석은 국회의원 선거에서 세 차례 낙선했으니 '마이너스 3선'이라 할 수 있다. 이렇게 따지면 7선 vs 마이너스 3선, 무려 10선 차다. 그런 상황에서 그가 이해찬이라는 정치인에게 훈수를 두는 모습은 롤이라는 게임에 비유하면 브론즈나 아이언 티어가 세계 최고 프로게이머 페이커에게 전략을 가르치겠다며 훈수 두는 상황과도 같았다. 상식적으로 말이 되지 않는다.

그러나 이 무대가 정치판으로 옮겨지면 그야말로 '아무 말 대잔치'가 벌어진다. 언론은 그의 말을 그대로 받아 쓰면서 마치 공적 담론인 양 유통했는데, 이는 정치의 품격이 무너졌음을 보여주는 사례였다.

이후 마삼중은 곧 이준석을 상징하는 조롱이 되었고, 펨코 유저와 이준석 지지자들은 나를 향해 "노무현재단 이사가 어떻게 그런 표현을 쓰느냐", "노무현의 도전 정신을 짓밟는 표현이다"라며 공격했다. 실제로 유시민 전 노무현재단 이사장과 생방송을 하는 자리에서도 마삼중이 언급되자, 펨코에서 유시민 전 이사장과 나를 향해 "노무현 정신을 훼손했다"라며 맹비난을 퍼부었다. 심지어 이준석 본인도 국회의원 당선 직후 한 방송에 나와 이렇게 말했다.

"(마삼중은) 굉장히 악의적인 용어죠. 떨어지면 0선이지 왜 마이너스 3선입니까? 거의 뭐 그런 말도 안 되는 용어. 그런 식으로 하면 노무현 대통령은 마사중이었죠. 꼭 노무현 대통령 좋아

한다고 입으로 말하는 사람들이 그 정신을 이제 모독하는 건데 이준석 욕하려다가 막 노무현 대통령 욕하고 이런 경우가 되게 많아요. 왜냐면 도전을 한다는 거에 대해 가지고 가볍게 여기면 안 되는 건데."

그러나 나는 분명히 선을 그어왔다. 만약 어떤 정치인이 지역주의 타파와 같은 자신만의 정치적 신념을 이루기 위해 도전한다면 그 자체로 존중한다. 소속 정당이나 정치적 성향을 떠나 선거에 열 번을 내리 떨어진다 해도 대단하다고 인정할 것이다. 내가 그런 조롱을 하는 대상은 오직 한 명, 이준석뿐이다. 그 이유는 그동안 그가 해온 말과 행동이 일치하지 않았을뿐더러 남을 향한 혐오와 조롱을 서슴지 않았기 때문이다. 나는 단지 그동안 그가 보여 온 모습을 그대로 되돌려 준 것뿐이다.

이후 이준석은 노원병에서 세 차례 낙선한 뒤 도망치듯 동탄으로 출마 지역을 옮겨 국회의원이 되었다. 이 과정 역시 그의 정치 철학이 능력주의나 공정한 경쟁이 아니라 철저히 유리한 판을 고르는 지역구 쇼핑에 가깝다는 사실을 보여준다.

이러한 이준석의 행보와 세계관은 그가 쓴 책 『공정한 경쟁』에 압축적으로 담겨 있다. 이 책 전체를 관통하는 메시지는 결국 두 문장으로 요약된다.

"수단과 방법을 가리지 말고 일단 이겨라. 승리하고 나면 패배
자의 문제 제기는 루저들의 발악으로 몰아가면 된다."

승자독식. 이것이 바로 이준석 정치의 핵심 세계관이다. 이
런 세계관을 대중에게 퍼뜨리고 그런 질서를 정치 무대에서 구현
하려 한다면, 본인 역시 똑같은 잣대를 감수해야 한다. 세 번이나
지역구에서 낙선하면서도 다른 사람들에게는 끊임없이 훈수를
두었으니 마삼중이라는 별명과 조롱 또한 본인이 짊어져야 할 몫
이다. 능력주의를 외치던 그가 정작 자신의 성적표 앞에서는 누
구보다 무력했다는 사실을 드러내는 상징이기도 하다.

또 하나 짚고 넘어가야 할 점은 이준석이 직접적으로 친일
을 옹호하지는 않지만 그가 강조하는 능력주의·승자독식 논리가
뉴라이트의 세계관과 정확히 맞닿아 있다는 사실이다. 나는 이명
박과 뉴라이트가 만들어 내려 했던 질서와 이준석이 꿈꾸는 세상
은 크게 다르지 않다고 확신한다. 그의 책『공정한 경쟁』에 담긴
내용을 보면 보다 명확하게 알 수 있다.

"모두가 자유로운 세상은 정글이죠. 정글에는 나름의 법칙이
있습니다. 약육강식입니다. 강자가 다 먹는 세상. 미국은 이런
정글의 법칙, 약육강식의 원리를 최소화하려는 노력을 별로 하
지 않아요. 그것이 자연의 섭리라고 보는 것이죠. 미국식 자유

의 가치를 사회 전반에 받아들이는 것을 심각하게 고민해 봐야

한다고 생각(…)"

이는 마거릿 대처의 "사회라는 건 없다"라는 발언이나 박근혜의 '줄푸세'처럼 경쟁을 미화하고 약자를 책임 밖으로 밀어내려는 구시대 보수의 언어에 불과하다. 실제로 이준석은 중대재해처벌법 완화, 쉬운 해고 허용, 노동시간 단축 반대, 최저임금 차등 적용, 내외국인 임금 차등제, 주민센터 지하화, 고속도로 민영화 등을 주장해 왔다. 이것이 과연 청년 정치, 보수 혁신인가? 오히려 그는 젊은 이명박에 가깝다. 단지 낡은 대처리즘과 레이거노믹스를 온라인 밈과 혐오의 옷으로 갈아입은 버전에 불과하다.

무엇보다 이준석은 약자나 소수자가 사회에 목소리를 낼 때마다 '누칼협' 같은 밈을 끌어와 조롱해 왔다. 그의 정치에서 감성은 패배자의 언어로 격하되고, 오직 승자만이 정의를 말할 자격이 있는 듯 포장된다. 그런데 2022년 징계 국면에서 정작 그는 마스크를 쓴 채 눈물과 콧물을 흘리며 감정에 호소했다. 그 위선을 드러내기 위해 내가 추가로 붙여준 별명이 바로 '마삼즙(즙 짜는 마삼중)'이다.

이 맥락을 정확히 이해하려면 다시 일베를 언급할 필요가 있다. 한때 일베에서 내세우던 주요 슬로건 중 하나가 '팩트의 일베, 감성의 오유'였다. 오유(오늘의 유머)는 한때 최전선에서 일베

와 싸운 대표적 진보 커뮤니티였다. 당시만 해도 인터넷 정치 구도에서 오른쪽에 일베, 왼쪽에 오유가 자리잡고 있었다. 그런데 이명박 정권 당시 국정원의 집요한 공작 대상이 되면서 오유는 점점 힘을 잃었고 자연스레 일베가 더 큰 영향력을 끼치게 되었다. 당시 일베가 오유를 겨냥하면서 내세운 구호 중 하나는 이랬다.

"우리는 팩트와 논리, 이성과 합리, 이중잣대 없는 객관적인 주장으로 싸운다. 반면 오유를 드나드는 좌파 세력은 즙 짜기, 떼법 정치, 감성팔이에 의존한다"

이런 구도를 통해 일베는 스스로를 합리와 이성의 진영에, 상대는 감성과 무지성의 진영에 놓았다. 놀라운 건 이준석이 일베 유저가 아니라고 줄곧 주장하면서도 그 세계관을 고스란히 계승했다는 점이다. 그는 민주당을 향해 떼법 정치, 감성팔이라 비난하면서 자신은 '공학도 출신의 문제 해결형 정치인'을 자처한다.

"정치인이 유가족들 손을 잡고 같이 운다고 뭐가 달라지나. 나는 문제를 해결하는 사람이다."

이준석의 주장은 이런 식이다. 감성은 패배자의 변명이고 냉철한 이성이 곧 승자의 언어라는 전제가 깔려 있다. 그런 논리라면 본인 또한 자신을 위해 울면 안 되는 것 아닌가. 남들에겐 위선이고 감성 정치라며 비난하더니 정작 본인은 '즙'을 짰다. 그 때 붙인 별명이 바로 마삼즙이다. 그래서 '마이너스 삼선 중진이 즙 짠다'는 이 표현은 이준석의 언어로 이준석을 겨누는 반격이고, 그의 정치적 모순을 드러내는 언어 전략이자 해부 도구였다. 이 방식은 극우 커뮤니티가 민주노총을 '민폐노총', 김대중 대통령의 '행동하는 양심' 철학을 '행동하는 욕심'으로 비틀어 조롱하는 패턴과 정확히 같은 구조다. 그리고 앞장서서 그러한 조롱과 왜곡을 유머이자 표현의 자유라는 무기로 옹호해 온 사람이 바로 이준석이다.

자칭 '토론왕'의 페이스북 차단

마삼중 별명의 확산 이후 얼마 지나지 않아 나는 이준석에 게 SNS에서 차단당하고 말았다. 20대 대선 무렵 이준석이 윤석열 후보 선거운동을 돕던 때였다. 이준석은 윤석열 후보의 당선을 위해 준비했다는 이른바 비단 주머니를 마치 비장의 카드인 양 내세웠다. 그러나 정작 그 주머니를 열 때마다 도움은커녕 해만 끼쳤다. 예컨대 포털 댓글 조작을 감시한다던 '크라켄' 프로그램은 오히려 국민의힘 계열의 여론조작 전력을 떠올리게 했고, AI 윤석열, 청년과의 소통 같은 프로젝트는 윤석열 후보 본인의 낡은 인식과 "구직 앱" 같은 시대착오적 발언으로 인해 조롱만 샀다.

그즈음, 윤석열이 충청·호남 지역을 도는 '열정열차' 일정 당시 신발을 신은 채 KTX 좌석에 다리를 올린 사진이 퍼지며 논란이 됐다. 이에 대해 이준석은 페이스북에 이렇게 해명했다.

> "해당 좌석은 후보와 제가 마주 보고 앉아 이야기하는 공간인데 제가 잠시 방송칸에 10여 분간 방송하러 간 사이 저와 약 1시간 가까이 장시간 무릎을 맞대고 앉아 대화하느라 다리에 경련이 와 올린 것"

나는 이 게시물에 다음과 같이 댓글을 남겼다.

> "이쯤되면 '나락 열차' 아닌가요? 비단 주머니도 다 터진 거 같은데 타당 후보(이재명) 페북 와서 댓글로 조롱하기 전에 당내부터 정리하시는 게..."
> "결국 이준석의 비단 주머니는 팀킬 주머니였다"

그날 밤부터 나는 이준석의 게시물을 더 이상 볼 수 없었다. 차단당했기 때문이다. 사실 이준석 본인도 당시 문재인 대통령이나 이재명 후보의 SNS에 댓글을 달며 조롱을 서슴지 않았다. 여러 번 강조하지만 나는 그의 방식대로, 키보드 워리어의 문법으로 댓글을 남겼을 뿐이다. 그렇게 차단당한 지 어느덧 1,300일이 훌쩍 넘었다.

이 일화 하나만으로도 그가 그토록 지적하던 내로남불, 위선, 모순이 명확히 드러난다. 그는 스스로 '토론왕'을 자처하며 "누구와도 토론할 수 있다"라고 자신감 넘치는 발언을 반복했다. 상대가 자신과의 토론을 거부하면 "겁먹어서 도망쳤다"는 식으로 조롱을 일삼았다. 펨코를 중심으로 그의 지지자들은 '한심하고 무능력하고 비논리적인 민주당 패널 vs 스마트한 하버드 이준석' 서사를 퍼뜨렸다. 정작 그런 이준석이 나를 차단한 이유가 뭘까. 키보드 워리어들 사이에서 흔히 말하듯 그는 '긁혔고', 그래서 피했다고밖에 볼 수 없다. 그의 토론은 편하고 만만한 상대에게만 열려있고, 나나 신인규 변호사처럼 불편한 질문을 던지는 불리한 상대는 철저히 차단한다.

내가 이준석보다 더 논리적이거나 지식이 많다거나 똑똑하다고 주장하는 것이 아니다. 다만 나는 그가 어떤 말에 발끈하고, 어떤 질문을 회피하며, 무엇을 아킬레스건으로 여기는지를 정확히 알고 있을 뿐이다. 이는 스타크래프트 프로게이머 시절, 상대의 약한 고리를 찾아내 빈틈을 집요하게 파고들던 훈련의 결과물이기도 하다.

키보드 워리어형 정치인 파훼법

이준석 같은 키보드 워리어형 정치인에게 유효한 대응 방식은 무엇일까? 그의 화법은 얼핏 보면 날카롭고 논리적인 것 같지만 실은 상대를 지치게 만들고 당황하게 하여 결국 판을 흐리는 수법이다. 그래서 정공법만으로는 쉽게 무너뜨릴 수 없다.

파훼법은 생각보다 단순하다. 그가 쓰는 방식 그대로 되돌려주는 것이다. 누구든 자기 말과 행동이 부메랑처럼 돌아올 때 가장 큰 타격을 받는다. '되치기'와 '프레임 비틀기'가 주요 화법인 이준석의 경우에는 더욱 그렇다. 이준석과 한동훈이 맞붙어 논쟁을 벌이는 장면을 상상해 보면 금방 답이 나온다. 화법이 똑같은 두 사람의 싸움은 절대 끝나지 않는 무한 루프가 될 것이다.

"당신은 왜 이런 주장을 했습니까?"

→ "그쪽은 왜 그런 발언을 했는지 먼저 설명해 보시죠"

→ "역시 대답 못 하시네요. 그 시점엔 왜 그런 선택을 하신 겁니까?"

이런 식의 되치기→회피→다시 되치기가 바로 '막댓사수(마지막 댓글 사수)' 하기 위해 안간힘 쓰는 키보드 워리어들의 전형적인 기술이다.

이준석은 무슨 대단한 논리나 통찰을 가진 인물이 아니다.

그는 내가 철없던 10대 시절에 그랬듯이 인터넷 커뮤니티에서 익힌 키보드 워리어 기술을 현실 정치에 복사·붙여넣기 하고 있을 뿐이다. 이러한 문화에 익숙하지 않은 기성 정치인을 주로 겨냥해온 이유도 마찬가지다. 따라서 이준석을 상대하는 방법은 복잡하지 않다. 그의 화법과 이미지, 세계관을 그대로 거울처럼 반사하는 전술이 가장 유효하다.

그의 지지자들 역시 비슷하다. 특정 사안에 대해 깊이 고민하기보다 생각의 외주화에 길들여진 만큼 직접적인 논쟁이나 사실관계를 통한 설득보다는 새로운 '변수 제공'이 더 효과적이다. 실제로 그들은 내 페이스북 글을 공유하며 "게임하던 사람이라 글을 못 쓴다"라고 조롱하다가, 내가 올린 글이 이준석의 페이스북을 미러링해 단어만 몇 개 바꿨다는 사실을 뒤늦게 깨닫고 부랴부랴 삭제한 적이 있다. 몇 차례 이런 '덫'에 걸린 뒤 그들은 "듣보잡이니 무시하자"는 식으로 전략을 수정했다. 이는 스타크래프트의 벌쳐 마인 심기와도 같다. 즉 적은 자원으로 효율적인 전투를 하려면 변수 제공이 필수라는 의미다.

이 모든 것은 단순히 말장난의 반복이 아니다. 그의 무기를 무력화하는 최소한의 방패다. 물론 누군가는 나를 과격하다고 평가할 수 있다. 그러나 나는 '착하다'는 평가에 갇힐 생각이 없다. 10대 시절부터 온라인 생태계 속에서 자라난 전직 키보드 워리어 출신으로서, 무기력하게 끌려다니던 기성 정치인과는 달리 나만이 할 수 있는 방식으로 싸우려고 한다.

예컨대 누군가가 상대에게는 온갖 이상적인 요구를 하면서 정작 본인은 '더티 플레이'를 한다고 가정해 보자. 이런 경우 민주·진보 진영은 그동안 상대가 짜놓은 틀에 갇혀 허우적대며 끌려다니기 일쑤였다. 최소한 상대가 비상식적인 논리를 펴면 그들의 세계관 안에서 그대로 되돌려 줄 필요가 있다.

이런 방식에 대해 진보 진영 내부에서는 늘 "우리는 달라야 하지 않느냐"는 말이 따라붙는다. 물론 이상적으로는 좋은 말일 수도 있다. 그러나 현실 정치에서는 무책임한 자기 위안에 불과하다. 게다가 이러한 자기 검열이 반복되면 상대의 프레임에 갇혀 정작 다뤄야 할 쟁점은 사라진 채 '국민 여론'이라는 추상적이고 허울뿐인 기준에 매달리게 된다.

민주주의 사회에서 국민 여론만큼 공허한 표현도 없다. 국민 여론이 하나로 뭉칠 수 있는가? 그것이야말로 전체주의 아닌가. 그래서 나는 툭하면 국민 여론을 들먹이며 공허한 논쟁으로 끌고 가는 정치인이나 평론가들을 좋아하지 않는다. 그런 담론은 실질적 현실과 구체적 사례를 가리는 장막으로만 기능한다.

특히 키보드 워리어형 인물들은 자신의 발언과 신념조차 손바닥 뒤집듯 바꾸며 순간을 모면하는 데만 급급하다. 그렇기에 단순한 설득을 통한 변화를 기대하기보다는 그들이 가장 불편해 하는 방식으로 상대할 필요가 있다. 진지한 대화와 질문에는 논리로 답하되, 애초부터 조롱과 멘탈 흔들기를 노리고 들어온다면 같은 감정선과 서사를 장착해야 한다. 나는 이것이 이준석과 그의 지지자들을 상대하는 가장 효율적인 방법이라고 믿는다.

최근 들어 이준석의 민낯이 더욱 적나라하게 드러나고 있다. 김건희 특검은 2022년 6·1 지방선거 및 재보궐선거, 2024년 4·10 총선 당시 부당한 선거 개입과 공천 개입 의혹을 수사하며 이준석의 자택과 사무실을 압수수색했다. 그 직후 이준석은 이렇게 말했다.

> "(…) 압수수색을, 제가 봤을 때 현행범도 아니고 그런 상황에서 이렇게 급작스럽게 진행할 필요가 있느냐. 오해 살 일을 특검이 안 했으면 좋겠다. 그런 생각을 합니다."

나는 이준석에게 지극히 상식적인 이야기를 전하고 싶다. 현행범이라면 구속되어 마땅하고, 현행범이 아니기 때문에 증거 확보를 위해 압수수색이 이뤄진 것이다. 덧붙여 지금까지 그랬던 것처럼 그의 과거 발언을 그대로 되돌려주겠다.

> 2024년 이준석 : "보복수사 억울? 범죄자들 원래 다 억울, 피해자 코스프레 말 안 돼"
> 2025년 이준석 : "범죄자가 자기 죄 시인하는 경우 없어"

이번 압수수색이 아니더라도 그의 몰락은 이미 시작됐다. 다음으로 그를 기다리고 있는 것은 무려 60만 명이 서명한 의원직 제명안에 대한 윤리위원회 조사다. '마사중'이 될 날이 머지 않았다.

나는 더 많은 시민이 이준석의 해악, 위선, 내로남불, 지질함의 본질을 꿰뚫어 보길 바란다. 그가 지금 이 자리까지 올라올 수 있었던 것은 유별나게 뛰어나서가 아니었다. 박근혜 키즈 시절부터 언론은 그를 예능 캐릭터처럼 띄웠고, 종편의 시대에는 '반 연예인' 같은 이미지를 덧씌웠다. 그게 유튜브 시대까지 이어져 언론과 미디어는 지금도 여전히 그를 팔기 좋은 신선한 상품처럼 포장한다.

이런 구조 속에서 민주당 내 일부 인사들이 말하는 "무시가 답"이라는 주장엔 동의할 수 없다. 언론이 그를 계속 띄우는 한, 이준석의 실체는 계속 가려지고 이미지만 남을 수 있기 때문이다.

이준석의 정치가 남긴 건 희망도 비전도 아닌 분노의 정치뿐이었다. 그 결과 청년 세대의 좌절과 불평등은 해소되지 않았고 오히려 서로에 대한 혐오와 냉소만 깊어졌다. 심지어 그는 다른 정치인에게는 엄격한 잣대를 들이대면서도 정작 본인은 정반대의 행태를 보여왔다.

20대 대선 당시 그는 여가부 폐지론을 '자유의 담론'으로 포장해 2030 남성을 결집시켰고, 통일부 폐지를 통한 '자유의 담론'

으로 6070 세대를 모았다. 그는 끊임없이 자유라는 프레임을 정치적 무기로 활용해 왔다. 그러나 우리가 지향해야 할 자유는 책임이 따르는 자유이며, 민주주의와 공동체를 지키는 자유여야 한다. 이준석의 자유는 책임 없는 구호로 소비되고, 분열과 갈등을 확대하는 수단으로 작동한다. 더 황당한 건 본인의 심기가 불편해지는 순간 태도가 곧바로 돌변한다는 점이다. 개혁신당이 <매불쇼> 진행자 최욱을 고발한 사건, 그가 SNS에서 틈만 나면 법적 대응을 운운하는 모습은 스스로의 모순을 적나라하게 드러낸다. 남을 향해 휘두른 조롱은 부메랑이 되어 돌아왔고, 그 화살은 이준석 자신을 겨누게 되었다. 결국 이준석의 모든 말과 행동은 하나의 문장으로 귀결된다.

준적준, 이준석의 가장 큰 적은 언제나 이준석 자신이다.

3

프레임을 깨고 롤모델을 세워야 할 때

'2030 남성=이준석'이라는 위험한 도식

'2030 세대가 이준석을 지지한다'는 프레임은 언론의 단순한 여론조사 해석에서 비롯된 것이 아니다. 그 뿌리는 이준석 본인의 언어 전략과 프레이밍 기술에 있다. 처음엔 '20대 남성이 이준석을 지지한다'는 식으로 일체감을 조성해 지지층을 결속시켰다. 그러다 점차 표현을 바꿔 '2030 남성이 이준석을 지지한다'며 슬그머니 범위를 넓히고, 다시 '2030 청년이 이준석을 지지한다'라는 식으로 여성까지 포괄한다. 이처럼 단어의 지칭 범위가 교묘하게 확장되는 과정은 결코 우연이 아니다. 그는 자신이 청년 정치의 대표로 보이기 위해 끊임없이 정치적 프레이밍을 시도해 왔다.

이 프레임이 고착화되는 배경에는 펨코 같은 정서 기반 커뮤니티의 여론 동원력이 있다. 예전에 유시민 작가가 펨코를 두고 "쓰레기통이 됐다"고 비판한 것도 이런 맥락에서였다. 실제로 펨코에는 혐오와 조롱, 왜곡이 가득한 게시물이 하루에도 수없이 쏟아진다. 사회적 토론이라기보다 배설물에 가까운 선정성 글들이 난무하는 공간이다. 문제는 이런 현실적 비판조차 곧바로 왜곡된 프레임으로 되돌아온다는 점이다. 펨코를 비판한 사례를 두고 언론과 정치인, 일부 커뮤니티에서는 "2030 남성을 비하했다"는 식으로 몰아갔다. 어떻게 '펨코 비판'이 곧바로 '2030 남성 비하'로 연결되는가. 명백한 논리의 비약이자 조작이다. 마치 누군가 나를 비판했다고 해서 "한국 남자를 욕했다"고 주장하는 것과 다르지 않다. 게다가 이 과정에서 또 하나 왜곡된 인식이 덧씌워졌다. 펨코 자체가 곧 '이대남의 전유물'이라는 식의 프레임이다. 이는 현실을 단순화하고 과장한 해석일 뿐이다. 펨코가 이대남 위주 커뮤니티라는 여론 또한 과장된 프레임 중 하나다.

이준석은 이러한 정서의 경계선을 활용한다. 특정 커뮤니티의 감정을 자극하면서 동시에 그들을 자신의 정치적 영토로 끌어들인다. 그는 결코 노골적으로 "나는 2030 남성의 대표"라고 말하지 않는다. 그러나 항상 그 언저리에서 언행을 이어가며 정체성을 흡수한다.

정치와 감정의 경계를 의도적으로 교란시키는 그의 화법은 시간이 흐르고 축적되며 새로운 틀을 만들어 낸다. 마침내 언론은 "이준석=2030 남성", "이준석=청년 세대의 대변자"라는 식으로 받아쓴다. 이것이야말로 가장 위험한 함정이다.

이런 프레임이 공고해질수록 실제 청년 세대의 다양성과 다층적 목소리는 왜곡되거나 사라진다. 정치적 대표성은 특정 인물에게 과도하게 집중되고 그 결과 '대안 부재'라는 착시가 만들어진다. 이 허상을 걷어내고, 청년·청소년 세대가 지향해야 할 건강한 롤모델을 다시 세워야 한다. 지금 이 순간에도 이준석이 결코 대표할 수 없는 수많은 2030 남성들이 존재한다. 그들은 혐오로 점철된 정치를 거부하고, 증오로 결속된 커뮤니티를 외면하며, 더 나은 사회를 향해 끈질기게 나아가고 있다.

그들의 목소리를 묻어버린 채 공론장을 이준석과 그를 지지하는 무리들이 독점하도록 방치해선 안 된다. 이준석을 지지하지 않는 2030 남성들의 목소리는 언제까지 외면당해야 하는가. 왜 자꾸 '2030 남성=이준석'이라는 좁고 왜곡된 틀에 가두려 하는가. 이제는 새로운 서사를 쓸 때다. 그 서사는 혐오와 조롱이 아니라 연대와 공감에서 출발해야 한다. 청년 세대는 단순히 세대 갈등의 소모품이 아니라 한국 사회를 더 성숙하게 만들 주체다.

정치적 놀이터를 잃은 청년들

그런 점에서 우리는 민주·진보 진영을 지지하는 10·20대

남성들이 겪는 현실에 관해 생각해 볼 필요가 있다. 그들은 지금의 공론장에서 존재 자체가 삭제된 것처럼 취급받는다. 나는 이들이 처한 상황이 TK 지역에서 외롭게 싸우고 있는 민주당 당원들과 비슷하다고 생각한다. 지금의 온라인 공론장을 보면 이들이 놀 수 있는 안전한 놀이터가 없다. 펨코, 디시인사이드, 아카라이브, 일베는 물론 블라인드나 에브리타임 같은 익명 앱, 인스타그램과 스레드, X(트위터) 같은 SNS, 게임 채팅창 및 닉네임, 인기 웹툰 댓글창까지 대부분 혐오와 조롱의 언어로 오염되어 있다.

요즘에는 온라인 문화 전반에서 기존과는 또 다른 방식의 혐오와 조롱이 스며드는 이상 징후가 감지된다. 이모티콘 대사 한 줄, 팬아트 말풍선 끝의 어미 하나, 예컨대 "~노", "~누" 같은 말투가 웃음의 포장지 속에 섞여 들어온다. 이런 암호화된 비하 코드는 모르는 사람은 그냥 지나가지만, 아는 사람끼리는 의미를 공유하여 결속하게 만드는 방식으로 스며든다. 게임 채팅창과 닉네임, 팬커뮤 짤방과 패러디 영상은 짧고 반복 소비되는 구조라 전파 속도가 빠르다. 결과적으로 놀이 공간 자체가 은밀한 조롱의 언어로 점령된다.

이런 상황에서 민주·진보 진영을 지지하는 젊은 남성들이 자유롭게 자신의 의견을 개진하고 소통할 여지가 거의 없다. 실제로 나에게 오염된 공론장에 대응하는 커뮤니티를 만들고 관리해 달라는 제안이 여러 차례 들어왔지만 모두 거절했다. 이유는 명확하다. 윤석열 정부의 사이버 작전 패턴을 분석하면 이명박 정부 당시 국정원의 심리전과 놀라울 정도로 유사하기 때문이다.

그들은 정보 유통의 흐름을 정확히 꿰뚫고 있으며 영향력이 있다고 판단한 플랫폼에는 빠짐없이 침투한다. 이후 혐오를 퍼뜨리고 갈등을 조장하면서 정신적 영토를 점령한다. 플랫폼이 성장하면 성장한 대로, 미약하면 미약한 대로 내부를 교란하고 붕괴시키는 작전을 감행한다.

초기에는 커뮤니티 내에서 다수의 공감을 얻으며 '네임드'로 자리 잡아 신뢰를 쌓다가 결정적인 타이밍에 여론을 흔드는 방식도 구사한다. 또한 새벽 시간대에 소규모 작전 인력을 투입해 인기 글을 선점하고 이를 통해 아침 출근길 직장인들의 피드에 영향을 주는 전략까지 동원하고 있다. 이렇게 오염된 공론장의 분위기가 오프라인으로 이어지면서 민주·진보 성향의 10·20대 남성들은 정치적 발언 한마디에도 용기가 필요한 환경에 놓여있다.

"너 민주당 지지하냐?", "586을 옹호하냐?", "설마 이재명 찍었냐?"

이런 질문이 모욕처럼 작동하는 분위기 속에 있다 보니 정치적 표현을 하더라도 정서적으로 한 발 물러설 수밖에 없다.

"이재명을 지지하는 건 아닌데…", "민주당도 마음엔 안 드는 데…"

    이런 식으로 스스로를 우선 방어하게 된다. 정치적 자의식을 갖기 전에 비난을 피하는 법부터 배워야 하는 상황이다.

    이 와중에 리박스쿨과 사이비 종교, 극우 커뮤니티 등은 노골적인 물량 공세로 여론을 장악한다. 그리고 이준석은 겉으로는 그들과 거리를 두는 것처럼 보이지만 실제로는 같은 선상에서 침투전을 벌이며 청년 여론을 흡수하고 있다. 비유하자면 리박스쿨의 미사일과 민주당 열혈 지지자들의 미사일이 서로 충돌하는 사이 그 틈으로 생기는 여론의 공백을 이준석이 차지하는 형국이다.

    이 구조를 깨기 위해서는 반드시 필요한 과제가 두 가지 있다. 첫 번째는 인맥·정보·자금 네트워크로 결합된 사이버 내란 세력을 법과 제도로 해체하는 일이다. 우리가 아무리 선의로 커뮤니티를 조성하더라도 그 정신적 영토는 언제든 침탈당할 것이 뻔하다. 우리가 상대해야 할 대상은 혐오 발언 몇 개나 극단적인 유튜버, 악플러 몇 명이 아니다. 이미 구조적으로 오염된 정보 생태계 전체다. 이는 단순한 온라인 갈등이 아니라 심리전이자 인지전 본질적으로 정보 전쟁이다. 전선은 거창한 토론장이 아니라 게임 채팅창의 한 글자에서 시작될 수 있다는 사실을 결코 가볍게 여겨선 안 된다.

그렇기에 사이버 내란 특별법 제정은 더 이상 미룰 수 없는 과제다. 현행법으로는 솜방망이 처벌에 그칠 뿐만 아니라 사이버 내란은 특정 개인의 일탈이 아닌 조직적·지속적·국가적 위협으로 작동한다. 기존 법 체계만으로는 은폐된 자금 네트워크, 장기간 누적된 공작 사례, 핵심 인물들을 추적·청산하기가 사실상 불가능하다.

물론 헌법은 원칙적으로 소급입법을 금지하고 있다. 그러나 형사처벌과 같은 불이익 처벌이 아니라 진상 규명·불법 재산 환수·제도적 청산을 목적으로 한 특별법은 헌법재판소에서 합헌으로 인정된 전례가 있다. 따라서 국회 다수당의 의지가 있다면 충분히 제정이 가능하다.

두 번째는 지금도 목소리를 숨길 수밖에 없는 젊은 민주·진보 성향 남성들이 당당히 존재를 드러낼 수 있는 환경을 조성하는 일이다.

이 두 과제는 동전의 양면과 같다. 청산만 있고 환경이 없으면 반쪽짜리 개혁에 그칠 뿐이고, 환경만 있고 청산이 없으면 곧 다시 점령당할 것이다. 그래서 우리는 구조적 청산을 밀어붙이는 동시에 이들이 혐오와 조롱에서 안전한 울타리·편안한 놀이터·민주주의의 진짜 광장을 마련해야 한다. 이 두 축이 함께 작동할 때 비로소 공론장은 회복되고 대한민국 민주주의는 굳건히 서서 앞으로 나아갈 수 있다.

우리가 키워야 할 정치적 롤모델

가끔 보면 아무런 준비도 없이 "나는 2030 청년을 대변하겠다"며 대뜸 추상적인 구호부터 외치는 정치인이 있다. 하지만 이제 그런 방식으로는 누구의 공감도 얻지 못하는 시대다. 플랫폼이 다변화된 지금 사람들은 단순한 표어보다 맥락을 원한다. 주장 하나를 펼치더라도 그것이 실제 삶을 어떻게 바꿀 수 있을지 구체적으로 설계하고 설득해야 한다.

동시에 또래 문화 안에서 호응받을 수 있는 정치적 롤모델을 키워야 한다. 그런데 지금 민주당 내부에는 그 방향을 오해하는 청년 정치인들이 있다. 그들은 마치 이준석을 흉내 내듯 언론 앞에서 당을 공격하고 주목받는 데만 집착하는 모습이다. 마치 '민주당의 이준석'이 되려면 민주당을 비난해야 한다고 여기는 듯하다.

단언컨대 그 길은 틀렸다. 민주당의 이준석이 되면 정치적으로 유리할 거라는 전제도 틀렸고, 민주당을 비난하면 더 빨리 성장할 수 있을 거라는 계산도 틀렸다. 당원 주권 정당으로 거듭난 민주당에서 그런 정치인이 살아남을 방법은 없다.

게다가 지금 시대가 요구하는 것은 그런 일차원적인 모방이나 반항의 제스처가 아니다. 오늘날 정치에 필요한 건 우리 시대의 감수성과 언어를 정확히 읽어내고 동시대를 살아가는 청년들의 현실을 대변할 수 있는 감각과 기민함이다. 기성 정치인들이 놓치고 있는 문제를 또래의 시선으로 날카롭게 짚어낼 수 있어야 한다.

여기에는 기성 정치인들의 책임도 분명히 있다. 민주당 내부에는 여전히 "내 말을 들어라"거나 "너희들끼리 한번 해 봐라"는 식의 일방적 지시나 방치가 존재한다. 하지만 정치는 기회를 부여하는 사람과 그 기회를 실현하는 사람이 함께 만드는 공동의 작업이다. 청년들에게 기회를 맡기되 성장할 수 있도록 스포트라이트와 자신만의 서사를 구축할 수 있는 지속적 토양을 제공하는 일이 기성 세대의 책무다.

무엇보다 그 가능성은 이미 우리 주변에 존재한다. 지금의 혐오 정치와 조롱의 언어에 거부감을 느끼는 청소년과 청년도 많다. 그들은 이미 말할 준비가 되어있다. 문제는 정치권이 오히려 들을 준비가 부족하다는 점이다. 우리가 먼저 그들에게 말할 기회를 제공해야 한다. 그리하여 이들이 정치 안에서 자라고, 동료를 만들고, 지지자를 설득하며 성장해 나갈 때 비로소 건강한 민주주의의 순환 고리를 회복할 수 있다.

이명박 시대에 뿌려졌던 혐오의 씨앗은 이후 자발적인 문화와 밈을 타고 무차별적으로 확산됐다. 이 확산은 단순한 유행이나 장난이 아니라 사회적 전염이자 정치적 구조의 산물이다. 여기에 맞설 새로운 정치적 상상력과 현실적 토대를 구축해야 한다.

이명박, 박근혜, 윤석열로 이어진 공작 정치의 검은 그림자를 걷어내고, 그 유산 위에서 혐오 정치를 확대 재생산해 온 이준석 같은 인물을 밀어내야 한다. 그 자리에 달라진 시대의 감수성과 책임감을 갖추고, 정보 유통의 흐름을 민감하게 감지하며 기민하게 대응할 수 있는 '또래 정치인'이 새로운 롤모델로 등장할 수 있도록 길을 열어야 한다. 이것이 지금 우리가 함께 짊어져야 할 책무다.

5부.

대선 단상

1

그때 우리는 왜 졌을까? - 20대 대선

국민의힘의 디지털 특전사, 여론을 점령하다

사이버 내란 세력이 가장 극대화되는 시점은 단연 선거철이다. 그중에서도 제20대 대통령 선거는 이들이 얼마나 조직적이고 체계적으로 움직였는지 적나라하게 드러난 사례였다.

많은 사람들이 20대 대선의 승패를 가른 결정적 원인으로 문재인 정부에 대한 심판이나 부동산 민심 문제를 꼽는다. 물론 그런 분석들이 완전히 틀렸다고 할 수는 없다.

다만 나는 사이버 전쟁을 중심으로 20대 대선을 들여다보고자 한다. 당시 선거는 대장동 프레임을 중심으로 설계된 심리전의 산물이었는데, 민주당이 그 프레임을 만든 세력에 효과적인 대응 전략을 마련하지 못한 것도 결정적 패인이라고 본다.

국민의힘은 대선을 대장동 선거로 끌고 가기 위해 100개가 넘는 카카오톡 단체방을 조직적으로 운영했다. 이 단체방들은 단순한 선거 홍보 수단이 아니라 온라인 여론을 생산·가공·배포하는 심리전 기지이자 조작 플랫폼이었다. 이곳에서 이재명 후보를 조롱하거나 악의적으로 묘사한 이미지는 물론 각종 허위 조작 정보가 대량으로 생산·유포됐다. 더 나아가 선거관리위원회에 등록되지 않은 불법 캠프가 실제로 가동되고 있었다는 사실도 드러났다.

이와 관련한 구체적인 보도는 2022년 3월 2일 오마이뉴스에서 나왔다. 기사 제목은 『윤석열 포함된 20번 카톡방, '특전사' 자처한 그들이 벌인 일』[22]이었다.

보도에 따르면 각 단톡방은 '어게인 SNS 소통위원회'라는 이름으로 운영되었고, 방 제목에는 '001', '002'와 같은 일련번호가 붙어 있었다. 숫자는 120번까지 이어졌고, 이 방들을 총괄한 곳은 국민의힘 선거대책본부 조직통합총괄단이었다. 특히 020번 방에는 윤석열 후보 본인을 비롯해 권영세, 조경태, 박형준 등 캠프 핵심 관계자들이 직접 참여했다고 한다. 즉 이 작업은 캠프 핵심부가 직접 지휘하는 조직적 공작임을 보여준다.

---

22   기사 보기 링크

오마이뉴스 보도 이후 불과 두 시간 만에 국민의힘은 여의도 당사 2층에서 긴급 대책 회의를 열었다. 본부장과 실장급 고위 인사들이 참석해 대응 방향을 논의했고, 회의 후 작성된 문건 하단에는 다음과 같은 문구가 남아 있었다.

'오마이뉴스 단톡방 특전사 방 보도 관련', '대체 대화방 등 주의 요청'

만약 오마이뉴스의 보도가 허위였다면 회의 결과 문건에는 법적 조치 같은 내용이 적혀 있었을 것이다. 그러나 주의 요청이 기재됐다는 것은 그 보도가 사실이었음을 인정하는 정황이며 조직적 공작을 은폐하려 한 시도를 드러내는 기록이기도 하다.

그들이 스스로를 특전사로 지칭하고 있었다는 점에도 주목할 필요가 있다. 이명박이 그러했듯 윤석열에게도 이 활동은 일종의 군사 작전이었다. 윤석열이 직접 참여한 020번 방에는 약 120명의 '특전사'가 있었고, 다른 방들에도 30~50명씩의 인원이 배치되어 있었다. 이들을 모두 합치면 최소 5천 명에 달하는 인원이 조직적인 여론조작에 가담했던 셈이다.

이들은 캠프에서 제작한 선전물을 각 단톡방으로 배포했고 거기서 다시 SNS·온라인 커뮤니티·유튜브·일부 언론으로 확산시키는 여론 유통 체계의 중추 역할을 맡았다. 이 카톡방에 올라

온 문구 중 하나는 다음과 같았다.

'재명이 얼굴 최대한 얍삽한 얼굴로'

이처럼 구체적인 지시가 내려오면 콘텐츠 제작팀은 그에 맞춰 이미지를 합성했고, 다음 날이면 카톡방에 완성본이 공유됐다. 그 즉시 다른 방으로 전파돼 대부분의 온라인 공론장에 동시다발적으로 투하됐다. 이른바 기획-제작-유통-확산의 전 과정이 군사 작전처럼 가동된 것이다.

이런 방식으로 조작된 이미지와 가짜뉴스는 "이재명이 집 베란다를 뚫어서 경기주택도시공사 합숙소로 드나들었다"라는 황당한 음모론을 유포하는 데까지 나아갔다.

냉정히 말해 20대 대선 당시 우리 사회를 둘러싼 주요 의제는 여러 갈래였다. 하지만 정책 이해도나 현실 감각, 실무 능력 등에서 이재명 후보가 윤석열 후보를 압도한다는 평가가 지배적이었다. 대표적인 사례가 유튜브 채널 '삼프로TV' 출연이었다. 양 후보는 경제 이슈를 주제로 각각 출연해 전문가들과 대담을 나눴는데 이 과정에서 윤석열의 역량 부족이 적나라하게 드러났고, 이후 "삼프로가 나라를 구했다"는 말이 나올 정도로 여론의 반향도 컸다.

바로 그렇기에 이들은 정책 역량 검증이라는 정면 승부를 피하고 대장동이라는 프레임을 만들어 선거 전체를 물 타는 전략을 택한 것이다. 그리고 그 전략은 결국 성공했다.

민주당은 왜 대응하지 못했나

그렇다면 우리는 묻지 않을 수 없다. "왜 민주당은 이 문제에 제대로 대응하지 못했는가?" 당시 나는 대선 캠프에 합류해 온라인 여론전에 대응하는 역할을 맡았다. 내부에서 직접 겪은 입장에서 보면 민주당도 나름대로 이 문제에 맞서려는 시도는 있었다. 그러나 모두가 한마음으로 싸웠다고는 도저히 말할 수 없다. 최대한 좋게 표현하자면 일부 정치인들과 관계자들은 최선을 다했다. 다만 최선을 다하는 것과 방향이 옳았는가는 별개의 문제다.

내부 분위기를 보면 '어느 커뮤니티에 몇 건의 홍보글이 올라갔다', '어떤 글이 좋아요 몇 개를 받았다', '특정 키워드가 주목받고 있다'는 정도가 분석의 전부였고, 심지어 자신의 페이스북에 장문의 글 하나 올린 걸로 열심히 소통했다고 생각하는 정치인도 적지 않았다. 이는 전형적인 공급자 중심 시각에 불과할 뿐, 수요자인 국민의 입장에서 상황을 바라보는 전환이 전혀 이루어지지 않았다. 열심히 하는 건 좋지만 무턱대고 열심히만 한다고 되는 일은 아니었다.

이렇게 '무턱대고라도 열심히 한 사람들'은 그나마 나았다. 아예 대놓고 태업한 이들도 많았다. 상대의 공세가 어떻게 전개되는지는 관심도 없고 그저 언론 기사나 주변 반응, 지인의 말 몇 마디에 의존해 미온적이고 무책임한 태도를 취하는 경우도 적지 않았다.

상대 진영은 이 선거를 전쟁에 임한다는 각오로 대장동 프레임이라는 고지를 점령하기 위해 목숨 걸고 돌격하고 있었다. 이런 와중에 우리 진영 내에서는 믿기 어려운 발언조차 아무렇지 않게 튀어나왔다.

"이건 실드 못 친다. 후보가 문제다. 이러다 중도 표심 다 잃는다"

저들이 100의 공격을 한다면 우리도 최소한 100의 방어를 해야 대등한 전투가 가능하다. 하지만 현실의 민주당은 오히려 마이너스 싸움을 벌이고 있었다. 상대가 온라인 곳곳에 침투해 여론조작을 벌이는 동안 우리는 내부적으로 분열했고 외부적으로 엇박자를 내고 있었다. 공론장이라는 강물 위에는 저들의 공작 결과물만 둥둥 떠다니는데, 우리는 그 물결을 막지도 새로운 흐름을 만들지도 못했다.

민주당은 그 와중에도 회의, 회의, 그리고 또 회의였다. 내가 보기엔 마치 상대가 탱크를 몰고 돌격해 오는 상황에 우리는 탁

상공론만 이어가는 것 같았다.

나는 끝없는 회의로 시간을 허비하느니 차라리 혼자라도 온라인 이슈에 대응하는 편이 낫겠다고 판단했다. 선거 기간 동안은 커뮤니티를 24시간 모니터링하며 대응하는 체계가 필수다. 상대가 새벽 시간에 온라인 커뮤니티를 활용해 공세를 펼치면 관련 내용이 아침 출근길에 기사로 쏟아지는 경우가 많았기 때문이다. 다시 말해 새벽에 벌어지는 일들을 놓치고 허둥대다 보면 중요한 이슈에 제대로 된 전략을 세우기도 전에 당하기 일쑤였다.

특히 이 시기 펨코에서는 대장동 관련 제보가 원희룡에게 집중됐다. 새벽 3시, 4시에도 '원희룡에게 대장동 관련 제보했더니 답변이 왔다'는 글들이 올라왔다. 상대는 새벽에도 실시간으로 제보를 받고 즉시 반응하며 온라인 전장을 주도했지만 우리 쪽에는 그 시간대에 연락해 대응을 논의할 수 있는 전문가가 거의 없었다.

이것이 온라인 여론전에 임하는 민주당의 현실이었다. 그리고 이런 펨코의 여론 생산 구조는 원희룡이 스스로를 '대장동 1타 강사'라 칭하며 이재명 후보에게 맹공을 퍼부을 수 있는 기반이 되었다. 나는 당에 여러 차례 이 문제의 심각성을 알리고 온라인 대응에 전력을 기울여야 한다고 주장했지만 돌아온 반응은 냉소와 무관심뿐이었다.

마치 어디서 댓글 몇 개만 보고 과몰입하는 사람인 것처럼 취급되는 분위기 속에서 나는 절망하지 않을 수 없었다. 이 판을 장기로 비유하면, 정석은 왕이 가장 뒤에 있고 그 앞을 졸·포·차· 마·상이 견고하게 지키는 것이다. 하지만 당시 민주당은 오히려 왕을 맨 앞에 세워 적진으로 내모는 듯한 형국이었다. 국민의힘 진영은 모두가 윤석열 후보를 에워싼 뒤 대장동으로 집중 사격하 는데 그 포화를 이재명 후보 혼자서 다 맞고 있었다. 이 전쟁에서 제대로 진을 치고 앞장서 효율적으로 싸운 민주당 정치인은 극소 수였다. 민주·진보 유튜버들이 합세해 공격과 방어에 나섰지만 곧 사방에서 좌표 찍히고 고소·고발까지 당하는 지경에 이르렀다.

> "우리가 졸로 상대의 포나 차를 잡아야 하는데, 왜 저들의 졸이
> 우리의 포를 잡고 있는가?"

이 문제를 아무리 이야기해도 돌아오는 건 홍보 강화, 소통 확대 같은 선언적 구호뿐이었다. 그리고 여전히 중도 타령, 역풍 걱정, 후보 탓이 반복됐다. 스타크래프트에 비유하자면, 우리가 불리한 맵에서 싸울 때는 병력 일부를 별동대로 빼내 적진을 흔 들고 본진에선 본진대로 전열을 가다듬어야 한다. 그러나 저들이 대장동이라는 고지를 점령한 채 총공세를 퍼붓는 상황에서 우리 병력을 한데 모아 정면충돌하는 건 아까운 병력만 허비하는 꼴이 었다. 결국 질 수밖에 없는 전투였다. 따라서 대장동이라는 고지

219

에서 맞붙을 게 아니라 병력을 분산시켜 상대 진영 곳곳을 습격하고, 저들 역시 일부 병력을 빼게 만들어 전열을 흐트러뜨려야 했다.

내 나름대로는 이준석의 페이스북에 댓글을 달고, 원희룡과 SNS 논쟁을 이어간 것도 이런 맥락이었다. 당시 이준석이 나를 차단했을 때도 민주당은 이를 기회로 삼을 수 있었다.

"맨날 토론 왕이라고 허세 부리더니 이건 왜 답변도 못 한 채 차단하고 도망치느냐?"

이런 식으로 공세를 펼치면서 동시에 민주당의 유능한 청년 인재들을 부각해 이준석의 공세를 무력화시켰어야 했다.

또 그때 원희룡을 탐탁지 않게 생각하는 국민의힘 지지자도 분명 존재했다. 그렇다면 원희룡이 대장동 공작을 자유롭게 펼치도록 방치할 게 아니라 그의 방식에 불만을 가진 젊은 지지자들과 극우 유튜버들의 주장을 결합해 내부 충돌을 유도할 수도 있었다.

또 하나 내가 주목한 대상은 '진중권'이었다. 그는 객관적 평론가라는 외피를 두르고 언론에 빈번히 등장했지만 내 눈에는 명백히 '친윤 스피커'였고 실제 행태는 '퇴물 악플러'에 가까웠다. 따라서 그의 실체를 드러내는 것이 필요했다. 특히 그는 언론 노출에 민감하게 반응하는 모습을 보였다. 내가 SNS에서 여러 차례 비판했을 때는 철저히 무시로 일관하던 그가 일부 언론에서 나를 '진중권 저격수'로 호명하자 곧바로 반응한 것이 그 증거였다. 그 순간 그의 심리가 드러났고 게임의 판도를 바꿀 신호가 함께 포착됐다. 무엇보다 그가 반응한 순간 게임은 이미 끝난 것이나 다름없었다. 하지만 민주당 내부에서 제대로 된 협조나 협공을 해주지 않으면서 이 공격도 결국 가시적인 성과를 내는 데 실패했다.

선거라는 실전에서 중요한 것은 상대의 심리와 특성을 정확히 짚어내고, 그 분석을 활용한 맞춤형 전략을 구사하는 일이다. 우리 진영에서 이러한 구도와 인물 활용을 진지하게 고민하는 사람은 극히 일부에 불과했다. 오히려 민주·진보 유튜버들이 많아졌으니 이들을 한데 모아 동시에 이슈를 공론화하면 여론을 뒤집을 수 있다는 의견까지 나왔다. 이는 유튜브 생태계에 대한 몰이해를 드러낸 것이다.

유튜버들은 단순한 정치 도구가 아니라 각자의 내러티브와 상업적 구조를 갖춘 개별 사업자에 가깝다. 게다가 각 채널마다 고유한 서사와 맥락이 존재한다. 그런 이들을 하나로 묶어 동시다발적으로 움직이게 하겠다는 발상 자체가 무지에서 비롯된 전략적 오판이었다.

그 모든 흐름을 직접 보고 겪은 나는 선거 중반쯤엔 이미 이길 수 없는 싸움이라는 생각이 들었다. 민주당의 온라인 전략은 냉정히 말해 완전히 실패했다. 그리고 이 대선의 결과는 사이버 내란을 한 줌의 일탈로 보거나 먹이 금지론·자정작용론으로 설명하려는 시각이 모두 틀렸음을 입증했다.

결국 20대 대선은 싸움의 기술과 태도에서 민주당이 철저히 밀린 선거였다. 물론 상대 진영에도 문제가 많았지만 우리는 더 못했다. 최소한 저들은 승리라는 단 하나의 목표를 향해 똘똘 뭉쳤지만 우리는 내부적으로 분열했고 외부적으로 무능했다.

이런 상황에서도 16,147,738표를 받았다는 건 그 자체로 기적에 가까운 일이라고 생각한다. 그래서 나는 지금도 이 숫자를 잊지 못한다. 그 뒤에는 끝까지 최선을 다한 일부 정치인들과 당직자들, 치열하게 뛰어준 당원들, 대한민국의 미래를 걱정하며 간절한 마음으로 지지해 준 국민이 있었다. 동시에 무너진 전선을 홀로 버텨내며 끝까지 돌파구를 만든 사람은 결국 이재명이었다. 이 결과는 그의 고군분투 없이는 불가능했을 것이다.

나는 이 선거를 통해 민주주의는 결코 저절로 굴러가지 않는다는 교훈, 그리고 걸출한 한 사람의 힘만으로는 승리할 수 없다는 사실을 절실히 깨달았다. 조직의 태만, 현실의 몰이해, 내부의 나태함은 언제든 독재에 자리를 내어줄 수 있다. 우리는 20대 대선의 패배를 기억해야 한다. 그 이후 대한민국에 어떤 일이 있었는지까지도.

2

우리는 어떻게 이겼을까? - 21대 대선

이전과는 달랐던 중요한 변화

12·3 내란 사태 이후 치러진 21대 대선은 세부 항목 하나하나를 분석할 필요조차 없을 만큼 민주당이 반드시 이겨야만 했고 실제로 이길 수밖에 없는 선거였다. 사이버 내란 및 온라인 공론장 대응이라는 관점에서도 민주당 내부에 몇 가지 유의미한 변화가 있었다.

나는 이 선거에서 게임특별위원회의 공동위원장이자 비공식 별동대의 총괄 역할로 참여했다. 20대 대선 당시 아무리 외쳐도 끝내 만들어 내지 못했던 온라인 공론장 대응 조직이 21대 대선에 이르러서야 비로소 현실화된 셈이었다.

비록 비공식 조직이긴 했지만 우리는 실시간 모니터링과 대응, 조직의 유연한 소통을 통해 이전보다 훨씬 기민하고 전략적으로 움직일 수 있었다. 나는 조직이 지나치게 거대해지면 회의만 거듭하다가 방향을 잃을 수 있다는 점을 고려해 단 한 번만 전체 회의를 열었다. 그 자리에서 각자 담당 플랫폼과 시간대를 배정했고 이후로는 온라인으로 소통하면서 24시간 가동되는 시스템을 구축했다. 그 결과 온라인 공론장의 이상 징후를 실시간으로 추적할 수 있었다.

선거 기간에는 특정 커뮤니티에서 갑자기 특정 의제가 급부상하는 경우가 있다. 이렇게 온라인 공론장에서 형성된 이슈는 곧 언론으로 확산된다. 이때 대응이 늦으면 이미 언론과 평론가들이 움직이기 시작하고 커뮤니티 내부의 밑바닥 합의가 굳어버린다. 그 시점부터는 불리한 지형에서의 싸움이 될 수밖에 없다. 우리의 주요 역할은 이런 상황이 벌어지지 않도록 의제가 막 형성될 때 즉시 우리의 언어로 재가공하거나, 상대 주장에 반박하는 콘텐츠를 제작·유포하도록 캠프에 전달하는 것이었다.

우리는 어떻게 감지하고 움직였는가

그 과정을 구체적으로 정리하면 이렇다.

1. A 커뮤니티에서 A 의제가 등장한다.

2. B 커뮤니티에서는 B 의제가 논의된다.

3. C 커뮤니티에서도 또 다른 이슈가 떠오른다.

4. 그런데 D·E·F 커뮤니티에서 B 의제만 점차 확산되는 흐름
   이 감지된다.

5. A와 C 의제는 사라지지만, B는 계속 확산된다.

이럴 때가 바로 비상 상황이다. 각 담당자가 데이터를 보내면 나는 그걸 종합해 흐름을 분석했고, 하나의 이슈가 커뮤니티 간 전이되는 조짐이 보이면 캠프에 즉각 '지금 대응이 필요하다'는 시그널을 보냈다.

선거는 결국 속도전이다. 상대가 어디에 집중하고 있는지, 어떤 방식으로 우리를 공격하려고 하는지를 실시간으로 포착해야 한다. 그래야 미리 방어 체계를 구축하거나 새로운 의제를 설정해 역공을 펼칠 수 있다.

우리는 사안의 중요성과 특성에 따라 각기 다른 방식으로 대응했는데 작은 이슈는 우리 선에서 자체 조치했고, 지역과 관련된 이슈는 현장 유세 중인 정치인에게 전달해 현장에서 바로 정리하도록 했다. 대형 이슈라면 후보에게 직접 보고해 캠프 차원에서 메시지를 조율할 수 있도록 지원했다.

현대 정치에서 정보는 곧 무기다. 그중에서도 대선은 그 무기가 가장 치열하게 발사되는 전쟁터다. 그렇기에 우리는 상대

진영의 공격 패턴과 핵심 의제를 빠르게 포착해 민주당이 실시간으로 대응할 수 있는 나름의 시스템을 구축한 셈이다.

물론 진짜 이상적인 시나리오는 미사일이 날아온 뒤 막는 게 아니라 상대방이 발사하기도 전에 미리 패턴을 읽고 선제 대응하는 것이다. 예를 들면 세계 최고의 프로게이머라 불리는 페이커 선수는 상대방이 어떻게 움직일지 몇 수 앞을 내다보며 예측하고 그에 맞춰 최적의 플레이를 펼친다. 나는 선거판에서도 전략위원회 구성원이라면 이 정도의 역량을 갖춰야 한다고 생각한다.

20대 대선 당시 민주당은 상대의 공격으로 우리 진지가 불타고 있는데도 무기력하게 손을 놓고 있던 경우가 많았다. 이번에 우리 별동대는 비록 상대방의 패턴을 완벽히 예측해 선제 대응하는 수준까지는 이르지 못했지만, 이전보다 더 기민하게 대처하며 온라인 공론장의 전투에서 공격과 방어를 보다 안정적으로 수행했다고 자평한다.

실제로 대선 막판, 민주당에서 리박스쿨 자손군 등 댓글 조작팀 의혹을 제기한 적이 있었다. 그러자 개혁신당과 펨코를 중심으로 즉각적인 역공이 들어왔다.

"댓글 조작을 이야기하기 전에 먼저 이재명 후보를 위한 댓글 조작 집단인 'DDD 리스트'의 존재부터 인정하고 사과해라."

A를 물으면 A를 답하지 않고 B를 말하는 전형적인 '이준석식 물타기 전략'이었다. 사실 DDD 리스트는 이재명 후보와 민주당을 지지하고 응원하는 시민들이 자발적으로 만든 플랫폼인 만큼 국가 공권력을 동원한 댓글 조작과는 본질적으로 다르다. 하지만 이 프레임에 빠지는 순간, 우리가 아무리 해명해도 저들이 조금만 사실관계를 왜곡하거나 물량 공세를 퍼부으면 정치 저관여층 유권자들은 "맞네, 윤석열이나 이재명이나 똑같네"로 받아들이고 끝나기 마련이다.

이건 민주당의 전통적인 패턴이기도 했다. 여론전이 시작돼도 대응하지 않은 채 손 놓고 있다가 논란이 극에 달하면 그제야 '사실은 이렇습니다', '바로잡습니다'라며 뒤늦게 사실 관계를 공유하는 식이다. 그러나 그 시점이면 이미 상대는 새로운 미사일을 발사했고, 민주당은 계속 얻어맞기만 하다 끝나 버리곤 했다. 이런 과정이 반복되면 프레임은 어느새 사실처럼 굳어진다. 이번에도 상황이 그렇게 흘러가게 둘 수는 없었다. 고민하는 와중에 우리 팀의 한 멤버가 제안했다.

"지금이 펨코의 '잉여력 토토(사설 도박)' 문제를 공론화할 타이밍 아닐까요?"

나는 탁월한 전략이라고 생각했다. 상대의 빈틈을 발견해 파고드는 정면 돌파였다. 우리가 A를 말했는데 저들이 B로 물타기를 시도한다면 굳이 B를 해명하거나 받아칠 필요 없이 상대의 허점을 찌르면 될 일이었다.

마침 그 시점에는 이미 '이준석=펨코'라는 인식이 퍼져 있었고 저들이 먼저 DDD 리스트라는 커뮤니티 문제를 꺼냈기 때문에 우리가 커뮤니티의 민낯을 드러낸다 해도 전혀 무리가 없었다. 나는 곧바로 SNS를 통한 공론화에 나섰다.

> "그럼 이 참에 펨코 사설 도박 얘기 한번 해 볼까? 커뮤니티 문
> 제 자신 있겠어? 이준석, 토론 한번 할까?"

이준석은 이준석의 방식으로 상대해야 한다는 '이준석 대응법'이 다시 한번 빛을 발하는 순간이었다. 그 결과 애매한 물타기였던 DDD 리스트는 수면 아래로 가라앉았고, 대신 여야를 막론하고 펨코의 혐오 문화와 잉여력 포인트 구조, 사설 토토 문제가 본격적으로 공론화되기 시작했다.

만약 이 타이밍이 아니었다면 이 이슈는 그냥 묻혔을 것이다. 하지만 그들의 어설픈 물타기 시도는 오히려 사람들의 시선을 온라인 커뮤니티로 집중시켰고, 덕분에 프레임 전환이 효과적으로 작동하며 스스로 자충수를 두는 꼴이 되었다.

결국 펨코는 자신들이 키운 이슈에 스스로 발목을 잡혔고

이준석 역시 그 프레임에 갇혔다.

싸움을 편하게 하면 상대도 편하게 싸운다는 사실을 잊어서는 안 된다. 상대 핵심 전력이 생각의 외주화에 길들여져 있다면 그들을 두 번 세 번 생각하게 만드는 것만으로도 전략적 효과가 크다. 단순히 도파민 충족이나 포인트를 얻으려 글을 퍼 나르던 이들은 예상치 못한 변수가 등장하면 쉽게 당황하며 스텝이 꼬인다.

정보전을 잘 활용하면 적은 자원으로도 큰 효과를 거둘 수 있다. 상대의 인식과 판단을 교란하여 주도권을 확보하는 동시에 자신의 정보 영역을 지키고 신뢰를 유지하는 것이 곧 정보전의 핵심이다. 결국 전장은 상대를 불편하게 만드는 자가 지배한다. 이는 장기에서 졸 하나로 상대의 포를 흔드는 수, 스타크래프트에서 소수 병력으로 본진을 교란하는 전략과 같다. 최소한의 움직임으로 상대의 전열을 흐트러뜨릴 때 비로소 판 전체가 바뀐다. 정치는 결국 전략 게임이다. 승패는 힘의 크기가 아니라 어디서 어떻게 흔드느냐에 달려 있다.

그렇게 크게 이슈가 된 펨코 문제는 앞으로 더욱 가속화될 것이다. 그 동력을 제공한 건 다름 아닌 이준석과 펨코 자신들이다. 앞서도 말했듯 펨코는 이준석과 함께 몰락할 것이다.

다시 선거 얘기로 돌아와, 이번 대선판 전체를 놓고 보면 나와 우리 팀의 역할은 사소한 각주에 불과하다. 12·3 내란 사태라는 특수성이 컸던 만큼 어차피 결과는 정해졌었다고 해도 과언이 아니다.

다만 나는 사이버 내란 문제를 계속 방치한다면 다음 선거나 그다음 선거에서 반드시 문제가 터질 거라고 확신한다. 물론 20대 대선과 21대 대선에서 민주당의 온라인 공론장 대응 방식이 확연히 달라진 것은 사실이다. 이 점을 두고 혹자는 '민주당 내부에서도 이 문제의 심각성을 인식하고 있는 것 아닌가?'라고 생각할 수도 있다.

하지만 나는 그렇지 않다고 본다. 21대 대선 역시 근본적으로는 이재명이라는 한 사람의 감각과 결단에 기댄 승리였다. 단순히 '이재명 최고'라는 찬양을 하려는 게 아니라 사실이 그렇다.

이번 선거에서 나를 중심으로 한 별동대가 만들어질 수 있었던 배경 역시 민주당 내부의 조직적 변화 때문이 아니었다. 그 시작은 오히려 아주 작은 우연에서 비롯됐다.

대선을 한참 앞둔 어느 날, 정치권에 있는 동료를 통해 누군가가 나를 만나고 싶어 한다는 연락을 받았다. 나가면서도 솔직히 큰 기대는 없었다. 지난 6년 동안 수도 없이 데이고 무시당해 왔기 때문이다. 온라인의 심각성을 아무리 설명해도 돌아오는 건

"음모론자 아니냐?" 같은 시선뿐이었다.

한 가지 사례를 말하자면, 2021년 무렵 조희연 당시 교육감이 이 사안에 관심을 보여 만난 적이 있었다. 이 문제를 매번 교육감과 논의할 수는 없는 노릇이라 교육청에서 한 장학사를 연결해 주었다. 만나서 한참 설명을 하고 난 이후 그가 던진 첫 질문이 이랬다.

"그런데 일베가 뭐예요?"

장학사라는 사람이 그것도 교육청에서 학교 교육 활동 전반을 지원하는 교육공무원이 일베를 모른다니 그야말로 충격적이었다. 게다가 2021년이면 일베가 이미 한물간 상태였는데도 말이다. 너무 황당해서 "일베를 모르신다고요?"라고 되물으며 멍하니 있었는데, 그는 그 자리에서 휴대전화로 일베를 검색하더니 이렇게 말했다.

"이명박, 박근혜, 문재인 같은 정치인들 이야기가 나오네요. 학교에서는 정치적 중립을 지켜야 하는 걸 모르나요? 이런 걸 학교에서 다루는 건 부적절합니다."

그러면서 오히려 나를 훈계했고, 결국 이 논의는 흐지부지

끝났다. 집으로 돌아가는 길에 동료에게 연락해 분통을 터뜨리며 "이건 공론화해야 할 심각한 사안 아니냐?"라고 물었지만 지인은 괜한 소모전이 될 수 있다며 뜯어말렸다.

이후 나는 일베가 뭔지도 모르는 사람이 장학사로 일하는 현실에 대해 오랫동안 생각했다. 과연 이런 사람들이 학생들에게 무슨 긍정적인 영향을 줄 수 있을까? 사실 이건 그동안 내가 마주해 온 수많은 절망적 신호 중 하나에 불과했다. 사람들을 만나 이 문제를 이야기하면 할수록 나는 더 외로워졌다. 게다가 20대 대선을 치른 뒤에는 관료든 정치인이든 유력 인사를 만나 설득하려는 시도 자체가 헛되게 느껴졌다.

그 대신 혼자서라도 이 문제를 계속 공론화하면서 최대한 많은 대중의 지지를 모아야겠다고 마음을 바꿨다. 많은 사람의 공감을 통해 변화를 만들어 내는 것은 느려 보이지만 가장 확실한 길이라고 생각했기 때문이다. 그렇게 혼자 싸우고 있던 와중에 그 만남이 찾아왔다.

그는 나를 만나자마자 심리전이라는 단어를 꺼냈다. 이게 나에게는 매우 중요한 신호였다. 지금까지 수많은 정치인을 만났지만 심리전이라는 핵심 개념을 먼저 언급한 사람은 그가 처음이었다. 나는 마음을 열고 그동안 축적해 온 정보를 가능한 구체적으로 설명했다. 알고 보니 그는 이재명 대통령이 성남시장 시절부터 함께해 온 핵심 참모였고, 그 덕분에 외면받던 온라인 별동대 구상이 현실화될 수 있었다. 결국 이 변화는 조직 차원의 진전이 아니라 그 조직 안에 있던 대표 한 사람의 인식에서 비롯된 결과였다.

어쨌든 우리는 선거에서 이겼다. 기쁘다기보다는 우리 사회가 최악의 방향으로 흘러가지 않았다는 안도감이 더 컸다. 하지만 이건 끝이 아니다. 문제는 많고 과제는 여전히 무겁다.

3

아직 끝나지 않았다

이번 장에서는 두 번의 대선을 거치면서 그간 느끼고 생각한 바를 풀어보고자 한다.

이제 '졌잘싸'는 없어야 한다

앞으로 선거 제도가 어떻게 바뀔지 알 수 없지만 지금의 선거는 분명 승자독식 구조다. 아무리 근소한 차이라도 지면 아무것도 남지 않는다. 저들이 고작 0.78% 차이로 진 이재명을 제거하기 위해 어떤 짓을 저질렀는지 우리 모두 알고 있지 않나.

그래서 나는 앞으로는 제발 '졌잘싸(졌지만 잘 싸웠다)' 같은 말 좀 안 했으면 좋겠다. 스타크래프트로 비유하면 그간 저들이

한 짓은 '맵핵'을 켜고 게임을 한 것이나 다름없다. 여론조작·댓글 공작·불법 사찰 등 국가 공권력을 총동원한 정보기관의 정치 개입은 명백한 반칙이다. 여기에 국정원 특활비와 양우회·양지회 등 불투명한 자금이 들어간 정황까지 감안하면 상대는 'Show Me the Money[23]'까지 쓰고 싸운 판이었다. 게다가 우리는 4:4 팀플이라고 생각했지만, 정신 차리고 보니 각종 네트워크 조직에 의해 봉쇄·와해되어 1:7로 싸운 격이나 다름없다. 애초에 공정한 게임이 아니었다. 그렇다면 우리는 이런 비정상적인 판을 어떻게 대할 것인지 고민해야 한다. 승리에 대한 방법론을 떠나 큰 틀에서 취할 수 있는 자세는 크게 세 가지다.

첫 번째, 반칙에는 반칙으로

맵핵을 쓴 상대에게 나도 맵핵을 켜겠다는 태도다. 반칙으로 싸우는 상대에게 나도 반칙으로 맞서겠다는 입장이다.

두 번째, 반칙을 끊고 공정하게

상대의 반칙을 멈추게 하고 원칙을 지키는 게임으로 끌고 가겠다는 선택이다.

---

23 스타크래프트에서 무한으로 돈을 생성하는 치트키

세 번째, 나라도 당당하게

"나는 반칙하지 않았잖아. 최선을 다했으니 졌어도 괜찮아." 스스로에게 당당하다는 말로 패배를 포장하면서 정신 승리하는 태도다.

나는 정치도 이와 크게 다르지 않다고 생각한다. 민주당 지지자들 대부분은 1번과 2번 사이 어딘가에 있을 것이다. 그런데 실제 정치판에 들어와 보면 특히 진보 진영 내부에는 의외로 3번 태도를 고수하는 이들이 많다.

"졌지만 우리는 옳았고, 정정당당했잖아. 저들과 다르면 되는 거 아니야?"

예전에는 이 말에 설득력이 있었을지 몰라도 지금은 아니다. 윤석열이 등장했고 불과 3년 만에 내란이 일어났으며 나라가 망가졌다. 이런 상황에서 현실과 동떨어진 고상한 말만 반복하는 건 책임 회피일 뿐이다. 혼자만 합리적·이성적인 척하는 것은 정치가 아니라 자기기만이다.

물론 시민사회나 종교 영역이라면 도덕적 당위를 주장할 수 있다. 하지만 수권정당인 민주당에서 '졌잘싸'를 자기 위안으로 삼는 건 정치적 직무유기에 가깝다. 다행히 지난 3년 사이 이런 분위기는 많이 바뀌었다. 물론 "지더라도 정정당당하게"를 외치던 목소리는 여전히 존재하지만 민주당 내 주류를 차지하지는 못하고 있다. 내란 사태를 겪었고 총선을 거치면서 어느 정도 인적 교체가 이루어졌기 때문이다. 하지만 이런 무책임한 태도는 언제든 다시 고개를 들 수 있다. 그래서 지금 이 순간, 분명히 선을 그어야 한다. 졌잘싸는 끝났다. 앞으로는 반드시 이겨야만 한다. 법의 범위 안에서 모든 수단과 방법을 동원해 최선을 다해야 한다. 민주당은 스스로를 위로하는 정당이 아니라, 국민을 지켜내는 정당이어야 한다.

'청년을 공부한다'는 태도에 관하여

내가 계속 사이버 내란 문제를 물고 늘어지는 이유도 마찬가지다. 민주당이 패배하고 스스로 위안하는 모습을 두 번 다시 보고 싶지 않기 때문이다. 이 문제를 명확하게 해결하지 못하면, 다시 말해 사이버 내란 세력의 인맥·정보·자금 네트워크를 끊어내지 못하면 우리는 또다시 0.78% 혹은 그보다 더 적은 차이로 패배할 수도 있다. 그때 "이 문제만 해결했어도 우리가 이겼을 텐데…"라면서 후회한들 무슨 소용이 있겠는가.

그래서 나는 정권이 바뀌었음에도 여전히 불안하다. 특히 민주당 내부에서 이기면 모든 것이 끝났다고 생각하는 사람들을 많이 봤기 때문에 더더욱 그렇다. 하물며 여전히 부차적인 이슈로 취급받는 사이버 내란 문제라면 말할 것도 없다.

"결국 이겼잖아. 댓글 공작 같은 건 어차피 한 줌인데..."
"정권을 교체했으니 더 이상 공작을 못 하지 않겠어?"

이 말은 실제로 내가 문재인 정부 당시 당·정·청을 수없이 돌아다니면서 문제를 제기했을 때 가장 많이 들은 대답이었다. 그런 전례가 있기에 이 문제가 다시 묻힐까 두렵다. 사실 나는 그동안 당내에 이런저런 문제가 있어도 공개적인 비판을 자제해 왔다. 제 얼굴에 침 뱉는 격이기도 하고 언론이 민주당 내부자가 하는 민주당 비판이라면 늘 반기는 태도라 그들의 불순한 의도에 힘을 실어주고 싶진 않았기 때문이다. 그래서 내부 회의에서는 목소리를 높이더라도 최대한 밖으로는 드러내지 않으려 했다. 하지만 지난 6년간 나는 뼈저리게 깨달았다. 이 문제는 내부 설득만으로 절대 해결되지 않는다.

지난 총선 때도 그랬고 지금도 마찬가지다. 대부분의 민주당 정치인은 하나같이 "이재명을 지키겠다", "이재명 정부의 성공을 위해 최선을 다하겠다"라고 말한다. 그렇다면 더더욱 사이버 내란 문제를 이렇게까지 방치해선 안 된다.

의원이든 아니든 민주당 내에서 정치하는 사람이라면 그동안 이재명이라는 정치인이 얼마나 많은 수모를 겪으면서 여기까지 왔는지 모를 리 없다. 게다가 그 공격은 지금도 현재 진행형이다. 극우 유튜브 채널은 물론 나경원 같은 현역 정치인조차 드럼통을 운운하며 밈에 올라타 조롱을 쏟아낸다. 심지어 정치와 전혀 무관해 보이는 코인, 영화, 웹툰, 음악, 게임, 연예인 이슈에도 툭하면 이재명 조롱이 쏟아지는 와중에 왜 유독 민주당 정치인들은 이 문제를 가볍게 여기는가.

나는 문재인 정부 당시 민주당 총선기획단에 합류해 공천관리기획위원으로 활동한 경험이 있다. 그때 분위기도 지금과 크게 다르지 않았다. 공천을 바라던 수많은 정치인이 "문재인 정부를 지키겠다"며 나섰다. 하지만 실제로 보여준 모습은 문재인 대통령과 찍은 사진을 대문짝만하게 걸어두고 본인을 어필하는 게 전부였다. 나는 문재인을 지키겠다면서 친분만 과시하던 정치인들과 지금 이재명을 지키겠다며 말로만 외치는 정치인들이 과연 무슨 차이가 있는지 잘 모르겠다. 지키겠다는 의미가 실천이 아니라 고작 선언과 보여주기식 행보에 지나지 않는 것인지 그들에게 따져 묻고 싶다.

정말 이재명 정부의 성공을 원한다면 스스로 무엇을 할 수 있는지, '쏘리 재명'을 통해 민주당에 유입된 청년들이나 전국 곳곳의 당원들과 어떻게 소통할지 고민해야 한다. 그 고민의 결과물을 시민과 당원에게 설득력 있게 설명하고 행동으로 보여야 한다. 그런데 아이러니하게도 지금은 일부 현역 정치인보다 평당원이나 일반 시민이 훨씬 더 절박해 보인다. 이 사태에 진심으로 분노하는 이들은 이미 전장에 나설 준비를 마쳤다.

비유하자면, 나는 이들에게 무기와 총알을 공급해 주는 게 정치인들의 역할이라고 생각한다. 그 총알이 반드시 이성적이고 논리적일 필요는 없다. 중요한 건 싸울 수 있는 방법을 실용적이고 구체적으로 알려주는 일이다.

물론 지금 정부와 민주당이 추진하는 다른 정책들이 결코 가볍지 않다. 코스피 5,000 시대를 열겠다는 약속, 노동자 산재 사고를 줄이겠다는 약속, 경제 양극화를 완화하겠다는 약속, 해외 주요국과의 협상, 검찰·언론·사법 개혁, 내란 세력에 대한 확실한 처벌까지 모두 중요하다. 하지만 동시에 사이버 내란 문제 역시 이에 못지않게, 아니 그 이상으로 비중 있게 다뤄져야 한다. 이는 단순한 온라인 갈등이 아니라 민주주의와 국가 안보를 뒤흔드는 실질적 위협이기 때문이다.

2025년 7월, 손현보가 담임 목사로 있는 세계로교회 성경 캠프에서 한 초등학생이 이렇게 질문했다.

"원수를 사랑하라 했는데 김정은이나 이재명 같은 사람도 사랑해야 되나요?"

주변에서는 환호와 박수가 터져 나왔고, 김요환이라는 목사가 대답했다.

"이재명 대통령이 마귀에 조종당하고 있으니, 우리가 마귀를 내쫓아 줘야 합니다."

이게 지금 세계로교회뿐만 아니라 사랑제일교회, 통일교, 신천지 등 극우 사이비 종교 현장에서 벌어지고 있는 일이다. 이 문제를 방치한 채 10년, 20년 뒤 이 초등학생들이 아무런 사고의 전환 없이 성장한다면 어떤 일이 벌어질까? 그때도 "한 줌 세력일 뿐"이라며 외면할 것인가? 그들의 목소리가 다수를 차지하면 중도층을 고려해야 한다며 또 끌려다닐 것인가? 그 시점에는 지금과는 전혀 다른 정치인들이 등장해 전혀 다른 이슈를 놓고 이런저런 분석을 늘어놓을 것이다. 하지만 그때 벌어질 갈등의 뿌리는 지금 우리 눈앞에서 뿌려지고 있는 이 혐오의 씨앗이다. 이 씨앗이 싹을 틔우고 열매를 맺으면 얼마나 무서운 결과를 가져올지 지금이라도 직시해야 한다.

사이버 내란은 종교 문제, 청소년 문제에만 한정되지 않는다. 온·오프라인의 경계는 이미 무너졌고, 정치·경제·사회·문화·교육 등 우리 사회 전 영역에 깊숙이 침투해 있을 뿐 아니라 인간의 삶 자체와 얽혀 있다. 이들의 목표는 단순한 정치 공작이 아니다. 심리전·여론전·인지전을 통해 우리 국민의 세계관을 장악하는 것이다.

사실 이러한 시도는 낯설지 않다. 일제강점기 일본은 조선을 무력으로만 지배하지 않았다. 교과서와 신문, 종교와 언어, 심지어 생활양식까지 장악하며 조선인의 정신세계를 잠식했다. 이것이 바로 '문화 통치'라는 이름의 정신적 영토 침탈이었다. 직접적인 폭력보다 더 치명적인 것은 사람들이 스스로 왜곡된 사고방식과 정체성을 내면화하도록 만드는 일이었다. 지금 우리가 마주한 사이버 내란 역시 다르지 않다. 물리적 국경을 넘어 국민의 인식, 감정, 사고의 틀을 장악하려는 전방위적 시도라는 점에서 그렇다.

그렇기에 정치인이라면 누구나 자신이 속한 상임위에서 각자의 방식으로 사이버 내란 대응 전략을 고민하고 실천해야 한다. 그게 곧 이재명 정부의 성공을 뒷받침하는 길이자 동시에 대한민국의 민주주의를 지키는 길이다.

그런 점에서 나는 민주당 정치인들이 소프트웨어 업데이트하듯 꾸준히 이 문제를 공부하고 숙고하기를 바란다. 물론 이 싸움의 주요 전장은 10~20대를 둘러싸고 있지만 민주당 정치인 다수가 기성세대라는 이유만으로 이 문제에 둔감하다고 단정하고 싶지 않다.

실제로 이해찬 전 총리, 유시민 작가, 정준희 교수 같은 분들은 지금까지도 학습을 이어가며 깊이 있는 조언을 아끼지 않는다. 중요한 건 나이가 아니라 의지다. 정치인뿐 아니라 시민사회와 관료들 또한 이 문제를 고민하고 공부해야 한다. 왜냐하면 이 전쟁의 최종 타깃은 결국 청년·청소년 세대이기 때문이다.

가끔 보면 청년 문제를 피상적으로만 접근하면서 스스로 청년을 이해한다고 착각하는 정치인들이 있다. 예를 들어 '소확행'이라는 단어가 유행하면 "나 소확행 알아"라며 퀴즈 정답 맞히듯 대한다. 이를 근거로 마치 본인이 젊은 세대의 유행을 꿰뚫고 있다는 듯이 으스대고, 옆에서 측근들은 "와, 이런 것도 아세요"라면서 띄워주기 바쁘다.

정치를 하는 사람이라면 특정한 단어를 아는 데서 그칠 게 아니라 왜 청년 세대가 '소소하지만 확실한 행복'을 추구하게 됐는지 고민해야 한다. 바쁘고 경쟁적인 현대 사회, 불안한 미래 속에서 순간의 작은 확실함이라도 붙잡고 싶은 마음이 한때 유행했던 소확행의 핵심 배경이다. 즉 소확행은 단순한 유행어가 아니라 문화적 언어이자 청년 세대가 보내는 구조적 절망의 신호다. 이런 맥락들은 다 무시한 채 "나는 청년들의 신조어를 외운 깨어 있는 정치인이야"라며 스스로를 포장하는 건 한심한 일이다.

오늘날 청년·청소년들은 끊임없이 타깃이 되고 조작되는 심리전의 대상이자 실험군으로 살아가고 있다. 혐오가 알고리즘이 되고 조롱은 문화가 되며 여론이 통제되는 공간 속에서 이들은 방치되고 있다. 그러므로 청년을 위한다면 무엇보다도 '청년을 공부한다'는 태도로 돌아가야 한다. 그리고 그 공부의 핵심에는 반드시 사이버 내란이라는 구조적 문제가 포함되어야 한다. 이건 단순히 유행어를 외우는 트렌드 파악이 아니라 정보의 구조와 권력의 흐름을 읽어내는 훈련이다. 우리가 맞서 싸워야 할 전선은 지금 온라인과 오프라인을 동시에 관통하는 청년 세대의 삶 그 자체를 둘러싸고 있다.

4

다시 전장에 서다

그들은 과연 사라졌나?

일각에서는 "윤석열이 권력을 잃었으니 그 아래에서 사이버 내란을 일으킨 자들도 이미 퇴장했을 것"이라며 "이제는 해결된 문제"라고 주장한다. 이에 대해 몇 가지를 분명히 지적해야 한다.

첫 번째 – 죗값 없이 끝난 범죄는 반드시 반복된다

그들은 선거에서 졌다고 사라지지 않는다. 설령 일부가 공직에서 물러난다 하더라도 그들이 저지른 죄가 역사적으로 기록되지 않고 처벌받지 않는다면, 아무 일 없었던 것처럼 흐지부지 끝나버린다. 이명박과 윤석열의 사례가 보여주듯 저들의 패턴은 정권 교체 후 재집결이다. 문제를 매듭짓지 못하면 언제든 같은 방식으로 권력을 장악하려 들 것이다. 권력의 주변에서 잠복해 있던 세력은 항상 기회를 엿본다. 박근혜 탄핵 과정에서 국정 농단이 드러난 뒤에도 그들은 흩어진 듯 보였지만 결국 다시 모여들어 권력을 탈환했다. 이는 개인의 문제가 아니라 구조와 네트워크의 문제다. 검찰·언론·재벌·관변 단체가 얽혀 형성된 카르텔 세력들은 일시적 패배에 결코 흔들리지 않는다. 오히려 패배를 교훈 삼아 더 교묘한 방식으로 재등장한다.

역사적으로도 그랬다. 청산되지 않은 친일 반민족 행위는 권력의 일부로 부활했고, 단죄되지 않은 군사 쿠데타 세력은 다시금 권좌에 올랐다. 죄를 명백하게 기록하고 처벌하지 않으면 정치적 선택으로 미화되고, 그렇게 피해자는 잊히며 가해자는 훗날 공로자로 둔갑한다. 바로 그 순간부터 역사는 왜곡되고, 같은 비극이 반복될 토양이 마련된다. 따라서 정권 교체만으로는 부족하다. 반드시 책임을 묻고 제도를 개선해 기록으로 남기고 문화를 바꿔야 한다. 그래야만 다음 세대가 같은 오류를 되풀이하지 않는다.

두 번째 – 환경은 야당에 더 유리하다.

정치 환경과 미디어 구조 특히 유튜브 생태계는 야당에 더 유리하다. 여당일 때는 대통령을 방어하면서 정책도 추진해야 하기에 내부에서 우왕좌왕하거나 분열하기 쉽다. 정부의 성공을 위한 합리적인 비판과 언론의 주목을 위한 맹목적 비난이 뒤섞여 지지자들끼리의 혼란도 피하기 어렵다. 반면 야당일 때는 정부와 대통령, 여당을 거침없이 공격하기만 하면 손쉽게 주목을 받을 수 있다. 이러한 공격은 시간이 지날수록 점점 누적되어 여권의 손실로 이어진다.

실제로 "야당이 정치하기 더 쉽다"는 말을 아무렇지 않게 하는 민주당 정치인들조차 존재한다. 설령 그게 사실이라 해도 그걸 입 밖으로 내뱉는 건 다른 문제라고 생각한다. 사기의 측면에서 경솔하고, 의지의 측면에서 나약하다. 이런 안이한 인식은 상대의 유리한 환경을 더욱 공고하게 만들 뿐이다. 결국 밖이 아니라 안에서부터 무너질 수 있다.

게다가 오늘날의 미디어 환경은 단순히 야당에 유리한 수준을 넘어 '알고리즘 프리미엄'을 낳는다. 자극적이고 공격적인 메시지가 조회수와 광고 수익으로 직결되는 구조에서 야당의 비난은 손쉽게 증폭되고 확산된다.

민주당 내부에서 이를 가볍게 여기면 상대는 언제든 온라인 여론전과 심리전을 결합해 지속적으로 데미지를 축적하다가 결정적 순간에 돌이킬 수 없는 타격을 가할 수 있다. 싸움의 본질은 단순한 정권 경쟁이 아니라 왜곡된 구조를 어떻게 뒤집고 무너진 균형을 회복할 것인가에 달려 있다.

여기에 더해 알고리즘 프리미엄은 단순한 정치적 편향이 아니라 국가 안보의 문제로 이어진다. 국정원 출신 기획자들과 극우 유튜브 네트워크, 커뮤니티 기반 혐오 장사꾼들은 이 구조를 교묘하게 활용해 사이버 내란을 벌여왔다. 온라인에서 형성된 왜곡된 여론은 곧 오프라인 정치와 선거에 직결되며 민주주의의 근간을 흔드는 무기가 된다. 그렇기에 지금 필요한 것은 이들을 떠받치는 알고리즘 구조와 자금 흐름, 핵심 네트워크를 끊고 책임을 묻는 일이다. 그렇지 않으면 그들은 존재 자체로 민주주의의 약점을 파고드는 위험 요소로 남을 것이다.

세 번째 – 단지 방어가 아니라 공세의 기회이기도 하다.

이 문제를 정면으로 파고들면 국민의힘의 실체, 곧 '내란 정당'의 민낯을 국민 앞에 낱낱이 드러낼 수 있다.

20대 대선 당시 활동했던 특전사 단톡방은 대선 직후 '새미준(새로운 미래를 준비하는 모임)'이라는 서포터즈 조직으로 재편되었다. 2022년 12월 14일, 63빌딩에서 열린 새미준 발대식에는 권성동, 나경원, 강승규 등 국민의힘 핵심 인사들이 총출동했다. 정권 실세들이 이 조직의 중앙회장 이영수에게 줄을 선 셈이다.

이영수는 단순한 정치인이 아니다. 그는 2007년 이명박 캠프를 시작으로 2012년 박근혜, 2017년 홍준표, 2022년에는 윤석열 캠프에서까지 연이어 조직본부장을 맡아온 인물이다. 국민의힘 계열 정권에서 그림자 실세라 불릴 만큼 막후 권력의 핵심이었다.

그가 맡은 역할은 분명하다. 윤석열 정부를 찬양하고 띄워주는 동시에 이명박이 노무현에게 했던 것처럼 이재명을 악마화하며 권위를 훼손하고, 주변 사람을 떠나게 하고, 고립시키는 공작을 지휘했다. 여기에 검찰을 비롯한 국가 권력이 합세했다. 그런 점에서 지금 우리가 이재명 정부를 맞이한 건 기적에 가까운 일이다.

새미준은 12·3 내란 당시에도 "계엄을 전폭 지지한다", "윤석열 만세", "가짜 국회 해산" 등의 메시지를 쏟아냈다. 선관위 침탈이 알려진 이후에는 카카오톡 방을 중심으로 "계엄군이 선관위 서버 확보해 분석 중이다", "선거관리 시스템이 중국 화웨이 제품이다", "부정선거 증거를 잡았다"와 같은 허위 기사 링크를 사방에 공유했다. 이 조직은 자발적인 민간 단체가 아니라 윤석열 정부와 국민의힘에 직결된 조직이나 마찬가지다.

인물 간 연결 고리는 더욱 노골적이다. 뉴스타파 『'명태균-이영수' 미팅 주선자, '건진법사' 카톡에 등장』[24] 보도에 따르면 이영수는 명태균을 캠프에서 만났고, 그 둘의 만남을 주선한 인물이 전성배(건진) 네트워크본부의 뉴미디어 팀장 임모 씨다. 임

팀장-명태균-이영수-건진으로 이어지는 이 고리는 사이버 내란 공작이 정치권부터 관변 조직까지 종횡으로 얽힌 연결망 위에서 작동했음을 보여준다.

게다가 이영수는 신천지 탈퇴자 관리 논란으로, 건진은 통일교와 김건희·친윤 권성동 연루 의혹으로 각각 주목을 받았다. 두 사람은 선거 당시 각자의 본부를 맡아 최소 '투 트랙'으로 여론조작을 지휘했다. 그리고 이영수-신천지, 건진-통일교-김건희-권성동으로 이어지는 라인은 윤석열 정부가 사이비 종교 세력과도 결탁했음을 적나라하게 드러내는 증거망이다.

이 모든 사실은 단지 도의적 책임으로 끝날 문제가 아니다. 윤석열이 공직선거법 위반으로 벌금 100만 원 이상을 받아 당선무효형이 확정되면 국민의힘은 보전받은 선거비용과 후보 기탁금 등 총 397억 원을 전액 반환해야 한다. 국민의힘이 이 문제를 덮기 위해 조직적으로 움직이는 이유가 여기에 있다.

따라서 내란 우두머리 윤석열이 사형을 받든 무기징역을 받든 그 개인의 처벌로만 끝내서는 안 된다. 이 사안은 국민의힘이라는 정당 전체를 단죄할 수 있는 결정적 기회이기 때문이다. 또 하나, 국민의힘은 정권을 쥐었을 때조차 조직을 가동해 공작을 이어갔다. 그런 집단이 정권을 빼앗긴 지금, 과연 어떤 방식으로 얼마나 절박하게 움직일지는 충분히 예상할 수 있다.

이재명 정부가 탄생했으니 알아서 해결될 거라고 외면한다면 그야말로 가장 위험한 착각이다.

왜 민주당은 국민의힘처럼 하지 못할까?

마지막으로 두 번의 대선을 경험하면서 내가 느낀 민주당과 국민의힘의 본질적 차이에 관해 짚고 싶다. 국민의힘이 그동안 여론을 조작하고 정보를 유통하는 데 활용했던 주요 기반은 국정원, 군 정보기관, 극우 관변단체, 사이비 종교였다. 이들의 공통점은 폐쇄적이고 수직적인 구조다. 상명하복이 철저히 일상화되어 있어 상부의 명령이 떨어지면 개인의 판단은 사실상 존재하지 않는다. 예컨대 신남성연대의 배인규가 "좋아요 눌러" 혹은 "여기 댓글 남겨"라고 지시하면 수천 명이 동시에 움직인다. 명령은 빠르고 실행은 기계적이다.

반면 민주당 진영은 다르다. 대응을 위한 지역 중심 카카오톡 방이 만들어져도 그 안에서 "이 방향이 맞는가, 당위적으로 옳은가"를 두고 토론과 의심, 질문과 반론이 끊임없이 이어진다. 구조는 수평적이고, 구성원들의 자아는 강하며, 다양성은 존중된다. 저쪽이 손가락을 움직이는 법을 가르칠 때 우리는 손가락을 움직이는 게 옳은 일인지를 고민한다.

그렇다고 이게 나쁘냐고 묻는다면 당연히 그렇지 않다. 이게 민주당의 힘이고 민주주의가 작동하는 방식이다. 하지만 속도감 있는 대응이 요구되는 순간에는 딜레마가 된다. 특히 수직적이고 폐쇄적인 집단이 화력을 집중해 사이버상 총력전을 펼칠 때 민주적 집단은 가장 취약해질 수밖에 없다.

그런 점에서 대선과 같은 특수한 순간 혹은 민주주의를 파괴하려는 세력이 등장했을 땐 민주당도 결단과 집중을 실현할 수 있어야 한다. 물론 하루아침에 갑자기 바뀔 수 있는 문제는 아니다. 정치인들은 물론 교육자와 철학자, 나처럼 필드에서 싸우는 사람들까지 치열하게 고민해야 할 지점이다. 그러나 고민만 하다가는 아무것도 이뤄내지 못 한다. 그럴 바엔 차라리 욕을 먹더라도 고민하는 시간에 싸우겠다는 게 내 입장이다.

일각에서는 나에게 "너무 진영 논리에 빠진 것 아니냐", "한쪽 편만 드는 게 아니냐"는 비판을 하기도 한다. 나는 그런 비판을 기꺼이 감내한다. 현재 대한민국에서 보수를 자처하는 세력들의 행태는 정상적인 정치의 범주를 벗어나 있기 때문이다. 그들은 친일 매국 논리를 확산시키고, 정보기관을 동원해 은밀한 공작을 벌이며, 사이비 종교 세력과 결탁해 반민주적 권력을 유지하는 비상식적 놀음을 계속해 왔다. 이 구조를 끝내는 것이야말로 민주주의를 지키는 최소한의 책무다.

그래서 나는 진영 논리라는 비난이 두렵지 않다. "진영 논리가 왜 나쁜가. 진영 논리에 빠져서는 안 된다는 주장 자체가 진영 논리"라는 유시민 작가의 주장에 전적으로 공감한다. 시민은 각자의 진영을 택해 목소리를 내면 된다. 문제는 시민이 아니라 언론이다. 유시민 작가는 "언론 대부분이 특정 진영에 속해 있으면서 시민들에게 '진영 논리에 빠지지 말라'고 하는 것만큼 멍청한 말은 없다"라고 지적했다. 바로 그 지점이 핵심이다. 객관을 가장한 왜곡된 중립이야말로 민주주의를 병들게 한다.

나는 보여주기식 중립보다 민주주의를 지키는 실질적 보탬의 길을 선택했다. 진영 논리를 벗어난 합리적이고 이상적인 정치는 현재 극우 세력들을 둘러싼 비정상을 걷어낸 이후에나 가능하다. 공정은 허공에 외쳐서 생기지 않는다. 사이비와 권력의 부당한 결탁을 끊고, 조작된 여론을 무너뜨리고, 국정원의 망령을 몰아내야 한다.

국민의힘 정치인들은 여전히 "국민 통합"을 운운하며 "윤석열 어게인"을 외친다. 전한길 같은 인물은 국민의힘 당 대표와 최고위원 선거에까지 영향력을 행사하고 있다. 우리가 상대해야 할 세력은 바로 이런 사람들이다. 그 실체를 똑똑히 새긴 채 결코 흔들리지 않기로 다짐한다. 나는 마음을 다잡고, 다시 전장에 선다.

6부.

사이버 내란의 종식을 위하여

1

뉴미디어 시대의 열 가지 특징

지금까지 살펴본 바와 같이 사이버 내란은 민주주의와 인권, 시민권 전반에 걸친 중대한 위협이다. 이제는 분노와 비판을 넘어 우리 사회의 핵심 가치를 지켜내기 위한 구체적인 실천적 방법론이 필요한 시점이다. 6부에서는 시민 개개인이 이 문제에 대응할 수 있는 방법부터 정치권과 시민사회 그리고 교육계가 함께 정비해야 할 제도적 기반까지 폭넓게 살펴보고자 한다.

사이버 내란 문제에 공감한다면 먼저 인정해야 할 전제가 있다. 우리는 사이버 내란을 일으키는 세력처럼 위계적이고 중앙집중적인 방식으로 이 전투에 임할 수 없다. 누군가가 "너는 이거 해", "너는 저거 해"라고 지시하고 이를 충실히 수행하는 방식은 민주 진영의 문화와도 맞지 않고 현실적으로도 작동하지 않는다.

그래서 핵심은 책이든 유튜브든 SNS든 가능한 모든 경로를 통해 이 싸움의 다양한 방식을 널리 유통하는 것이다. 그러다 우리의 메시지가 또 다른 누군가에게 특별한 의미로 닿는다면, 각자가 이를 해석하고 강화하며 자신만의 싸움으로 전환할 수 있다. 이것이야말로 개인 차원에서 할 수 있는 가장 현실적이고 지속 가능한 방식이라고 판단한다. 그러기 위해서는 뉴미디어 시대의 정보 환경을 이해하고, 달라진 환경에서 벌어지는 일과 대응 방안을 구체적으로 알아야 한다.

1. '세 줄 요약'은 필수

오늘날의 10대와 20대는 스마트폰을 쥐고 태어난 세대다. 이들의 인지 구조와 문화적 습관은 기성세대와 근본적으로 다르다. 기성세대는 종종 "요즘 애들은 책을 안 읽어서 문제"라고 말한다. 독서를 통해 사고력과 학습 능력을 키우는 게 바람직하다는 데 이견은 없다. 그러나 그 자체로는 현실적인 해법이 될 수 없다. 흥미로운 정보들이 무한히 쏟아지고 시선을 끌어 주의를 빼앗고 점유율을 확보하는 시대에 독서를 강조한다고 문제가 해결진 않는다.

이 세대는 숏폼 콘텐츠와 디지털 밈, 커뮤니티 중심의 소비에 익숙하다. 이른바 '세 줄 요약'은 단순한 유행이 아니라 이들의 사고 방식을 반영하는 체계다. 결론부터 말하고 핵심만 추려내야 그나마 메시지가 전달된다. 그렇기에 온라인에서 청년·청소년 세대를 상대로 메시지를 전달할 때는 최대한 간결하고 명확한 표현이 필수다.

문제는 이런 압축적 소통에 익숙해지다 보면 논리적 정합성과 깊이를 담보하기 어려워진다는 데 있다. 예컨대 극우 진영에서 "이재명 구속", "민주당 부정선거", "좌파 척결" 같은 단순하지만 자극적인 메시지를 무한 반복하면, 우리는 이를 반박하기 위해 방대한 설명과 근거를 제시해야 한다. 그러나 길고 복잡한 글은 소비되지 않는다. 같은 진영 내부에서조차 소통의 문턱이 높아지고 논쟁의 주도권은 상대에게 넘어간다.

더구나 이들은 불리한 상황일수록 손쉬운 물타기 전략을 구사한다. '국민의힘이나 민주당이나 똑같다'는 식의 반반 구도를 강제로 만들어 내며 정치 전체에 대한 냉소와 불신을 퍼뜨리는 식이다. 이런 전략은 복잡한 사실관계를 확인하기 어려운 온라인 환경에서 특히 유효할 뿐 아니라 본질을 희석시키고 방향을 모호하게 만든다. 그 결과 구체적 근거로 반박하는 쪽이 오히려 방어 국면으로 밀리고 담론의 무게중심은 자연스럽게 상대에게 넘어간다. 상대가 단순 구호와 물타기로 판을 흔드는 상황에서 우리가 길고 복잡한 설명만 늘어놓는다면, 싸움의 규칙 자체가 상대에게 유리하게 고정되고 만다.

단순화된 정치 언어에 대응하면서 메시지의 깊이와 전략을 유지할 수 있는 새로운 소통 방식이 필요하다. 특히 대중 정치인은 SNS에 설득용 글을 올릴 때 언론 인용을 염두에 두고, 한 줄 제목과 핵심 요약을 함께 배치해야 한다. 이런 작은 노력이 메시지 확산력과 파급력을 극대화한다.

다만 세 줄 요약이라고 해서 단순히 문장을 짧게 줄이고 쉽게만 쓰라는 뜻은 아니다. 핵심 메시지를 압축하는 과정에서 반드시 의제 설정이 함께 이루어져야 한다. 예를 들어 부정선거를 반박할 때 단순히 "부정선거는 사실이 아니다"라고 말하는 건 효과적이지 않다. 대신 "민주주의 파괴 작업", "국민 투표권을 훼손하는 선동"처럼 주도권을 되찾는 언어로 재구성해야 한다.

또 하나 중요한 점은 반복성이다. 극우 진영의 메시지가 강력한 이유는 내용이 옳아서가 아니라 지겹도록 반복되기 때문이다. 처음부터 맹신하는 사람들도 있지만 대부분 초반에는 의심하다가도 어느 순간 스며들게 된다. 온라인에서 대대적인 물량 공세를 퍼붓는 이유도 여기에 있다. 우리가 비웃는 사이에 많은 이들이 스며들고 있다.

민주 진영도 논리와 근거를 담은 핵심 문장을 단순하고 반복적으로 노출시키는 전략이 필요하다. 정치인뿐 아니라 시민들도 혐오에 맞서는 광범위한 네트워크를 구축하고, 동시다발적 확산 구조를 만들어야 한다. 물론 다수의 좌표 찍기, 물량 공세, 멘탈 흔들기를 위한 의도적인 도발과 조롱에 개개인이 맞서는 데는 분명한 한계가 있다. 그렇기에 플랫폼의 방치와 책임 회피를 겨냥한 제도적 대응과 집단적 협력이 병행되어야 한다.

결론적으로 세 줄 요약과 긴 글은 대립 관계가 아닌 상호 보완 관계여야 한다. 짧은 메시지로 관심을 끌고 이후 깊이 있는 콘텐츠로 이끄는 구조를 꾸준히 설계해야 한다. 짧은 문장이 전투의 전단이라면, 긴 글은 사유와 설득의 교본이 되는 셈이다. 두 가지가 함께 움직일 때 비로소 메시지는 힘을 가진다. 이 과정을 체계화하면 단발성 홍보가 아닌 지속 가능한 정치 커뮤니케이션으로 전환할 수 있다.

2. 알고리즘과 기술은 무기가 된다

두 번째 특징은 알고리즘 기반의 정보 추천에 익숙해졌다는 점이다. 많은 이들이 스스로 정보를 선택한다고 믿지만 실제로는 알고리즘이 제공하는 콘텐츠를 소비하는 경우가 대부분이다. 여기에는 두 가지 중요한 개념이 있다. 이미 전 세계적으로 일상화된 필터 버블Filter Bubble[25] 과 에코 챔버Echo Chamber[26] 현상이다. 이 과정에서 다른 의견을 접할 기회는 줄어들고 받아들일 가능성도

---

25 인터넷 정보제공자가 이용자에게 맞춰 필터링한 정보만 이용자에게 도달하는 현상
26 비슷한 생각을 가진 사람들이 함께 모여 있으면 그들의 사고방식이 돌고 돌면서 신념과 믿음이 증폭되고 강화되는 효과. 인터넷 환경에서는 알고리즘으로 인해 '보고 싶은 것만 보고, 듣고 싶은 것만 듣는' 경향이 강화되면서 현실의 다양성과 진실로부터 점점 멀어지는 현상을 말한다.

현저히 낮아진다.

실제로 유튜브 추천 알고리즘이 혐오 콘텐츠를 확산시킨 사례는 국내외에서도 이미 여러 차례 보고됐다. 미국에서는 2016년 대선을 전후해 보수 성향 유권자들이 트럼프 지지 채널을 한두 번 시청한 뒤부터, 유튜브가 자동으로 극단주의 채널과 음모론 콘텐츠를 연속 추천하는 현상이 광범위하게 확인됐다. 브라질에서도 대선 기간에 극우 후보 자이르 보우소나루를 지지하는 영상과 가짜뉴스가 알고리즘을 타고 급속도로 확산됐다.

한국 역시 예외가 아니다. 페미니즘 비판이나 군가산점제 같은 키워드를 한두 번 검색하면, 곧바로 2030 남성의 분노를 자극하는 각종 혐오 밈이나 정치적 왜곡이 심한 영상들이 연달아 노출된다. 그 과정에서 이용자는 특정한 세계관 안에 갇히게 되고 다른 시각이나 사실 검증이 필요한 정보에는 접근조차 하지 못하게 된다.

이러한 구조적 취약성은 결코 새로운 것이 아니다. 이미 2007년 대선 당시 한나라당 이명박 후보 캠프의 사이버팀은 매크로 프로그램을 이용해 수백 개의 아이디로 댓글과 검색어를 조작했다. BBK 논란 같은 부정적 기사를 밀어내기 위해 동일 문구의 댓글을 반복적으로 달고 공감 수를 인위적으로 높였다. 이는 정당 차원에서 공론장을 기술적으로 왜곡한 초기 사례였고, 훗날 드루킹 사건보다 훨씬 앞서 조직적 디지털 공작이 시작됐음을 보여준다.

이후 2010년대에는 플랫폼 알고리즘이 그 자리를 대신했다. 자동 입력 프로그램이 아니라 플랫폼 자체가 이용자의 관심과 분노를 증폭시키는 구조가 된 것이다.

그리고 지금은 한 단계 더 나아가 AI 기반 여론조작의 시대가 열렸다. 유튜브·트위터·숏츠 등에서 봇이 조회수와 좋아요를 인위적으로 조작하고, 챗GPT 문체가 묻어나는 댓글을 대량으로 퍼뜨리는 사례가 늘고 있다. 디시인사이드에선 아예 'AI 디시봇'을 실험하며 갤러리별 게시물과 댓글을 학습한 뒤 실제 이용자처럼 댓글을 작성하게 했다. 이런 흐름이 확산되면 커뮤니티는 더 이상 사람들이 모여 대화하는 공간이 아니라 AI 계정이 만든 가짜 다수가 지배하는 공간으로 변질될 위험에 직면한다.

이는 단순한 온라인 질서의 문제가 아니다. 댓글과 게시물 상당수가 인간이 아닌 AI가 만든 것일 수 있다는 사실 자체가 사회적 신뢰의 기반을 무너뜨리고 민주주의의 핵심인 자유로운 여론 형성을 왜곡한다. 사람들은 다수 의견을 보면 안심하거나, 소수라고 느끼면 침묵하는 경향이 있다. AI를 활용해 이 심리를 정교하게 파고들면 민주주의 전체를 흔들 수 있다.

과거 매크로 시절에는 기계적 언어 때문에 금방 눈치챌 수 있었지만 이제는 분노·유머·설득까지 자연스럽게 구현된다. 앞으로는 텍스트를 넘어 실시간 대화형 AI, 음성·영상까지 동원되면 진짜와 가짜를 구분하기조차 어려워질 것이다.

따라서 알고리즘과 AI를 단순한 기술 문제가 아니라 민주주의의 생존 문제로 인식해야 한다. 기술 발전을 막을 수는 없지만 플랫폼의 탐지, 투명성 강화, AI 생성물 표기 의무화, 규제 장치 마련이 시급하다. 동시에 시민 개개인은 '이 뉴스와 댓글이 정말 사람의 것일까?'라는 의심을 잃지 않고 비판적 사고와 검증 태도를 습관화해야 한다.

이미 오늘날에도 특정 정치인을 음해하는 영상이 커뮤니티와 SNS에서 동시다발적으로 확산되고 이를 본 이용자의 반응이 다시 알고리즘에 반영된다. 이렇게 개인의 의식적 선택과 무관하게 플랫폼이 치밀하게 설계한 구조 속에서 무의식적 소비가 반복되고 있다.

전 세계가 이미 이 환경에 깊숙이 적응한 만큼 기술이나 알고리즘 자체를 전부 부정하는 것은 비현실적이다. 따라서 이를 하나의 상수로 전제하고 제도적 장치를 통해 그 투명성과 책임을 확보해야 한다. 동시에 콘텐츠 생산자라면 알고리즘을 활용할 수 있는 역량을 갖추어야 한다.

3. 다양한 뉴미디어에 대한 감각

현재는 뉴미디어와 레거시 미디어가 병존하는 과도기다. 기존 언론이 여전히 일정한 영향력을 유지하고 있지만 뉴미디어의 힘은 이미 20여 년 전부터 커지기 시작해 지금은 레거시 미디어를 압도하는 수준에 이르렀다. 이러한 변화의 흐름을 일찍부터 포착한 쪽이 이명박 정부였다. 극우 세력들은 게임·유머·성인 콘텐츠를 매개로 1020 세대를 겨냥한 심리전 공작을 본격화했다. 그 결과 당시 청소년이었던 지금의 30대 남성들뿐 아니라 이 흐름에 새로 합류한 10·20대까지도 온라인 커뮤니티와 인터넷 방송 플랫폼을 통해 세상을 바라보고 유사한 성향의 정보를 반복적으로 소비하며 특정한 세계관을 형성하게 되었다.

여기서 중요한 것은 콘텐츠가 스며드는 방식이다. 이미 정치적 성향이 드러난 인물이 아무리 정보를 전해도 정치 무관심층, 스스로를 중도라 여기는 이들을 단기간에 설득하기는 어렵다. 이 현실을 알기에 극우 진영은 비정치적 인플루언서들과의 접점을 활용한다. 겉으로는 정치와 무관한 듯하지만 가치와 메시지를 은근히 배치하면서 구독자 정서를 고려해 밈 문화에 올라타는 식이다. 이렇게 소규모 국지전을 전개하듯 한두 개의 의도된 메시지를 끼워 넣어 민주·진보 진영을 위선적이고 우스꽝스럽다는 이미지로 포장한다. 처음에는 특정 발언에 거부감을 보이던 이들도 반복 노출 속에서 점차 저항감을 잃고 결국 확신으로 굳어진다. 이런 정보 소비 습관은 단순한 취향의 문제가 아니라 인식 틀 자체를 바꿔놓았고 지금은 AI와 매크로를 활용한 여론전이 일상이 되면서 정치적 지형까지 뒤흔들고 있다.

청소년 자녀가 있는 부모는 물론 정치에 관심 있는 시민이라면 정보가 어떻게 유통되고 어떤 흐름으로 트렌드가 형성되며 왜 특정 콘텐츠에 몰입하게 되는지를 이해하는 과정이 필요하다. 이런 이해를 바탕으로 바뀐 현실을 직시하고, 열린 마음으로 이들과 대화하려는 자세가 필요하다. 안타깝게도 대부분의 기성세대는 이런 플랫폼을 유해하다고만 여긴다. 그러니 청소년이나 2030 세대와는 대화조차 시작하기 어렵다. 이 악순환은 세대 간 단절을 고착시켜 시민적 대화를 사실상 불가능하게 만든다. 그들의 공간을 외면하지 말고 이해하며 학습할 필요가 있다. 이런 노력을 통해 우리는 연결을 다시 설계해야 한다.

4. 자유와 규제, 그 사이의 균형

국가적 차원에서 보면 지금껏 게임, 유머, 성인 콘텐츠 등은 기본적으로 규제 대상이 되어 왔다. 청소년들은 이를 억압으로 받아들이며 점차 검열에 대한 반감을 키워왔다. 그 결과 오히려 자유를 외치는 윤석열이나 이준석에게 환상을 품게 된다. 이 또한 단순한 선호 문제가 아니라 프레임 싸움이다.

진보 정권은 조이고, 보수 정권은 풀어준다는 인식이 고착되면 규제 논의 자체가 불리한 전장에서 시작된다. 자칫하면 시작부터 지는 게임이 될 수 있다. 내가 대선 당시 민주당 게임특위에서 활동하며 이재명 후보의 공약인 게임물관리위원회(게관위) 폐지에 크게 공감하고 적극적으로 알린 것도 같은 이유다. 이제는 민주당 내부에서도 콘텐츠 규제에 대한 기존 인식을 전면적으로 재검토해야 한다.

인간의 욕망 자체를 억압하는 방식이 아니라 이 욕망을 어디서부터 어디까지 사회적으로 수용할지 논의하고 조율하는 방식으로 전환해야 한다. 지금 세대의 여론 지형은 하루가 다르게 변한다. 민주당이 이 변화에 뒤처진다면 미래 세대의 정치적 기반은 순식간에 다른 진영으로 넘어갈 수 있다.

물론 현실적인 문제를 외면한 채 모든 규제를 한 번에 풀자는 주장은 아니다. 게임에서는 혐오 닉네임·채팅창 패드립과 고의 트롤링 문제, 유머 콘텐츠는 혐오 확산, 성인 콘텐츠는 N번방 사건 같은 심각한 범죄로 이어질 수 있다. 이런 부작용을 최소화할 현실적·기술적 장치들까지 함께 논의해야 한다. 규제냐 완화냐 하는 이분법을 넘어 어떻게 하면 자유와 안전을 동시에 보장할 수 있을지에 대한 사회적 합의가 필요하다. 과도한 규제는 완화하되 자유라는 프레임으로 여론을 호도하며 영향력을 넓혀 온 세력을 방치해서도 안 된다. 핵심은 규제 만능주의가 아니라 균형이다.

같은 맥락에서 고민해야 할 또 하나의 매개가 SNS다. 우리는 지금 탈진실post-truth의 시대에 살고 있다. 사실보다 감정이 우선하고, 데이터보다 프레임이 더 큰 힘을 발휘한다. 확증편향, 인지부조화, 집단동조 같은 심리 메커니즘은 이미 일상화되었고 SNS 환경은 이를 더욱 극대화한다. 전 세계적으로 이미 10대 여학생의 우울증과 극단적 선택이 급증했으며, 전문가들은 주요 원인 중 하나로 SNS 사용을 지목한다. '좋아요'와 '팔로워' 숫자가 자존감의 기준이 되는 시대에 이를 단순한 개인의 멘탈 문제로 치부하는 건 위험하다.

이 문제는 세계 각국에서 이미 주요한 정치·사회 의제로 떠올랐다. 호주는 세계 최초로 16세 미만 청소년의 SNS 사용 전면 금지 법안을 통과시켰고, 뉴질랜드도 유사한 법안을 검토 중이다. 프랑스는 EU 차원의 논의가 없을 경우 독자적으로 추진하겠다고 밝혔다. 미국 일부 주(유타, 아칸소, 오하이오, 미네소타, 코네티컷 등)는 지역 단위에서 이미 규제를 시행하거나 추진 중이다. 이처럼 SNS 문제는 더 이상 특정 국가만의 현상이 아니라 전 세계적 규제·정책 논쟁으로 확산되고 있다.

이 문제에 찬성하든 반대하든 한국 역시 이런 흐름에서 벗어날 수는 없다. 글로벌 빅테크 기업의 서비스 정책은 국경을 초월해 작동하고, OECD와 EU가 추진 중인 플랫폼 책임 가이드라인은 한국 플랫폼과 사용자 환경에도 직접적인 영향을 미친다. 머지않아 정치권과 교육계를 중심으로 치열한 논쟁이 벌어질 것이므로 지금부터 빠르게 대응 전략을 마련해야 한다.

강조했듯이 나는 규제만으로는 문제를 해결할 수 없다고 생각한다. 자유와 규제의 균형이 필수다. 예를 들어 게관위 폐지나 셧다운제 철폐가 게임 유저에게 '당근'이었다면, 온라인 커뮤니티에 대한 법적 대응이나 책임 강화, SNS 사용 규제는 '채찍'이 될 수 있다. 지금은 이 당근과 채찍의 비율을 정교하게 조율해야 할 시점이다.

이 과정에서 민주 진영은 규제 논쟁의 프레임을 표현의 자유 제한이 아니라 청소년 보호와 민주적 정보 환경 조성으로 설정해야 한다. 극우 진영이 자유라는 단어를 독점하지 못하도록 필요한 규제를 모두의 자유를 위한 안전장치로 재정의하는 작업이 필요하다. 이를테면 "자유로운 SNS 환경을 위해서는 가짜뉴스와 혐오 콘텐츠가 발붙이지 못하게 해야 한다"는 식의 접근이 유효하다.

나아가 규제 논의를 단순히 법률 조항 개정 수준에서 끝내는 게 아니라 교육 활성화·플랫폼 책임 강화·기술적 필터링 기능·심리 상담 등 사회적 인프라 구축과 연계해야 한다. 이렇게 접근해야 규제 반대론자들에게도 "통제나 검열이 아닌 사회 전체의 안전망 강화"라는 설득 포인트를 제공할 수 있다.

5. 공작은 멈추지 않는다

정치 공작은 선거 때만 벌어지는 것이 아니다. 온라인 공론장은 365일 24시간 끊임없이 작동하는 전장이다. 선거 기간을 '전시', 그 외의 시기를 '평시'라고 구분한다면, 전시에는 수많은 메시지를 동시다발적으로 퍼뜨리는 메시지 폭격이 사용된다. 반면 평시에는 주로 정치와 무관해 보이는 분야를 매개로 특정 이슈를 꾸준히 노출시키고 때때로 이를 정치권이 받아 확산시키는 영향력 공작Influence Operation[27]이 전개된다.

이러한 전략은 군사·심리전 관점에서 전시 이전에 상대 진영의 기반·정서·인지 구조를 서서히 바꿔놓는 장기전에 가깝다. 이는 곧 인지전의 사전 침투 단계에 속한다. 핵심은 선거 직전에 갑자기 메시지를 주입하는 것이 아니라 평시부터 특정 감정과 연상을 기본값으로 만들어 놓는 치밀한 과정이다. 여기서 자주 쓰이는 기법이 바로 서사 심기다. 장기적으로 활용할 정치·사회 서사를 미리 뿌려놓아 향후 선거 기간에 즉시 수확할 수 있도록 만드는 전략이다.

이러한 서사 심기는 실제 생활 속 무해해 보이는 영역에서 더욱 효과적으로 작동한다. 실전으로 대입해 보면 이렇다. 선거철이 아닌 평소에는 게임, 웹툰, 유머, 일상 커뮤니티에서 586세대, 페미니즘, 중국, 북한 등에 대한 반감을 은근히 키우는 콘텐츠를 반복 노출한다. 이때 콘텐츠의 진실 여부는 전혀 중요하지 않다. 애초에 목표는 팩트 검증을 통한 논쟁이 아니라 대중의 감정

---

27 국제 안보·정보 분야에서 널리 통용되는 개념으로, 특정 집단·국가·정치 세력이 정보의 생산·유통·해석 구조를 의도적으로 설계해 대중의 인식·정서·행동에 장기적 변화를 일으키는 전략적 활동. 반드시 허위 정보(Disinformation)만 사용하는 것은 아니며, 사실과 의견, 문화 콘텐츠 등을 혼합해 설득과 조작을 병행한다는 특징이 있다.

구조를 장기적으로 조율하고 특정 서사 틀 안에 가두는 것이기 때문이다. 따라서 사안의 경중이나 우선순위를 따지는 팩트 논쟁은 사실상 무의미하다. 남는 것은 깊어지는 감정의 골과 증폭되는 사회적 분열뿐이다.

이를 위해 유명 웹툰 작품 속 캐릭터 이름까지 왜곡해 정치인과 특정 지역을 조롱하는 밈으로 소비하는 경우도 있다. 청소년들은 이를 단순히 웃긴 별명으로 받아들이지만, 실제로는 정치적 혐오를 놀이처럼 내면화하는 효과가 발생한다. 유튜브 쇼츠와 틱톡 댓글에서도 "라도인가요?", "7시 지역" 같은 지역 비하 표현이 영상 내용과 무관하게 도배되며, 혐오가 마치 밈처럼 즐길 거리로 소비된다. 이처럼 직접적인 정치 구호 대신 밈, 유머, 생활형 대화 등의 문화 콘텐츠 속에 정치적 함의를 은밀히 심는다. 이렇게 형성된 감정 편향은 반복 노출과 사회적 동조 과정을 거치며 서서히 고착화된다. 이런 방식은 정치 무관심층까지 서서히 포섭한다는 점에서 더욱 위험하다.

대표적으로 5·18 민주화운동을 왜곡하는 '그날의 광주', '광주 런닝맨' 같은 게임이나 특정 정치인을 비하하는 게임 등을 꼽을 수 있다. 놀이라는 이름으로 소비되는 순간 왜곡된 인식이 자리 잡을 가능성이 다분하다.

이재명 대통령을 비롯한 민주 진영 유력 정치인들이 수년간 받아온 공격도 이러한 메커니즘 속에서 작동해 왔다. 정치와 전혀 상관없는 게임·드라마·영화·K-POP 영역 속에 은밀히 삽입된 정치 밈은 겉으로는 유머와 놀이처럼 소비되지만 실제로는 특정 인물이나 지역을 공격하고 혐오를 확산하는 효과를 낸다. 또한 노골적인 공격뿐 아니라 누군가를 과도하게 칭찬하고 띄워 역으로 반감을 키우는 방식도 자주 활용된다. 즉 표면적으로는 단순한 재미와 웃음의 코드처럼 보이지만 그 이면에는 정치적 왜곡과 혐오의 내재화를 유도하는 장치가 숨어있다. 흔히 공작이 네임드나 빅스피커 같은 유명 인물만 겨냥한다고 생각하는데, 크나큰 착각이다. 실제로는 약한 고리부터 파고들어 인물과 집단 사이의 분열을 증폭시키는 방식이 더 자주 사용된다. 물론 세상의 모든 일이 공작은 아니지만 무수한 증거들이 보여주듯 공작이 실제로 존재한다는 사실만큼은 부정할 수 없다. 문제는 우리가 팩트 검증에만 매달릴 경우 결국 그들이 설계한 구도 속에서 끌려다닐 수밖에 없다는 점이다.

이러한 전략이 법적으로 대응하기 애매할 만큼 교묘하다는 점도 문제다. 온라인 밈 확산의 원리와 정치 선전·선동의 방식이 중첩되어 특정 집단을 지속적으로 특권층, 위선자, 내로남불, 무능력과 같은 단어와 함께 노출하면 시간이 지날수록 대중 인식은 부정적으로 굳어진다. 얼핏 작은 언어와 감정의 누적에 불과해 보이지만 선거 국면이 되면 이 감정은 폭발적 힘으로 되돌아와 강력한 투표 행동을 유발한다.

평시에는 이런 공작이 벌어져도 감시가 느슨하고 언론의 주목도도 낮다. 그렇기에 시민의 역할이 더욱 중요하다. 이상한 흐름이나 여론 왜곡 징후를 감지했다면 즉시 공유하고 대응 서사를 확산해야 한다. 무엇보다 상대가 본격적으로 메시지 폭격 단계로 전환하기 전에 초기 대응으로 판을 흔드는 것이 매우 중요하다. 개인의 무관심은 곧 방관이 된다. 내가 마음에 안 드는 글을 외면한다고 해서 상대의 세뇌 작업이 멈추는 것은 아니다. 그사이 야금야금 영토를 빼앗기는 중이라는 사실을 인지해야 한다.

6. SNS와 상대적 박탈감의 구조

또 하나의 중요한 문제는 SNS가 야기하는 자괴감과 상대적 박탈감이다. 특히 인스타그램을 중심으로 한 평균 올려치기 문화는 청소년뿐 아니라 성인에게도 깊은 상처를 남긴다. 해외여행, 고급 맛집, 명품, 슈퍼카 인증 같은 장면이 반복적으로 노출되면 현실과 다른 삶이 마치 국민 평균인 것처럼 착각하게 된다. 그래서 나온 말이 바로 'SNS 가짜 인생'이다.

이러한 왜곡은 청년·청소년의 박탈감을 키우고 과잉 경쟁과 불안 확산으로 이어지며 저출생 문제와도 연결된다. 결국 이 문제는 개인의 열등감을 넘어 사회 전체의 불안정성을 증폭시키고, 정치적으로 악용되기 쉬운 취약 지점이 된다.

문제는 여기서 그치지 않는다. 앞으로 이재명 정부가 경제·

사회 지표에서 윤석열 정부보다 나은 성과를 내더라도 상대적 박탈감이 지속적으로 자극된다면 사람들은 여전히 '나만 안 되는 현실'에 더 민감하게 반응할 수 있다. 이 지점을 파고드는 것이 바로 극우 포퓰리스트의 전략이다. 김내훈 작가의 지적처럼 그들은 청년의 불만에 천박한 언어를 덧씌우고 분노를 체계화된 공격 도구로 변환한다. 이것이야말로 우리가 가장 경계해야 할 위험이다.

이 평균의 왜곡이 힘을 얻는 데는 민주·진보 진영의 소통 부재 역시 중요한 원인으로 꼽힌다. 이 문제를 단순한 문화 현상으로 치부해서는 안 된다. 중위소득·중위자산·중위지출 등 현실 지표를 생활 언어와 숏폼 콘텐츠로 상시 업데이트하고, 이자·월세·학자금 경감의 체감 효과를 한눈에 보여 주는 시각적 도구를 제공해야 한다. 동시에 밈·챌린지·로컬 소모임을 결합한 '놀이형 공론장'을 열어 분노를 혐오가 아닌 제도 개선 요구로 전환할 수 있는 경로를 만들어야 한다.

간혹 이 문제를 개인으로 축소시키거나, 가정에서의 역할이 중요하다고 보는 시각도 있다. 물론 가정 교육도 어느 정도 도움이 되는 측면은 있겠지만 결코 준거집단의 영향을 빼놓고 볼 수 없다. 학창 시절 또래 친구들의 유행어와 분위기에 휩쓸리는 건 누구에게나 해당하는 일이다. 이 사실을 간과한 채 자식을 앉혀놓고 도덕적 설교만 반복하거나 SNS를 금지한다면 오히려 부작용만 커질 수 있다. 혹은 설득에 성공하더라도 정작 학교에서 주위 친구들에게 소외될 가능성도 생긴다. 더구나 준거집단 효과는 청소년기를 넘어 성인기의 SNS 집단 비교로 확장된다. 결국 부모의 교육만으로는 한계가 있다. 사회적인 차원에서 건강한 또래 문화와 온라인 집단을 만들어 내는 것을 핵심 과제로 삼아야 한다.

7. 유머, 프레임 전파의 촉매제

오늘날의 커뮤니케이션 환경에서는 '무엇을 말하는가' 못지않게 '어떻게 말하는가'가 중요해졌다. 전달 형식이 정치적 힘을 좌우하기 때문이다. 어떤 콘텐츠를 소비하고 어떤 말투와 형식을 쓰느냐가 곧 개인의 정체성과 세대 감각, 나아가 정치적 성향을 드러내는 사회적 신호가 된다. 유튜브 구독 목록, 댓글 스타일, 말투, 밈 활용 여부 등은 모두 정치적 표식으로 작동한다. 극우 세력은 이 형식과 문법 자체를 무기로 삼는다.

대표적으로 디시인사이드나 일베 같은 커뮤니티를 보면 긴 글은 '꼰대의 훈수', 논리적 반박은 '노잼', 정색하고 문제 제기하는 사람은 곧바로 '진지충'으로 몰린다. 이 경우 옳고 그름이 아니라 형식 자체가 공격 대상이 된다. 결국 차분히 설명한 사람만 바보 취급을 받고 내용이 아무리 타당해도 형식 전쟁에서 이미 패배해 시간과 감정만 소모한다. 이 함정에 빠지는 경우를 수없이 목격해 왔다. 형식이 본질을 압도하는 순간 유머는 단순한 장식이 아니라 가장 강력한 무기로 변한다.

이런 방식은 한국만의 문제가 아니다. 미국의 트럼프 대통령은 풍자와 조롱, 짧은 문구인 부패한 힐러리Crooked Hillary, 가짜뉴스Fake News를 통해 웃음을 자아내는 방식으로 복잡한 담론을 단숨에 무력화시켰다. 브라질의 보우소나루는 밈과 유머를 활용해 젊은 층의 지지를 끌어냈다. 국내에서도 '내로남불', '위선'이라는 표현들이 수많은 정책 비판을 압축하는 언어로 자리 잡았다. '○빠' 같은 조롱은 지지자 전체를 싸잡아 우스꽝스럽게 만드는 대표적 사례. 결국 정치적 언어가 유머화되는 순간 그것은 프레임이 되고, 프레임은 권력이 된다.

따라서 민주 진영은 메시지 자체의 정확성과 깊이를 유지하되 전달 형식에서는 속도전·간결성·유머 감각을 전략적으로 결합해야 한다. 특히 부정선거론이나 혐오 담론처럼 근거 없는 주장에는 긴 반박문보다 짧고 직관적인 반격 문구와 시각 자료를 먼저 제시하고 이후에 근거를 덧붙이는 단계적 대응 구조를 마련해야 한다. 기존의 경직된 정치 언어 대신 온라인 생태계에서 자연스럽게 소비되는 짧은 문장, 패러디, 밈을 접목해 형식의 장벽을 낮추는 언어 실험도 필수다.

유머는 단순한 웃음이 아니라 프레임 전쟁의 최전선이자 공방 속에서 주도권을 되찾을 수 있는 강력한 수단이다. 극우 세력들은 오랫동안 유머를 흉기처럼 활용해 왔다. 민주 진영이 이에 맞서 온라인 여론전에서 주도권을 확보하기 위해선 사실성과 논리적 정합성을 지키되 형식을 끊임없이 실험하고 진화시켜야 한다.

역사적으로도 유머는 권력을 흔드는 가장 날카로운 무기였다. 군사독재 시절에도 풍자는 공포정치에 균열을 내는 숨구멍이었고 지금은 온라인 밈과 패러디가 그 역할을 이어받고 있다. 만약 이 무기를 극우 세력이 독점한다면 민주 진영은 '옳지만 재미없는 세력'이라는 낙인을 피하기 어렵다. 민주 진영은 단순한 조롱을 넘어 공감과 연대를 만드는 유머를 전략적으로 개발해야 한다. 지금 필요한 것은 단순한 메시지 경쟁이 아니라 유머를 민주적으로 되찾아 프레임 전쟁에서 장기적 우위를 확보하는 일이다.

8. 익명성이 활용되는 방식

뉴미디어 시대의 익명성은 단순히 신원을 숨기는 가면이 아니라 무책임한 권력으로 변질되었다. 누구나 닉네임 뒤에 숨어 공격하고 협박하며 허위 정보를 유포할 수 있다. 공작 세력은 이 구조를 적극 활용한다.

댓글 하나, 이미지 하나가 개인의 평판을 무너뜨리고 여론의 흐름을 바꾸는 시대에 익명성은 일종의 면책 특권이 되어 책임 없는 발화가 일상이 된다. 그 결과 진실은 언제나 늦게 도착하고 거짓은 빠르게 자리를 잡는다.

더 큰 문제는 온라인 공론장이 가진 구조적 취약성이다. 예컨대 오프라인에서는 1만 명이 모인 자리에서 단 한 명이 난동을 부리면 그 사람만 문제적 인물로 남을 뿐 공동체 전체가 흔들리지는 않는다. 하지만 온라인은 다르다. 단 한 명이 수백, 수천 개의 댓글과 글을 퍼뜨려 순식간에 공간 전체를 쓰레기통으로 만들 수 있다. 소수의 목소리가 전체 담론을 왜곡하고 공동체를 흔드는 통로가 되며 정치 공작의 도구로 쉽게 악용될 수 있다. 이렇게 극단적 소수가 증식하여 다수 여론을 압도하는 현상은 온라인 커뮤니티의 가장 큰 약점이다.

이 문제의 해법은 단계적으로 나뉜다. 우선 사회적으로 충분한 논의와 합의가 필요한 사안이 있다. 실명제 강화와 플랫폼의 법적 책임 확대 같은 문제는 표현의 자유, 프라이버시, 글로벌 서비스 운영과 직결되기 때문에 자칫하면 '민주주의를 위축시킨다'는 프레임에 빠질 수 있다. 따라서 중요한 주제지만 성급한 입법보다는 신중한 공론화 과정과 사회적 합의가 필수적이다.

한편 사회적 공감대가 이미 형성되어 있는 만큼 신속하게 추진해야 할 과제도 있다. 악성 허위 정보에 대한 제재 강화, 공익 제보자와 내부 고발자 보호 체계 확립은 민주주의의 최소 안전망이므로 더 이상 미룰 수 없다. 다만 구체적 집행 방식은 여전히 조율이 필요하다. 예컨대 징벌적 손해배상제를 3배로 할 것인지, 15배·20배로 강화할 것인지는 다양한 논의를 통해 결정해야 한다. 즉 빠르게 제도화해야 할 필요는 있지만 그 강도와 범위 설정은 사회적 합의를 통해 정교하게 조정해야 한다.

결국 복잡하고 민감한 사안은 공론화를 통해 해결 방안을 차분히 논의하고 이미 공감대가 형성된 과제는 지체 없이 추진하되 세부적인 사안에 관해서는 타협이 필요하다. 이러한 이원적이면서도 유연한 접근만이 민주주의를 훼손하지 않으면서 온라인 공론장의 책임성과 안전성을 확보하는 길이다.

동시에 제도적 장치만으로는 부족하다. 시민 역시 '감시자'이자 '기록자'로서 역할을 다해야 한다. 익명 뒤에 숨어 이뤄지는 발언이라도 증거를 남기고, 악성 여론조작 시도를 빠르게 드러내야 한다. 알고리즘과 익명성이 결합해 개인의 심리를 파고드는 문제뿐 아니라 집단을 무너뜨리는 전략까지 기록하고 분석하는 일에는 시민의 협력이 필요하다. 그래야 집단지성의 힘으로 책임을 물을 수 있고 온라인 공론장을 민주주의의 공간으로 되돌릴 수 있다.

9. 의도적인 탈맥락화

또 다른 특징은 의도적인 탈맥락화다. 긴 영상에서 몇 초 분량의 발언만 떼어 자극적 자막과 함께 편집하고, 그 클립을 커뮤니티→유튜브→SNS→언론으로 순식간에 퍼뜨린다.

누군가 A부터 Z까지 발언을 했더라도 인위적으로 B, D, H,

Z만 이어 붙이면 전혀 다른 주장이 만들어진다. 이렇게 왜곡된 조각이 커뮤니티에서 추천을 받으면 빠르게 확산되고 다양한 플랫폼을 거치며 여론을 증폭하다 보면 어느 순간 사실처럼 굳어진다. 대부분은 원 영상이 길고 번거롭다는 이유로 전체 맥락을 확인하지 않는다. 바로 이 빈틈을 노린 맥락 제거와 왜곡 편집은 곧 여론조작의 정교한 도구가 된다. 이런 잘라내기 전술은 정보의 진위보다 소비자의 즉각적인 감정 반응에 의존한다.

정치권에서도 이런 사례는 흔하다. 예컨대 여러 명이 찍힌 사진을 의도적으로 확대해 몇 명이 골프 친 것처럼 조작할 수도 있고, 또 다른 방식으로 맥락을 얼마든지 비틀 수 있다. 이렇게 왜곡한 장면이 마치 결정적 증거처럼 소비되기도 한다.

탈맥락화는 심리적으로도 강력한 효과를 낳는다. 처음 접한 왜곡된 이미지에서 쉽게 벗어나기 어려운 초두효과, 이미 믿고 있는 내용을 강화하는 확증편향, 집단 속에서 의견이 과격해지는 집단극화가 겹쳐 여론을 왜곡한다. 여기에 알고리즘이 반응 많은 콘텐츠를 상위로 노출하면 왜곡은 곧 인기 콘텐츠로 둔갑한다. 그 순간 진실은 사라지고 감정만 남는다.

이런 작업은 단순히 특정인을 공격하는 데 그치지 않는다. 그들이 혐오를 확산시키는 이유는 결국 사회 전체의 신뢰를 무너뜨리고 민주·진보 진영의 핵심 가치인 연대와 공감을 무력화하기 위해서다. 결국 연대를 외치는 사람들만 오히려 돌을 맞게 되는 구조가 만들어진다. 그래서 탈맥락화는 단순한 편집 기술이 아니라 사회의 집단적 감정을 조작하고 민주주의의 기반을 흔드는 심리전 전술이다.

사실 이런 방식은 오래된 탈진실의 매뉴얼을 닮아있다. 진실을 말하는 사람을 공격하고, 거짓을 홍수처럼 쏟아내며, 불신과 냉소를 키워 결국 사람들로 하여금 '진실을 구분하는 것 자체가 불가능하다'고 느끼게 만드는 전략이다. 중요한 건 단지 거짓을 믿게 하는 게 아니라 아예 진실을 믿을 의지 자체를 꺾어버리는 데 있다는 점이다. 탈맥락화는 디지털 시대 여론전의 핵심 무기로 작동한다. 내가 유튜브를 직접 시작한 이유도 바로 이러한 전술에 맞서 맥락과 서사를 복원하려는 목적이었다.

10. 봉쇄와 와해, 시선과 시간 전쟁

기술과 사회의 패러다임이 변하면 당연히 전쟁의 양상도 달라진다. 총과 탱크가 지배하던 시대에서 정보와 이미지가 주도하는 시대로 넘어온 지금, 전쟁은 더 이상 총구 앞에서만 벌어지지 않는다. 댓글창과 알고리즘이 전장이 되고 전선은 땅 위뿐 아니라 공론장에도 그어진다.

이 새로운 전장에서 모든 커뮤니티는 언제나 두 가지 압박에 직면한다. 하나는 봉쇄이고 다른 하나는 와해다. 커뮤니티 내부가 단단히 결집할수록 외부에서는 '폐쇄적이다', '극단화됐다'

는 프레임을 씌워 고립시킬 수 있다. 이러한 비판을 피하려 개방을 시도하면 외부 세력이 침투해 처음에는 비판을 가장하다가 점차 선을 넘으며 혐오와 조롱, 패드립을 일상화한다. 결국 내부는 분열과 피로에 잠식된다.

어떤 커뮤니티라도 봉쇄와 와해라는 이중 압박에서 완전히 자유로울 수 없다. 단단히 뭉치면 외부 봉쇄 비판에 갇히고, 개방하면 내부 와해로 무너진다. 언제나 '내편 아니면 적'이라는 양극화된 구조에 휘말릴 수밖에 없는 것이 온라인 공간의 숙명이다.

여기에 더해 커뮤니티 내부를 겨냥한 시선과 시간 전쟁이 더해진다. 플랫폼은 본능적으로 누가 더 단순하고 직관적이며 자극적인 메시지로 시선을 끌어모으느냐가 승부를 가른다. 흔히 '어그로를 끈다'고 부르는 방식이 바로 시선 전쟁의 핵심이다. 그러나 단순히 주목을 끄는 것만으로는 충분하지 않다. 그렇게 모은 시선을 최대한 오래 붙잡아 두어야 한다.

정치 콘텐츠의 경우 특정 주제와 무관한 문제를 억지로 끌어와 논란을 키우고, 좌표 찍기로 분노를 확산시켜 엉뚱한 데 시간을 소모하게 만든다. 이런 상황이 반복되면 다른 의제는 논의되지 못하고 본질은 묻힌다. 이것이 시간 전쟁이다.

봉쇄와 와해, 시선 전쟁과 시간 전쟁은 따로 움직이는 듯 보이지만 사실 하나의 체계 속에서 맞물린다. 내부 와해와 외부 봉쇄는 공론장의 '공간'을 겨냥하고, 시선 전쟁과 시간 전쟁은 시민의 '자원(주목·시간)'을 겨냥한다. 공작 세력은 이 네 축을 동시에 작동시켜 공론장을 점령한다. 나는 이것을 '공론장 점유 전술'이라고 본다.

공론장을 지키는 싸움은 단순히 사실 여부를 따지는 문제가 아니다. 공간과 자원, 두 차원을 동시에 의식해야 한다. 내부적으로는 신뢰와 자율적 규칙을 지켜내고, 외부적으로는 법적·제도적 안전망을 세워야 한다. 동시에 대중의 시선을 되찾을 새로운 프레임을 제시하고 끝없는 소모전에 시간을 빼앗기지 않을 전략도 필요하다.

지금까지 뉴미디어 시대의 주요 특징과 그에 관한 대응법을 살펴보았다. 이 싸움을 이기기 위한 첫걸음은 '세상이 달라졌다'는 사실을 인정하는 태도다. 과거와 지금의 정치·사회적 전장은 본질적으로 다르다. 1980~1990년대 민주화 운동 방식은 스마트폰과 인터넷이 없던 시대에 유효한 전략이었다. 그러나 오늘의 전장은 댓글창과 알고리즘 속에 있으며 무기는 키보드와 밈이다. 육군·해군·공군을 넘어 사이버와 우주 그리고 인간의 뇌를 겨냥한 여섯 번째 전장 인지전이 전개되고 있다.

단순히 새로운 매체가 등장했다는 차원을 넘어 인간의 사고와 감정 자체가 전장이 된다는 점에서 과거와는 본질적으로 다르다. 그만큼 세상은 빠르게 변했고 싸움의 장소와 규칙도 완전히 달라졌다. 그러므로 과거의 성공 모델이 지금도 통할 것이라 안일하게 생각해서는 안 된다. 우리는 이 새로운 규칙을 정확히 파악하고 그에 맞는 전략과 전술을 설계해야 한다.

또 중요한 부분은 우선순위에 관한 이해다. 내가 사이버 내란 세력의 종식을 주장하는 이유는 단순히 더 잘 싸우자는 차원이 아니라 공론장 자체를 정상화하자는 요구다. 다시 말해 지금 우리는 게임의 룰 자체를 바로 잡을 필요가 있다. 예를 들어 양극화, 젠더 갈등, 기후 위기, 지역소멸, 부동산·주식·코인 문제 같은 의제들은 '인게임 전략·전술'에 해당한다. 사이버 내란과 같은 룰 위반을 엄단해 공정한 경쟁의 장을 복원하는 일은 다른 차원의 과제다. 이 둘을 구분하지 못하면 우리는 여전히 공작 세력에 끌려다닐 수밖에 없다. 규칙이 무너진 상태에서는 어떤 인게임 전략도 제대로 작동할 수 없다. 상대의 반칙을 밝히고 더 이상 이런 반칙을 사용하지 못하게 하는 과정이야말로 다른 의제를 해결할 수 있도록 하는 전제 조건이다.

이런 맥락에서 '사이버 내란 종식이 우선이냐, 민생 경제 회복이 우선이냐'라는 식의 문제 제기는 애초에 잘못된 구도다. 공론장이 무너진 상태에서는 어떤 민생 정책도 왜곡되고 경제 회복의 효과조차 시민들에게 온전히 전달되지 못한다. 결국 사이버 내란을 종식시키는 일은 민생과 경제 회복을 위한 출발점이자 전제다. 기술과 사회가 변하면서 전쟁의 양상도 바뀌었다. 그렇다면 우리의 대응 역시 새로운 규칙에 맞춰 재구성되어야 한다. 그것이야말로 민주주의를 지키기 위한 최소한의 방어선이자 미래전을 준비하는 첫걸음이다.

2
온라인 전투의 기술

시선과 시간의 전쟁에서 필요한 건 유능한 관종

우리는 지금 유한한 시간 속에서 무한히 쏟아지는 정보의 세계에 살고 있다. 과거의 미디어 환경에서는 송신자와 수신자가 명확하게 구분되었지만 이제는 모두가 콘텐츠의 수신자이자 생산자이며 동시에 유통자가 될 수 있다. 그렇기에 지금은 넘쳐나는 정보 속에서 무엇을 어떻게 취합해 전달하느냐, 다시 말해 정보 유통자로서의 역량이 결정적이다. 자손군은 이 역량을 단순 반복 훈련을 통해 체화시켰다. 마치 군대의 정훈 교육처럼 전략적 정보 전달 방식을 무의식적으로 실천하도록 만든 것이다.

우리가 벌이고 있는 이 전쟁의 본질은 형식이나 분야를 막론하고 대중의 시선과 시간을 누가 더 많이 점유하느냐에 달려 있다. 일부 학자들은 이런 문화가 지나친 자극과 어그로만 남긴다고 비판하지만 정작 그런 비판 콘텐츠는 조회수 100회조차 넘기기 어렵다. 자극적인 콘텐츠를 비판하려면 그 비판 콘텐츠조차 일정 수준의 자극성이 있어야 주목받는다는 역설이 존재한다.

이제는 콘텐츠 제작자만이 아니라 그것을 소비하고 유통하는 시민들도 전략적 감각을 갖춰야 한다. 댓글은 전략적으로 달고, 가치 있는 콘텐츠는 끝까지 시청하고, 공유에 집중해야 한다. 단발성 분노와 감정 표출만으로는 아무것도 바꿀 수 없다. 진영을 떠나 콘텐츠 정치력의 격차가 이미 승부를 갈라놓고 있다. 결국 시선과 시간의 전쟁에서 승리한 쪽이 내러티브를 장악한다.

이러한 흐름에서 가장 강력한 카운터는 앞서 언급한 또래 문화 속에서 등장하는 롤모델이다. 나는 이를 '유능한 관종'이라고 부른다. 민주 진영은 종종 관종이라는 말에 거부감을 갖지만, 오늘날 정보전에서 관종은 비난의 대상이 아니라 기술이며 전략이다. 여기서 말하는 관종은 단순히 주목을 받기 위해 자극적인 발언을 쏟아내는 사람이 아니다. 말의 힘을 알고, 타이밍을 계산하며, 대중의 심리를 읽고, 적절한 이미지와 언어로 메시지를 던질 줄 아는 사람이다. 싸워야 할 이슈가 있을 때 사람들의 시선과 시간을 끌어당기고 여론의 중심을 장악하는 사람, 결국 이런 관종이 이긴다.

관종과 악플러의 차이는 명확하다. 유능한 관종은 세상을 바꾸기 위해 자신을 드러내고, 악플러는 남을 조롱하기 위해 자신을 숨긴다. 지금 우리에게 필요한 건 관종의 기술이지 품위 있게 침묵하는 '도덕 선생'이 아니다.

　　우리가 해야 할 일은 이런 청소년·청년들이 제대로 성장할 수 있도록 길을 열어 주고 환경을 조성하는 것이다. 그렇지 않으면 그 빈자리는 결국 신남성연대 같은 극단 세력들이 차지하게 된다. 안타깝게도 민주 진영의 고질적 패턴 중 하나는 누군가 유능한 관종으로 떠오를 때 그 싹을 키우기보다 방치하거나 소모적으로 활용해 왔다는 점이다. 물론 민주당에서 '젊은 피'라며 영입해 자리와 권한을 줬더니 분탕질만 치고 떠나 버리는 부작용도 있었기에 경계심이 생긴 건 이해할 수 있다. 그러나 지금은 그 경계심이 성장을 가로막는 족쇄로 작동하고 있다. 변화를 주지 않는다면 영향력을 가질 수 있는 인재들은 모두 다른 진영으로 떠나고 말 것이다. 이 문제는 단순히 인재 개인의 진로 문제가 아니라 민주 진영 전체의 생존과도 직결된다.

　　가령 게임 문화를 대변하려는 젊은 인물이 등장했다고 가정하자. 그러면 그가 더 나서고 성장할 수 있도록 지지하고 뒷받침해 주는 것이 아니라 여기저기서 훈수를 두고 잔소리를 덧붙이느라 바쁘다. 마치 자신이 한마디라도 보태지 않으면 안 되는 듯한 태도다. 실제로 이런 분위기에 질려서 떠나는 청소년과 청년이 적지 않다. 이는 민주 진영의 미래를 생각할 때 치명적이다. 젊음이 빠져나간 자리는 점점 낡은 방식과 경직된 언어, 옛 영광들로만 채워질 뿐 새로운 아이디어와 문화적 감각을 공급받지 못한다. 그 순간부터 변화에 뒤처지는 건 시간 문제다. 사람을 키워내지 못하는 조직에 미래는 없다.

그렇게 젊은 인재들을 떠나게 만드는 원인 제공자들이 간혹 나에게 와서 이렇게 말하기도 한다.

"황희두 이사 같은 분이 앞장서서 청년들을 좀 키워줘야 하지 않을까요?"

정작 본인들이 평소에 뿌리는 말과 행동이 그 청년들을 떠나게 만들고 있다는 사실을 전혀 인식하지 못한다. 이들은 대개 자신만의 도덕적 잣대와 윤리 의식을 강하게 고수한다. 좋게 보면 '정의롭다' 할 수도 있겠지만 문제는 그 기준을 통과한 사람만 인정하는 데 있다. 가령 아주 올바르고 반듯한 청소년 모델이 그 까다로운 절차를 통과했다고 치자. 그러나 그런 모델은 혐오와 조롱이 일상화된 전장 한복판에서 결코 강한 '카운터'를 날릴 수 없다. 나 역시 이러한 분위기 속에서 버티고 변화를 추구하기 위해 지금까지 재미보다 상대에게 꼬투리 잡히지 않으려 발언과 행동을 절제해 왔다. 그 과정에서 내린 결론이 있다. 도덕적 우월감은 설득과 연대를 가로막는다. 인간의 욕망과 주목 욕구를 정직하게 인정할 때 비로소 청년들은 스스로 싸워낼 힘을 얻는다. 나는 과거의 방식만을 진리로 여기는 기성 정치인들에게 이렇게 말하고 싶다.

"청년들 불러놓고 훈수만 둘 바에야, 차라리 그냥 가만히 계셔 달라."

될성부른 나무라고 해서 더 잘 가꾸고 싶은 욕심은 내려놓으시라. 내가 앞장서 올바른 의식을 심어 줘야 한다는 그 사명감도 부디 접어두시라. 그저 조용히 멀리서 지켜봐 주시라. 그렇게만 해도 스스로 길을 뚫고 나올 친구들은 반드시 뚫고 나온다. 이 모든 과정을 존중해 주는 것이 정말 필요한 후배 양성이고 민주·진보 진영의 미래를 대비하는 길이다.

혐오에 대응하는 법

온라인 여론의 또 다른 축은 혐오다. 혐오는 이제 단순한 정서가 아니다. 일상이 되었고, 상품이 되었고, 게임이 되었고, 놀이가 되었다. 과거의 혐오가 그저 공격적인 댓글이나 극단적 표현에 머물렀다면 지금의 혐오는 알고리즘 속에서 유통되고 커뮤니티 안에서 강화되며 정치적 목적을 위해 전략화된다.

여성 혐오, 소수자 혐오, 외국인 혐오, 지역 감정까지 그 파편들은 매일 수많은 밈과 게시글 속에서 재생산된다. 혐오는 이제 시대의 배경이자 여론전에서 가장 자주 동원되는 무기다. 그것은 누군가의 분노를 증폭시키고 열등감을 정당화하며 정치적 야망을 밀어붙이는 추진력이 된다. 가벼운 말장난처럼 시작된 혐오는 어느 순간 누군가의 삶을 송두리째 망가뜨리는 폭력으로 돌변한다.

그렇다면 이 혐오에 어떻게 대응할 수 있을까? 우선 전제는 명확하다. 훈계로는 절대 바뀌지 않는다는 사실을 알아야 한다. 혐오에 익숙해진 사람들은 도덕적 비판에 귀를 닫는다. 그러므로 도덕의 언어가 아닌 구조의 이해가 필요하다. 혐오를 낳는 플랫폼 알고리즘, 확산을 촉진하는 커뮤니티, 보상을 제공하는 댓글 추천 시스템 등 이 혐오의 생태계를 해부하고 무력화할 전략을 짜야 한다. 중요한 건 혐오를 결코 개인의 성격 문제로 축소하지 않는 것이다. 오늘날 혐오는 하나의 산업이자 정치 기술이므로 우리는 질문을 바꿔야 한다.

"이 콘텐츠는 왜 인기 있는가?", "이 말은 어떤 맥락에서 반복되는가?", "누가 이걸 통해 이익을 얻는가?"

이런 질문으로 혐오의 메커니즘을 드러내야 한다. 감정과 분노를 자극하는 콘텐츠가 어떻게 알고리즘에 최적화되어 있는지, 어떤 유형의 콘텐츠가 수익화되는지, 그것이 어떤 정치적 목적에 봉사하는지까지 낱낱이 보여줘야 한다. 혐오의 배후에는 언제나 이득을 챙기는 세력이 있다. 이 메커니즘을 파헤치는 순간이 바로 진짜 싸움의 시작이다. 물론 단순히 구조를 폭로하는 것만으로는 충분하지 않다. 혐오가 더 이상 개인의 일탈이 아니라 사회 전체의 규칙처럼 작동하고 있기 때문이다.

다음으로 필요한 건 명확한 선 긋기다. 청년 세대의 분노와 욕망을 이해한다는 이유로 혐오의 언어까지 무방비로 수용해서는 안 된다. 공론장의 분위기와 흐름은 결국 시민이 어떤 전략과 기술을 갖추고 있느냐에 따라 달라진다. 이제는 단순히 '좋아요'를 누르는 수준을 넘어 구체적인 실전 기술이 필요한 시대다. 그중에서도 특히 효과적인 두 가지는 다음과 같다.

첫째, 혐오 프레임에는 상상력으로 대응하라

혐오나 조롱은 논리나 사실만으로는 잘 무너지지 않는다. 이미 감정과 편견이 결합된 프레임이기 때문이다. 논박보다 강한 건 상상력이다. 때로는 공감력 있는 댓글 하나가 매우 강한 파장을 일으킬 수 있다. 예를 들면 이런 질문이다.

"이 발언이 기록으로 남아 10년 후 본인 자녀가 보게 된다면 뭐라고 하시겠습니까?"

상대를 적으로 몰아세우지 않으면서도 말의 무게를 돌아보게 한다. 반박이 아니라 반성을 유도하는 전략이야말로 혐오 프레임에 균열을 내는 첫걸음이다.

더 중요한 건 이런 질문의 1차 목표는 상대방의 변화가 아니라 이를 보는 '제3자의 인식 변화'라는 점이다. 논쟁을 벌이는 대신 판을 흔드는 질문을 던짐으로써 대화의 분위기를 바꾸고 흐름을 전환시킬 수 있다.

둘째, 온라인 활동은 '캡처'와 '기록'이 기본이다

온라인 전투에서 가장 강력한 무기는 기억이 아니라 기록이다. 악플, 가짜뉴스, 왜곡 콘텐츠에 대응하려면 증거가 있어야 한다. 삭제되기 전에 캡처와 아카이빙을 습관처럼 해야 한다. 그래야 필요한 경우 법적 조치로 이어갈 수 있다. 이는 개인의 안전을 위한 방어이자 공론장을 지키기 위한 연대의 출발점이다. 개인이 모은 자료가 쌓이면 특정 세력이 조직적으로 혐오·왜곡을 퍼뜨린 정황을 증명할 수 있고, 여러 사람이 동시에 같은 유형의 혐오에 노출됐다는 사실도 입증할 수 있다.

지금도 많은 이들이 '이 정도로 고소가 될까?'라며 망설인다. 그러나 용기를 낸 첫 번째 기록자 덕분에 두 번째 행동자가 나온다. 기록이 쌓여야 움직일 수 있고, 움직여야 바꿀 수 있다. 온라인 발언은 곧 영구 박제라는 인식을 피부에 와 닿게 퍼뜨려야 한다. 그 자각이야말로 혐오 확산을 억제하는 가장 빠르고 현실적인 방법이다.

또 한 가지 잊지 말아야 할 사실은 혐오를 퍼뜨리는 사람이 언제든 나의 아이, 나의 친구, 나의 가족이 될 수 있다는 점이다. 그들은 대개 선의와 무지를 동시에 지니고 있다. 일상 속에서 우리가 마주치는 누군가가 혐오의 언어를 아무렇지 않게 내뱉는다면 단순히 "그건 잘못됐어"라고 지적하는 것만으로는 부족하다. 어떤 경로를 통해 그런 생각을 받아들였는지, 어떤 커뮤니티에 오래 노출되어 있었는지, 어떤 서사에 정서적으로 끌렸는지를 함께 살펴야 한다. 문제를 나무라기보다는 출처를 함께 추적하는 것 또한 변화를 만드는 첫걸음이다.

그래서 나는 지금이라도 혐오 사례를 체계적으로 수집하고 분석할 수 있는 '시민 싱크탱크' 구축이 시급하다고 본다. 일상의 대화·댓글·커뮤니티·알고리즘 속에 스며든 혐오의 서사들을 신속하게 수집·분석·전략화할 수 있는 조직이 필요하다. 또한 이런 싱크탱크에 중요한 자료들이 빠르게 축적될 수 있도록 시민 개개인이 '자료 채집자'이자 '현장 기록자'로 참여하고 제보하는 체계를 만들어야 한다.

나 또한 '사이버크래프트'라는 조직을 준비 중이다. 잘 알려진 게임 스타크래프트가 우주 전쟁의 기술을 뜻한다면, 내가 만들려는 사이버크래프트는 사이버 전쟁의 기술을 뜻한다. 나는 스타크래프트 프로게이머 출신으로서 이제는 사이버 세상에서 벌어지는 심리전·여론전·인지전·정보전에 대응하기 위해 이 조직을 구상했다. 분석-대응-확산으로 이어지는 즉시 투입형 전략 체계를 설계하고 운용하는 것을 목표로 한다.

설득의 기술

그다음으로 설득의 기술을 배워야 한다. 지금 사이버 내란을 일으키는 세력들은 인간의 심리·관심사·욕망을 치밀하게 분석하고 그 틈새에 자신들의 메시지를 녹여낸다. 그 기술이 민주주의를 파괴하고 공론장을 훼손하는 데 쓰이는 것이 문제일 뿐 기술 자체의 효율성은 인정할 만한 측면이 있다. 바로 이 지점에서 우리도 타인을 설득하려면 상대방의 입장에서 그의 관심사를 관찰하고 그가 쓰는 언어를 사용해야 한다. 주요한 원칙은 이렇다.

1. 내가 하고 싶은 말은 잠시 미룬다.
2. 상대의 관심 주제로 대화의 문을 연다.
3. 신뢰가 형성되면 메시지를 한 방울씩 흘린다.

예를 들어 한 학생이 "유튜버가 되고 싶다"고 말한다면 이렇게 시작할 수 있다.

"유튜브에서 노란 딱지를 받으면 수익 창출이 금지되는데, 어떻게 하면 피할 수 있는지 알려줄까요?"

이렇게 관심사로 대화의 문을 열면 같은 주제라 하더라도 훨씬 흥미를 끌면서 시작할 수 있고, 상대는 자신이 이야기의 주인공이 되었다고 느낀다. 그다음 혐오 표현이 어떻게 제재를 받는지, 어떤 유형의 콘텐츠가 '노딱'을 받는지를 이야기하면서 민주주의·인권·표현의 자유 같은 주제로 자연스럽게 확장할 수 있다. 반면 처음부터 "민주주의란 무엇인가?", "혐오 표현이 왜 나쁜지 아는가?", "미디어 리터러시 교육은 왜 중요한가?" 같은 질문을 들이대면 상대는 당연히 고개를 돌린다. 듣지 않으면 아무리 옳은 말도 통하지 않는다. 설득은 내 이야기에서 시작해 우리 이야기로 확장되는 과정이다. 핵심은 상대방의 관심사라는 문으로 들어가서 내가 전하고 싶은 메시지가 담긴 방으로 안내하는 노력이다. 아무리 급해도 안내가 필요하다. 마치 음식점에서 처음 본 손님에게 시그니처 메뉴를 바로 권하는 대신 그 사람이 평소 어떤 음식을 좋아하는지 묻고 거기에 맞는 메뉴를 추천하는 것과 같다. 관심사라는 입맛을 먼저 맞춰 줘야 새로운 맛도 거부감 없이 받아들일 수 있다. 여기서 우리는 다시금 에드워드 버네이즈의 이론을 기억할 필요가 있다. 가장 강력한 설득은 상대로 하여금 스스로 선택했다고 믿게 하는 것이다.

내가 초·중·고등학생 대상 강연에서 쓰는 방법도 마찬가지다. 처음엔 그들의 관심사에서 출발한다. 보통 과거의 내 경험과 실제 사례들을 보여준 뒤 이렇게 말한다.

"여러분이 지금 SNS에 올리는 글, 댓글, 사진, 영상은 전부 영구 박제됩니다. 시간이 지난다고 잊히는 게 아니라 누군가의 휴대전화와 서버, 클라우드 속에 그대로 남습니다. 오늘 장난처럼 쓴 말이 5년, 10년 후 여러분의 진학이나 취업, 인간관계에 영향을 미칠 수 있습니다. 그때 가서 '몰랐어요'라고 해도 소용없습니다. 세상은 기억하지 않고 기록합니다. 스크린샷과 캡처는 절대 사라지지 않거든요."

이 말은 결코 과장이 아니다. 실제로 1세대 아프리카 BJ 중 한 명은 과거 방송에서 했던 혐오 발언과 문제성 행동들 때문에 훗날 큰 대가를 치렀다. 그 BJ의 자녀가 모 초등학교에 입학한다는 소문이 돌자 그 지역 학부모들 사이에서 난리가 났다. 내 자식을 같은 학교에 보낼 수 없다는 이유였다. 당시 겉으로 드러내지는 않았지만 많은 인플루언서들 사이에선 '혹시 내 아이도 이렇게 되는 거 아닌가?'라는 공포감을 느꼈다. 그러나 뒤늦게 지우려고 해도 이미 퍼진 흔적들을 완전히 없애는 건 불가능하다.

먼 미래보다 지금 당장의 조회수와 인기만을 생각하며 무리수를 두다가 훗날 크게 후회하는 사례가 많다. 지금의 온라인 환경은 혐오가 빠른 성장을 보장하는 방식이다. 더 자극적으로 더 세게 말해야 뜨고 알고리즘은 그런 콘텐츠를 빠르게 확산시킨다. 하지만 그렇게 얻은 인기가 결국 인생을 망치는 통로가 될 수도 있다는 사실을 알아야 한다. 그래서 나는 혐오를 하지 말라거나 악플을 남기지 말라는 당부 대신 그들의 '최후'를 보여주는 방식을 택한다. 예를 들어 내가 직접 고소를 진행해 상대방이 반성문을 보낸 사례, 부모에게 연락이 와서 "제발 합의해 달라"며 빌었던 일화들이다. 그리고 이렇게 덧붙인다.

"일베를 하든, 유튜버를 꿈꾸든, 아프리카 대통령을 목표로 하든 그건 여러분의 자유입니다. 누군가에게 악플을 달거나 혐오 발언을 하는 것도 마찬가지죠. 제가 이걸 하라, 마라 얘기할 자격도 없고 와닿지도 않는다는 걸 압니다. 하지만 한순간 쉽게 뱉은 말 한마디, 내가 쓴 댓글 하나 때문에 누군가는 그동안 어렵게 쌓은 걸 한순간에 잃기도 합니다. 그러니 지금부터라도 내 말과 행동이 평생 박제된다는 사실을 잊지 마시길 바랍니다. 그게 여러분 스스로를 지키는 가장 현실적인 방법입니다."

실제 악플러의 도 넘는 혐오는 형태만 바꿔 옮겨 다닌다. 과거 노무현 전 대통령과 세월호 희생자·유가족들을 조롱하던 이들이 이제는 이재명 대통령과 이태원 참사 희생자·유가족들을 조롱한다. 이름과 사건만 바뀔 뿐 늘 그대로다. 이 전장에서 가장 강력한 설득은 그들이 어떤 최후를 맞는지를 눈앞에 보여주는 방식이다.

물론 벌금이나 사회적 제재가 있더라도 그것을 수익으로 상쇄할 수 있다면 혐오는 계속될 것이다. 그러니 결국 구조 자체를 바꿔야 한다. 다행히 최근 이재명 대통령은 "참사 피해자 조롱·폄훼에 무관용 원칙"을 선언하며 가짜뉴스와 혐오 콘텐츠를 통한 수익 창출을 원천 차단하기 위한 제도적 장치를 주문했다.

"가짜뉴스의 근본적 차단을 위해 가장 좋은 것이 징벌적 배상"이라며 "돈을 벌기 위해 가짜뉴스를 뿌리는 유튜버들을 어떻게 할지 법무부에서 검토하라"는 지시가 이런 맥락에서 나온 셈이다.

그러나 처벌만으로는 불법 행위를 근절하기 어렵다. 혐오를 줄이기 위해선 세 가지가 동시에 작동해야 한다.

첫째, 시민 개개인이 일상에서 혐오에 맞서고 기록해야 한다.
둘째, 설득의 기술을 통해 주변 사람들의 인식을 바꿔야 한다.
셋째, 제도를 통해 혐오와 가짜뉴스가 더 이상 이익이 되지 않는 사회를 만들어야 한다.

사회 전체가 혐오를 당연시하지 않으며 모든 말과 표현에는 반드시 책임이 따른다는 인식을 갖도록 해야 한다. 혐오 확산을 노린 억지 유머나 조롱에 대해서는 관계를 의식해 웃어 주거나 넘어가지 말고 단호하게 정색하며 그것이 지질한 행위임을 명확히 인식시켜야 한다. 그렇지 않으면 그들은 특유의 방식대로 야금야금 간을 보며 결국 경계선을 넘게 된다. 나도 당신도 우리 모두가 그 변화를 만들어 내는 주체가 되어야 한다.

3

사이버 내란 특별법 제정과 국정원 개혁

사이버 내란 특별법 제정

사이버 내란을 종식하기 위해서는 개인적 차원에서의 대응만으로는 부족하다. 법적·제도적 해법이 반드시 뒷받침되어야 한다. 그중에서도 가장 시급한 과제가 바로 사이버 내란 특별법 제정이다. 현재 사이버 내란에 연루되거나 가담한 이들을 처벌할 명확한 법적 근거가 없어 대부분 직권남용이나 정치 관여 수준에 그친다. 피해 규모나 위헌성, 민주주의 훼손의 심각성을 고려할 때 턱없이 미약하다. 사이버 내란 특별법이 마련되어야 진상조사-수사-처벌이 일관적이고 체계적으로 작동할 수 있다.

특별법 제정 후에는 관련 상임위별로 구체적인 제도와 실행 방안을 도출할 수 있다. 예컨대 교육위는 리박스쿨을 포함한 정치 교육 실태 점검과 재발 방지 프로그램을 정비하고, 문체위에서는 가짜뉴스 규제 및 미디어 리터러시 교육 정책을 강화할 수 있다. 동시에 과방위에서는 정보통신망법을 정비해 허위 정보 유통 플랫폼의 법적 책임 강화, 알고리즘 투명성 확보, 공익 모니터링 시스템 도입 등도 병행해야 한다. 이처럼 개별 톱니바퀴들이 동시에 맞물려 돌아갈 때 입법·교육·기술이 결합된 방어망이 완성되고 사이버 내란과 여론조작을 효과적으로 차단할 수 있다.

정보 주권 회복을 위한 국정원 개혁

다음으로 손봐야 할 곳은 국정원이다. 어느 정권이 들어서든 상관없이 국정원에서 늘 반복된 패턴이 있다. 국정원 내부 극우 세력과 자칭 보수 정당, 일부 극우·관변 단체들이 양우회(양우공제회)와 양지회[28] 같은 경로를 통해 자금과 인프라를 유지해 왔다는 점이다.

양우회는 국정원 현직 직원의 상조회·공제회를 표방하지만 실상은 사단법인 형태의 우회적 자금 창구라는 논란이 꾸준히 제기되어 왔다. 국정원 간부들이 직접 이사직을 맡아 골프장·부동

---

28 국정원 퇴직자들의 친목 단체이자, 거대한 부동산·사업체 자산을 기반으로 한 폐쇄형 조직.

산·펀드 등 영리사업과 투자에 관여했음에도 운영 내역과 자금 출처는 철저히 비공개다. 양지회는 1990년 사단법인으로 등록된 후 수천 명의 회원과 수백억 원대 부동산을 소유·운영해 왔으며 빌딩 내에는 양지장학재단과 양지 공사 같은 법인도 함께 위치한다. 임원단을 비롯한 인력 다수가 양우회-양지회-자회사를 오가며 폐쇄형 네트워크를 형성해 왔다.

이 자금과 조직력이 단순히 친목과 복지에만 쓰였을 리 만무하다. 2017년 국정원 적폐 청산 TF 조사 결과 양지회 전·현직 회장과 간부들이 국정원 댓글부대 활동에 가담한 사실이 드러났다. 당시 재판부는 '피고인들은 보수 정권의 세력을 강화하고 국정원으로부터 지원을 받을 목적으로 조직적으로 범행했다'고 판단했다. 양지회가 단순 퇴직자 친목 단체가 아니라 정권 편향 여론조작의 실행·지원 네트워크로 기능했음을 보여준다. 이 자금과 인력은 실제 현장에서 프락치 포섭, 심리전, 사찰로 구체화 됐고 그 과정에서 사찰은 핵심 활동가들을 고립·무력화시키는 전략으로 활용됐다.

더 큰 문제는 이 구조가 국정원 내부에 국한되지 않는다는 점이다. 2010년 전후 이명박 정부 당시 국정원뿐 아니라 국무총리실까지 청와대에 특수활동비를 상납한 정황이 드러났다. 장진수 전 주무관은 공직윤리지원관실이 매달 청와대 고용노사비서관실에 현금 280만 원을 전달했다고 증언했다. 국정원만이 아니라 다수의 국가기관에서 청와대로 자금이 유입되었으며 특정 정권하에서 비자금·공작금 네트워크가 동시다발적으로 운용됐을 가능성을 강하게 시사한다.

자금의 통제권을 누가 쥐느냐에 따라 공작이 가능해진다는 사실 자체가 이미 권력 남용의 온상이다. 특히 국정원 기조실은 조직·인사·예산을 총괄하며 양우회·양지회 자금 운용과 직결되기에, 반드시 투명화와 정기 감사를 의무화해야 한다.

이 고리를 끊지 않는 한 정치개입과 여론조작, 비밀 자금 운용은 형태만 바꾼 채 반복될 것이다. 따라서 개혁은 단순 법령 개정이 아니라 1) 인맥 네트워크 차단 2) 자금줄 추적 및 봉쇄 3) 정보 공작 실행망 해체라는 세 축을 동시에 겨냥할 때만 가능하다.

정권이 바뀌어 이제는 이재명 정부의 국정원이 되었으니 괜찮다고 생각하는 이들도 있을 수 있다. 하지만 문재인 정부 당시 사례를 보면 정권 교체만으로는 결코 문제가 해결되지 않는다.

육사 26기 출신으로 국정원에도 근무했던 '홍형'이라는 인물이 있다. 그는 자신의 경력을 바탕으로 일본 극우 정책 싱크탱크인 '국가 기본문제 연구소'의 객원 연구원으로 활동한다. MBC 보도에 따르면 홍형은 일본에서 <통일일보>를 통해 "문재인은 조선노동당 스파이"라고 주장했다. 문제는 그런 인물에게 국정원이 꾸준히 활동비를 지급했다는 사실이다. 공식적인 활동비 지원은 문재인 정부 출범 후인 2017년 7월까지였다고 알려졌지만 이

후로도 육사 사조직과 국정원 네트워크는 계속 가동되었다. 국정
원은 이러한 활동을 '일본 내 혐한 정서 완화와 역사 인식 개선'
이라는 명분으로 포장했지만 실제 활동은 정반대였다.

　또한 2021년에는 전직 국정원 요원이자 공익제보자인 A 씨
가 국정원의 일본 극우 세력 지원 의혹과 '하얀방 고문'[29]을 폭로
했다. 1992년에 국정원에 입사한 A 씨는 국정원의 일본 극우 지
원, 재외국민 투표 방해, 2015년 한일 위안부 합의 추진 등에 문
제를 제기하다가 2015년 규정 위반 의심을 이유로 신체를 거의
움직일 수 없는 좁은 공간에서 3일간 신문을 받았다. 그는 이후
해리장애가 발병했고 2년 병가 후 복귀하지 않았다는 이유로 직
권면직됐다. A 씨는 국정원이 일본 극우와 정보를 공유하며 위안
부 지원 단체 동향을 넘기고 박근혜에게 유리한 해외 공작을 벌
였다고 MBC <PD수첩>을 통해 공개했다. 그러나 복직 소송은
2023년 대법원에서 최종 패소했고 제보 과정에서 가족과 본인이
미행·신변 위협을 당했다고 한다.

　여기에 더해 이명박 국정원 시절 배우 문성근·김여진의 합
성 나체 사진을 제작·유포했던 심리전단 간부가 문재인 정부 들

29　'하얀방 고문(white Torture)'은 신체에 상흔 없이 정신적으로 심한 후유증을 남기는 고문으로
이와 유사한 형태의 신문을 국정원 직원이자 내국인인 A 씨에게 가했다는 사실은 그 자체로 큰
문제였다. 국정원은 하얀방 고문을 인정하지 않았지만 국정원 내에 A 씨의 진술과 유사한 공간이
존재한 사실은 인정했다.

어 국정원 직원 상조회 양우회에 재취업한 사례도 있다. 그는 원세훈 전 국정원장 지시 아래 야권 인사 비방과 여론조작을 총괄했던 핵심 인물이었다. 18대 대선 직전 '셀프 감금' 사건으로 악명을 떨친 국정원 여직원 김하영 역시 문재인 정부에서 오히려 승진한 반면, 국정원 댓글 공작을 폭로한 직원은 강등과 해직을 당했다는 폭로도 나왔다.

참고로 이와 같은 문제는 군 정보기관에서도 드러났다. 2020년 경향신문 보도 『'댓글 공작' 군무원들 다시 채용한 사이버사』에 따르면 이명박 정부 당시 사이버사 예하 530단(심리전단) 소속 부대원 122명 전원이 댓글 공작에 가담한 사실이 확인됐고, 그중 두 명의 군무원은 정치 관여 전력으로 적발되었음에도 이후 경력직 채용을 통해 다시 사이버사에 임용되었다. 특히 한 명은 18대 대선 때 특정 정당과 후보를 옹호·비난하는 글을 직접 게시한 전력이 있었다. 국방부는 "기소유예나 구두경고는 결격 사유가 아니었다"고 해명했지만, 정치공작에 연루됐던 인물이 같은 부대에 재등용된 것은 부적절한 자기보호 구조라는 비판이 제기됐다.

실제로 이명박·박근혜·문재인·윤석열 정부를 거치는 동안 국정원과 군 정보 조직의 내부 인적 구성과 문화는 거의 변화하지 않았다. 과거 여론조작과 정치개입에 깊숙이 관여했던 이들이 정권 교체가 됐으니 반성하며 움츠러들 것이라 믿는 건 착각이다.

이들은 결코 민주적 통제 아래 국가 안보에만 전념할 리 없다. 그동안 실체적 진실이 한 번도 제대로 규명된 적이 없기 때문이다.

이 모든 문제의 출발점은 국정원 개혁에 있다. 12·3 내란의 후속 대응을 포함한 국가 기관의 정상화 과정은 반드시 국정원 개혁과 함께 가야 한다. 내가 생각하는 국정원의 핵심적 개혁 방향은 크게 여섯 가지다.

1. 국정원과 군 정보기관의 지휘체계 재정비

12·3 내란 사태는 우리 사회에 오래전부터 스며든 불편한 진실을 적나라하게 드러냈다. 국가기관이란 헌법과 국민을 지키는 최후의 보루여야 하지만 현실에서는 정권의 정치적 이해관계를 위해 자국민에게 칼날을 겨누는 도구로 변질됐다. 그중에서도 국정원과 군 정보기관은 헌정 파괴 행위의 배후 세력으로 작동했다. 이들이 결집해 움직이면 물리적 폭력 없이도 국민의 정신적 영토를 침탈하는 것은 어렵지 않다.

이 문제의 뿌리는 지휘체계에 있다. 지금의 국정원과 군 정보기관은 권한과 임무의 경계가 모호하다. 국가 안보 명분 뒤에 회색지대가 너무 넓게 펼쳐져 있다. 국내외 업무 구분은 형식적일 뿐이고 작전 명령과 실행 과정은 대부분 기록 없이 구두로 오간다. 기록이 사라진 시스템하에서는 내부 고발도 사후 검증도 불가능하다. 이들은 법과 제도 위에 군림하며 그들만의 세계를 구축해 간다.

국정원의 지휘·통제·감독 체계를 전면적으로 재설계해야 한다. 군 공작 활동 조정 규정과 대내·대외 임무 범위를 원점에서 다시 쓰고, 모든 작전 명령을 문서화·기록·보존하도록 강제해야 한다. 이 기록은 독립된 국회 감독기구가 언제든 열람할 수 있어야 한다. 감시받지 않는 권력은 반드시 남용되기 때문이다.

일각에서는 "국정원 권한을 강화해야 대외 위협에 대응할 수 있다"라고 주장한다. 심지어 민주당 내부에서도 이런 목소리가 들린다. 그러나 지난 수십 년의 역사는 정보기관의 권한 강화가 곧 정치 공작 확대로 귀결된다는 사실을 분명히 보여준다.

이명박 정부의 댓글 공작, 박근혜 정부의 불법 사찰, 윤석열 정부의 강화된 심리전과 인지전은 모두 국가 안보라는 명분 아래 권한이 사유화된 사례였다. 정보기관의 칼날은 외부의 적보다 내부의 비판 세력, 곧 자국민을 향하는 경우가 더 많았다.

그래서 나는 검찰 개혁이나 언론 개혁 못지않게 국정원 개혁이 절박하다고 본다. 검찰이 수사·기소 권한을 독점해 왔듯 국정원은 정보 심리전·공작이라는 보이지 않는 권력을 사실상 무제한으로 행사한다. 국정원을 방치한다면 우리는 또 다른 형태의 권력 사유화를 겪게 될 것이다. 국정원 지휘체계 재정비는 단순한 조직 개편이 아니라 디지털 시대의 정보 주권 회복 프로젝트다. 그 체계 속에서 국민은 정보전의 '피해자'가 아니라 정보전에 대응하는 '주권자'로 설 수 있게 된다. 그제야 비로소 헌정과 민주주의를 지키는 개혁이 진짜 시작됐다고 말할 수 있다.

2. 자금의 투명성 확보

한때 검찰의 특수활동비(특활비)가 큰 논란이 되었던 적이 있다. 하지만 국정원의 경우는 그보다 훨씬 깊은 암흑 지대에 놓여 있다. 국정원 특활비는 국가 안보라는 명분 아래 철저히 은폐돼 왔고, 여론 역시 "그래도 안보는 중요하지 않나"라는 막연한 정서에 휩쓸리며 문제 제기가 금세 수면 아래로 가라앉았다. 그러나 실상을 보면 국정원의 본예산만으로는 이 기관의 자금 전모를 알 수 없다. 2024 회계연도 예비비 사용총괄 명세서에 따르면 국정원은 한 해 동안 일반 예비비에서만 6,386억 원을 집행했다. 이는 정부 전체 일반 예비비 지출(1조 796억 원)의 약 60%에 해당하는 역대 최대 규모다. 같은 해 국정원의 공식 예산(8,921억 원) 가운데 집행된 8,245억 원까지 합치면 국정원의 총 지출 규모는 최소 1조 4,631억 원에 이른다.

문제는 이런 엄청난 규모의 예산이 사전 국회 심의나 감사원의 감사를 받지 않아도 된다는 점이다. 1963년 중앙정보부 설립 당시 제정된 「예산회계에 관한 특례법」이 근거가 되어 국정원은 대통령 승인만으로 예비비를 집행할 수 있다. 공식 예산은 정보위원회 심의를 받지만 예비비나 타 부처 특활비는 국가안보상

2급 기밀로 분류돼 용처조차 공개되지 않는다. 국정원의 국가안전보장활동 지원 예비비 지출은 최근 10년간 꾸준히 늘어 그 규모가 약 2,000억 원 증가했다.

결과적으로 국정원은 공식 예산 외에도 예비비와 타 부처 특활비를 활용해 1조 원대의 숨겨진 자금을 운용하고 있지만 국민과 국회가 확인할 수 없다. 이는 최근 12·3 내란 사태 당시 1,180억 원의 예비비가 사이버 안보 위협 대응 명목으로 배정된 정황과도 맞물린다. 당시 윤석열은 홍장원 국정원 1차장에게 "국정원은 특활비나 자금이 많으니 후배가 있는 방첩사를 잘 챙기라"고 지시하고 최상목 부총리에게 "예비비를 조속한 시일 내 충분히 확보하여 보고할 것"이라는 쪽지를 전달했는데, 이는 예비비가 정치적 목적에 동원될 수 있는 위험성을 보여준다.

이러한 자금 구조는 국정원 내부의 은폐된 네트워크인 양우회·양지회와 연결된다. 공적 예산과 은닉 자금이 사적 네트워크를 통해 흘러가면서 여론조작과 정치 공작의 뒷자금으로 전환된다. 결국 예산의 투명성 확보 없이는 정보 주권 회복도 불가능하다.

제도적 감시 장치를 더 이상 미루어선 안 된다. 국회 정보위원회 차원의 예비비 사용 내역 보고 의무화, 「예산회계에 관한 특례법」 개정, 집행 사유와 최소 금액 공개가 시급하다. 더 나아가 독립적 감사 기구가 국정원 예비비 집행을 상시 감시할 수 있는 구조가 필요하다.

이재명 대통령 역시 대선 공약에서 "예비비 편성 기준을 구체화하고 사용의 투명성을 높이겠다"라고 밝힌 바 있다. 자금의 흐름이 투명하지 않은 정보기관은 결코 민주주의 국가의 조직이라고 할 수 없다. 안보와 기밀을 명분 삼은 은폐가 아니라 그 명분조차 공작과 부패에 악용할 수 없도록 만드는 감시 가능한 체계가 구축돼야 한다.

3. 국가 심리전 체계 재구축

대부분의 민주주의 국가는 자국민을 대상으로 한 심리전·인지전을 법으로 원천 차단하고 있다. 미국은 1948년 제정된 「스미스-문트법Smith–Mundt Act」과 국방부 지침에서 군이나 정보기관의 국내 선전은 완전히 금지하고 심리전은 외국을 대상으로만 하도록 규정한다.

영국은 정부가 국민에게 보내는 모든 메시지에 정치적 편향을 금지하며 선거 때는 '퍼다Purdah 기간' 원칙을 적용해 이를 더 엄격하게 지킨다. 독일은 「연방헌법수호청법」에서 정보기관이 국내 여론에 개입하는 것을 금지하고 모든 국가기관이 정치적으로 중립을 지키도록 규정한다.

한국도 2020년 개정된 「국가정보원법」에서 국정원의 정치 개입 금지와 국내 정보 수집 범위 제한을 명시했다. 개정안은 국정원이 국내에서 정치·선거에 개입하거나 법률에 근거 없는 국내 정보 활동을 수행하지 못하도록 했다. 그러나 자국민을 대상으로 한 심리전·인지전을 명시적으로 금지하는 조항은 여전히 없다. 즉, 정치개입은 막고 있으나 '국민 대상 심리전'의 정의·범위·금지선·예외 조건이 불분명해 해석 여지가 크다.

이 빈틈은 '안보'라는 명분 아래 국가기관이 은밀하게 국내 여론을 조작하려 할 때 손쉽게 악용될 수 있으며 실제로도 그렇게 작동해 왔다. 민주주의 국가에서 정보기관이 자국민을 상대로 비밀 심리전을 벌이는 건 국민에 대한 제도적 배신이다. 심리전의 대상은 국민이 아니라 민주주의를 위협하는 외부 세력이어야 한다. 따라서 필요한 조치는 다음과 같다.

1. 심리전·인지전의 법적 정의를 명확히 하고, 원칙적으로 국내 활동 전면 금지

2. 모든 국가기관의 예산에 '국내 여론조작 금지' 조항을 삽입해 은밀한 선전·심리전을 차단

3. 예외를 허용해야 하는 불가피한 경우 국회 정보위원회의 비공개 사전 승인과 사후 보고 의무화

4. 모든 정부 메시지에 '정치적 중립' 원칙 적용, 선거 시기에는 더욱 강화

5. 위반 시 기관 책임자·지휘 책임자를 분리해 강력히 처벌, 내부 고발자 철저한 보호

여기에는 군 정보기관도 같은 원칙을 적용할 필요가 있다. 국방부 직속 체계에서 분리해 독립된 통제 라인 아래 두어야 한다. 사이버 심리전·여론조작 임무를 수행하는 부대는 즉각 해체해야 하며 특히 12·3 내란에 연루된 인지전TF·사이버 정찰TF 인력은 퇴출과 함께 책임 추궁이 반드시 뒤따라야 한다. 인터넷 공간은 군사적 실험장이 아니라 국민의 생활 공간이며, 공론장은 민주주의가 숨 쉬는 시민의 영역이다. 내용의 핵심은 단순하다.

"국민을 은밀하게 세뇌하지 말라. 무엇이든 공개적으로 그리고 책임 있게 하라."

민주주의 국가에서 정보기관의 힘은 비밀이 아니라 국민의 신뢰에서 나온다. 그리고 그 신뢰는 법으로 보장된 투명성과 중립성 위에서만 자라날 수 있다.

4. 사이버 기능의 외부 분리

현재 한국의 사이버안보 통제 권한은 국정원에 과도하게 집중되어 있다. 「국가정보원법」과 「국가사이버안보 기본계획」의 해석 및 운영 관행을 종합하면, 국정원이 국가사이버안보센터 NCSC를 통해 정부·공공기관의 보안 관제를 사실상 주도하며 사이버 테러 대응에서도 중심적 역할을 수행하고 있다. 사이버 범죄 역시 원칙적으로 경찰이 담당하지만, 국정원이 정보 수집과 권한을 유지해 상시 개입할 수 있는 구조다.

문제는 이 권한이 반복적으로 남용되어 왔다는 점이다. 정치권과 결합한 온라인 여론조작, 민간인 불법 사찰, 언론인과 정치인에 대한 은밀한 감시 등이 반복된 전례가 있다.

2000년대 초반부터 이어진 한나라당의 사이버 전사 양성 계획, 윤석열 정부의 사이버 보안 10만 양병 구상, 국가기관이 개입한 댓글 공작 사건들은 사이버 권력이 여론조작 도구로 전락할 수 있음을 구체적으로 보여준다. 사이버 안보라는 명분은 언제든 사이버 통제로 변질될 수 있다. 견제 장치는 무력화되고 투명성은 사라진다.

사이버 안보 선진국들은 권한 집중의 위험을 피하기 위해 법과 제도로 분산 및 통제 체계를 구축하고 있다. 미국의 경우 군사적 사이버 작전은 사이버사령부USCYBERCOM가, 사이버 범죄 수사는 연방수사국FBI이 담당한다. 국가 기반 시설 보호와 보안 표준은 국토안보부DHS 산하 CISA가 전담하며 세 기관의 권한·예산·감독은 법적으로 명확히 분리되어 있어 한 기관이 모든 권한을 독점할 수 없다.

영국의 경우 국가사이버안보센터NCSC는 정보통신본부GCHQ 산하 조직이지만, 공공·민간 보호 임무를 수행하는 전담 운영 체계를 갖추고, 사이버 범죄는 국가범죄수사국NCA, 군사 작전은 국방부가 맡는다. 모든 활동은 의회 정보안보위원회ISC의 감독을 받는다.

독일은 연방 정보보안청BSI이 국가 IT 보안을, 연방헌법수호청BfV이 국내 정보 감시를, 연방형사경찰청BKA이 형사 수사를, 연방정보국BND이 해외 첩보 수집을 맡는 만큼 권한이 분리되어 있다. 권한 충돌은 법과 소관 부처가 조정하며, 연방의회는 정보감독위원회PKGr와 G10 위원회로 정보기관을 견제한다.

미국·영국·독일 모두 사이버 권한의 과도한 집중을 방지하고, 상호 견제·감독을 제도화하고 있음을 알 수 있다. 한국도 권한 강화가 아닌 권한 분리로 나아가야 한다. 한 기관이 정보의 수집·분석·기소 준비를 동시에 수행하지 못하도록 제한해야 하며 사이버 안보 대응에 견제와 균형이 작동하도록 해야 한다. 이를 위해 민간과 학계의 참여를 확대해 사이버 위협 정보 분석과 대응이 폐쇄적 환경에서 벗어나도록 해야 한다. 국회 정보위원회와 과학기술정보방송통신위원회가 공동으로 사이버 안보 활동을 정기 점검하고, 예산·사업·기술 도입 과정 전반에 대해 사전·사후 심사를 의무화하는 체계도 필요하다.

사이버 기능을 외부로 분리하고 권한은 분산시켜야 한다. 그래야 국가 안보도 민주주의도 함께 지킬 수 있다. 지금처럼 국정원이 사이버 권력을 독점한다면 그 순간 공론장은 안보라는 이름의 검열 공간으로 전락할 수 있다. 국가 최고 정보기관이 독점해 온 권한을 분산하고 통제하는 개혁은 더 이상 선택이 아니라 정보 주권 회복을 위한 민주주의적 필수 과제다.

5. 국정원의 신원조사 권한 폐기

한국의 인사 검증 시스템은 오랫동안 국정원이라는 그늘 속에서 작동해 왔다. 공직 임용 예정자나 고위직 인사들에 대한 신원 자료 수집·보유·재작성·배포가 국정원의 관행처럼 이어졌고, 보이지 않는 인사 통제 권력으로 기능했다. 문제는 이 권한이 언제든 감시와 통제, 보복의 수단으로 악용될 수 있다는 점이다. 특정 인물의 과거와 관계망, 사적 기록이 정보라는 이름으로 축적되면 그것은 권력 유지와 정치적 숙청의 도구로 변질된다.

이 권한의 위험성은 과거 정권에서 이미 여러 차례 입증됐다. 이명박 정부 시절 국정원은 '좌파 인사 배제 문건'을 작성하며 특정 성향 인사의 공직 진출을 차단했고 문화·언론계까지 사찰 범위를 확장했다. 심지어 2011년부터는 문체부의 요청으로 문화예술인에 대한 광범위한 신원조사가 이뤄졌다. 단순한 정보 수집 차원을 넘어 예술인의 사상·인맥·경력을 평가해 사실상 비공개적으로 충성심과 신뢰성을 검증하는 과정이었다.

이 과정은 박근혜 정부에서도 이어졌다. 청와대와 공모해 비판적 문화예술계 인사를 블랙리스트로 관리하며 지원 배제와 불이익을 가했고 정치인·언론인 사찰과 댓글 공작 사건이 잇따라 드러났다.

윤석열 정부 들어서는 이미 법률로 금지된 국내 정보 수집이 사실상 부활했다. 국정원은 경제안보국 산하에 경제협력단을 신설해 부처·단체·언론 등에 출입하며 민간 경제 정보를 수집할 수 있는 구조를 만들었고, 2차장 산하에는 신원검증센터를 설치해 3급 이상 고위공무원 임용 예정자의 가족관계, 학력, 경력, 재산, 지인, 인품, 소행까지 조사하도록 했다.

심지어 신원조사 내실화 TF까지 꾸려 사실상 신원조사 권한을 더욱 제도화하려는 행보까지 보였다. 국정원은 "법에 근거한 통상 업무"라고 주장했지만 불신을 거둘 수 없다. 문제의 핵심은 이 모든 신원조사 권한의 법적 근거가 국회에서 제정한 법률이 아니라 대통령령과 훈령(보안업무규정 제36조 및 시행규칙)에 있다는 점이다.

2020년 개정을 통해 국정원장이 직권으로 신원조사를 할 수 있는 권한은 삭제됐지만 여전히 각 기관장이 국정원에 요청하면 신원조사가 이뤄지고, 그 조사 권한은 국정원이 독점한다. 방첩사나 경찰이 일부 신원조사를 수행하더라도 국정원의 위임을 받은 범위 안에서만 가능하다. 더구나 「보안업무규정」 제36조 제3항 6호는 '국가안전보장을 위하여 필요하다고 인정하는 사람'까지 조사 대상으로 규정해 사실상 민간인 사찰의 길까지 열어둔 상태다. 신원진술서에는 본인뿐 아니라 가족·배우자·지인의 민감한 개인정보까지 포함되며, 외부 통제가 전혀 없는 국정원이 이를 독점하는 구조는 헌법이 보장하는 사생활의 비밀과 양심의 자유를 근본적으로 위협한다.

여기에 더해 국정원은 안보 정보조사 권한까지 동시에 보유하고 있다. 신원조사 대상이 아닌 사람도 안보 정보조사라는 명목으로 조사 대상이 될 수 있으며 이렇게 수집된 개인정보가 다시 신원조사에 활용되어 결과를 왜곡하는 경우도 발생한다. 국가관·사상·성적 취향 같은 직무와 무관한 영역까지 포함되면서 결국 특정인의 인사 정보가 자의적으로 왜곡되는 것이다. 한 기관이 신원조사와 안보 정보조사를 동시에 수행하는 구조에서 발생하는 부작용이라 하지 않을 수 없다. 게다가 안보·정보를 다루는 기관이 신원조사 권한까지 행사하는 것은 민주주의 원리에도 맞지 않다.

결론적으로 국정원의 신원조사 권한은 전면 폐기되어야 한다. 각 부처가 자체적으로 검증하거나 독립된 인사 검증 기구가 투명한 기준에 따라 검증을 수행하는 체계로 전환해야 한다. 「보안업무규정」 제36조와 그 시행규칙을 삭제하면 신원조사 권한은 즉시 사라질 수 있다. 안보라는 명분으로 은폐된 관행을 끊어내고, 인사 검증을 투명하고 민주적인 절차 속에 두어야 한다. 그래야만 정보기관의 권력이 국민 위에 군림하지 않고 오히려 국민의 신뢰 속에서 제자리를 찾을 수 있다.

6. 존안자료 전수 조사·폐기 및 피해자 명예 회복

대한민국 정보기관은 권력의 눈과 귀를 자처하면서 동시에 권력의 손발로 전락한 어두운 역사를 품고 있다. 그 상징적 산물이 바로 존안자료다. 국정원은 수십 년간 민주 계열 인사들의 개인정보를 불법적으로 수집하고 축적해 왔다. 사실 여부를 확인할 수 없는 가십성 정보까지 담아두었고 이렇게 쌓인 자료는 필요할 때마다 언론에 흘려 여론을 조작하거나 이른바 'X파일' 형태로 유포되었다. 때로는 검찰에 전달되어 사법처리의 출발점이 되기도 했다.

대표적인 피해자는 이재명 대통령이다. 그의 사법 사건 개시 역시 국정원 존안자료에서 비롯된 것이라는 정황이 꾸준히 제기되어 왔다. 2022년 당시 이재명 대표는 국회 최고위원회의에서 "신원조회 탈을 쓰고 존안자료, 불법사찰 이런 망령들이 부활하고 있다"고 비판하며 정보기관의 국내 정보수집 재개가 민주주의 퇴행으로 이어질 것이라 경고했다.

존안자료는 처음부터 위헌적 산물이었다. 도·감청, 미행·감시, 협조자 매수 등 불법 수단이 동원되었고 유우성 사건에서처럼 아예 기록이 날조되기도 했다. 명백한 개인정보보호법, 통신비밀보호법, 정보통신망법 위반이다. 무엇보다 합법적 근거 없이 민간인의 개인정보를 장기간 보관하고 축적한 것 자체가 위법이다.

1997년 3월 17일, 한겨레에서 보도된 『안기부 대해부 - 4 존안카드』에 따르면 공무원은 임용 순간부터 존안자료 카드 작성이 시작된다. 대학 조교수 이상, 대기업 임원, 언론 차장급, 종교계 지도자, 시민단체 간부 등 광범위한 인물들이 사찰 대상이 되었다. 존안자료는 이름과 주소에서부터 교우관계, 사생활, 비위 사실까지 40여 개 항목이 촘촘히 기록되었고 어떤 경우에는 A4 백 쪽이 넘는 분량으로 누적되었다. 고위직일수록 존안자료는 살생부로 둔갑했고 그 정보는 언제든 개인의 삶을 파괴할 수 있는 무기로 쓰였다.

앞서 언급했던 신원조사 과정에서 수집된 정보는 존안자료로 업데이트되었고 이 자료는 판사·검사·행정부 고위공무원에게 영향을 미치는 보이지 않는 압박 수단으로 작동했다. 논두렁 시계 사건, 국정원 프락치 사건, 간첩 조작 사건 등은 존안자료의 힘이 사법·언론 전반을 뒤흔들 수 있는 막강한 힘을 지녔음을 보여준다.

2024년 박지원 전 국정원장은 방송 인터뷰에서 존안자료의 실체를 직접 폭로했다. 그는 "정치인이 돈을 받았다, 어떤 연예인과 관계가 있다"는 수준의 증권가 찌라시 같은 내용까지 국정원 서버에 남아 있다고 밝혔다. "존안자료는 폐기하는 것이 맞다"고 단언하며 국정원 내부에서도 원장 결재 없이는 서버 열람이 불가능하도록 제한했음을 공개했다. 이 발언은 존안자료 존재를 더이상 부인할 수 없게 만든 공증 효과를 낳았다.

국회도 뒤늦게 움직였다. 이명박 정부 당시 불법 사찰 문건 공개 이후 '국정원 60년 흑역사 청산 특별법(가칭)'이 추진되었으나 정쟁만 반복하다 결국 입법에 실패했다. 그 사이 존안자료는 그대로 남아 권력자를 유혹하는 위험한 도구로 남았다. 국정원 개혁 논의는 여러 차례 있었지만 번번이 좌초되거나 반쪽짜리에 머물렀는데 그 이유는 명확하다. 국정원 힘의 원천이 바로 존안자료에서 나왔기 때문이다. 국정원 개혁이 근본적으로 실현되려면 존안자료의 생성 근거가 되는 신원조사 제도 자체를 폐지해야 한다.

존안자료 문제는 과거의 흑역사이자 현재진행형의 위협이다. 단순한 개인의 사생활 침해가 아니라 국가 권력이 국민을 통제하고 민주주의를 훼손하는 구조적 범죄이므로 존안자료 청산이 국정원 개혁의 여섯 번째 축으로 반드시 포함되어야 한다. 불법 사찰 자료의 전수 조사와 폐기, 피해자 명예 회복, 신원조사 제도 폐지는 국가가 국민에게 사과하고 다시는 같은 길을 걷지 않겠다는 민주주의 회복의 선언이자, 정보기관 개혁의 핵심 출발점이 되어야 한다.

다섯 번째 개혁 과제인 신원조사 폐지가 존안자료의 입구를 차단하는 예방책이라면, 여섯 번째 과제는 이미 축적된 존안자료라는 출구를 청산하는 조치다. 입구와 출구를 동시에 막아야만 국정원 개혁은 비로소 완결된다. 두 과제는 상호보완적이며 함께 실현될 때 비로소 국정원 개혁의 완결성을 담보할 수 있다.

국정원 개혁은 단지 하나의 기관을 고치는 문제가 아니다. 이는 권력을 감시할 수 있는 민주주의 체계를 되살리는 일이자 공권력의 그늘에서 벌어진 조작과 공작의 시대를 끝내는 출발점 이다. 국정원이 계속해서 예외의 영역에 머무는 한 어떤 개혁도 제자리를 맴돌 수밖에 없다. 이제는 그 권력을 해체하고 재설계할 시간이다. 진짜 안보는 정보를 감추는 데 있지 않다. 정보기관조 차 감시받는 시스템이야말로 민주주의를 지키는 진짜 안보다.

4
시민사회의 움직임

최근에는 사이버 내란 문제 해결을 위해 시민사회도 본격적으로 대응에 나섰다. 가장 먼저 나선 단체는 5·18기념재단으로 AI를 활용한 '온라인 혐오 모니터링 시스템'을 가동하기 시작했다. 5·18민주화운동을 왜곡·폄훼하는 콘텐츠를 감지하고 차단하기 위해 전문 AI 기업과 손잡고 디시인사이드, 일베 등 커뮤니티 내 영상·게시글·댓글을 자동으로 수집·분석하고 있다. AI 모니터링 시스템은 다음 3단계를 거쳐 왜곡·폄훼된 게시물·댓글을 선별한다.

1. AI 수집 단계 – '5.18 폭동' 등 특정 키워드를 입력해 AI가 각 사이트별 관련 게시물, 댓글 검색·캡처

2. AI 판단 단계 – 수집된 자료 중 왜곡·폄훼 가능성이 있는 콘
텐츠를 1차 분류

3. 최종 판단 단계 – 선별한 게시물을 사람이 직접 검증

이 모든 과정을 사람이 수행하면 최소 5명이 필요하지만 AI
를 활용하면 1명만으로도 가능할 만큼 효율적이다. 정확도도 시
범 운영 초기 51%에서 두 달 만에 92%까지 향상됐다. 확보된 혐
오 콘텐츠는 삭제 요청, 고소·고발 등 실질적인 대응으로 이어진
다. 이 과정은 방통위·방심위 등 국가기관과 협력할 때, 훨씬 더
신속하고 강력한 성과를 낼 수 있다. 국가기관과 시민단체의 공
조는 온라인 혐오·왜곡 근절의 핵심 동력이 될 것이다.

나는 이런 시스템의 구축이 반드시 실제 악플러 처벌로까지
이어져야 한다고 생각한다. 지금까지는 일부 유명인만 솜방망이
처벌을 받았을 뿐 다수의 네티즌은 여전히 익명을 방패 삼아 혐
오를 쏟아내고 있다. 그러나 선을 넘는 순간 누구라도 법적 책임
에서 자유로울 수 없다는 실질적 사례가 더 많이 축적된다면 사
회 전체 인식과 분위기는 달라질 수밖에 없다. 이는 곧 공론장 정
상화의 첫걸음이 될 것이다.

한편 5·18기념재단이 의미 있는 성과를 내고 있는 지금, 내
가 이사로 있는 노무현재단 역시 이에 상응하는 혐오 표현 대응
활동을 본격화했다. 온라인 공간에서 십수 년간 이어져 온 노무

현 대통령과 민주 진보 진영에 대한 혐오·왜곡·조롱은 더 이상 방치할 수 없는 수준에 이르렀다. 특히 노무현 대통령의 서거일을 밈으로 만들어 조롱하고, 사자명예훼손까지 서슴지 않는 행위가 초등학생들 사이에서 놀이 문화처럼 소비된 지 오래다. 이러한 왜곡·혐오는 단순한 악의적 발언을 넘어 세대와 문화 전반에 깊숙이 스며든 사회적 문제다.

노무현재단은 감정적 대응이 아닌 정책적·구조적인 전략을 토대로 전방위적 대응에 나서기로 했다. 억제하는 수준에서 그치는 게 아니라 지속 가능한 제도 개선과 사회적 인식 전환을 통해 온라인 혐오 확산 구조를 근본적으로 해체하고, 디지털 시대의 민주주의를 지키는 것을 목적으로 한다. 최근에는 5대 대응 방향을 중심으로 한 본격적인 활동에 착수했다.

1. 법률 대응 체계 정비

형법 제308조(사자 명예훼손), 제311조(모욕죄), 민사 손해배상 청구 등 다양한 법적 수단을 활용해 사자와 유족의 명예를 보호한다. 이를 체계적으로 추진하기 위해 조수진 노무현재단 이사를 중심으로 전문 법률 자문단을 구성하고, 주요 대응 사례를 축적한 판례 리포트와 정기 보고서를 발간해 향후 제도 개선 및 사회적 인식 전환의 근거 자료로 삼을 예정이다.

2. 온라인 플랫폼·커뮤니티 대응

주요 포털·커뮤니티·SNS를 대상으로 문제 콘텐츠에 대한 신고와 삭제 요청을 상시 수행하며, 위기관리 전문기관과 협력해 대응을 강화한다. 동시에 플랫폼 내 정책·가이드라인 개선 협의와 알고리즘 책임성 강화를 지속적으로 요구한다. 기술적 측면에서는 5·18재단의 사례를 참고해 AI 기반 웹 크롤링 및 필터링 시스템을 구축하고 나아가 유해 콘텐츠 유통 경로를 차단하기 위한 구조적 개입을 추진한다. 또한 일반 시민도 참여할 수 있도록 디지털 시민 대응 매뉴얼을 제작·배포해 신고·모니터링 활동을 제도화할 예정이다.

3. 디지털 인권 교육 사업

청소년과 시민을 대상으로 디지털 시민성 향상을 위한 교육 프로그램을 운영한다. 이를 위해 교사 연수, 청소년 워크숍, 시민 강좌 등 다양한 형태의 교육을 마련하고 지역 순회 강연과 공교육 연계 활동을 지속적으로 확대한다. 비영리단체 및 지역 교육기관과의 협력을 통해 교육 효과를 사회 전반으로 확산시킬 예정이다.

4. 정책 및 입법 활동

혐오 표현 규제 정책과 디지털 인권 보호를 위한 법·제도 개선안을 마련하고 사자 명예훼손 확대 적용, 플랫폼 책임 강화 등의 구체적 입법 제안을 추진한다. 이를 위해 국회·정부·관계 기관과 협력해 공동 입법 활동을 전개하며, 입법 청원 플랫폼과 선거 시기 공익 캠페인을 연계해 제도 개선을 압박할 전략적 활동도 준비한다. 아울러 시민단체 및 전문가 네트워크와 연계한 정책 연구와 공론화 작업을 통해 사회적 공감대를 확산시켜 나갈 예정이다.

5. 공익 캠페인 전개

시민사회와 공동으로 혐오 표현의 위험성과 대응 필요성을 알리는 대중 캠페인을 전개한다. 이를 위해 피해 사례를 바탕으로 한 공익 광고, 노무현 정신과 결합한 스토리텔링 콘텐츠, 시민 참여형 공모전을 기획해 SNS와 언론 등 다양한 채널을 통해 확산할 예정이다. 또한 단발성 이벤트에 그치지 않고 건강한 온라인 문화 조성을 위한 지속적 캠페인을 운영하며, 이를 통해 공감과 존중, 민주주의와 인권의 감수성 회복을 목표로 한다.

무엇보다도 5·18기념재단과 노무현재단이 비슷한 시기에 온라인 혐오 대응에 나섰다는 사실은 그 자체로 상징적인 의미가 크다. 5·18민주화운동과 노무현이라는 인물은 한국 사회에서 오랫동안 극우 세력의 조롱과 혐오가 집중된 대표적 타깃이었다.

두 재단의 행보는 더 이상 혐오를 방치하지 않겠다는 선언이자 혐오를 생산하고 확산해 온 구조 자체를 해체하려는 전면적 반격의 출발점이다. 이 흐름은 각자의 역사와 기억을 넘어 한국 사회 전반의 민주주의 회복 프로젝트로 이어져야 한다.

이 과정에서 주의해야 할 지점도 있다. "대응에 나선다더니 달라진 게 없다"라며 시민들에게 학습된 무기력을 주입하려는 세력이 반드시 나타난다. 또 지겹다는 여론을 만들어 내려는 공격도 반복될 것이다. 그러나 그동안 혐오가 방치된 시간이 이미 십수 년에 이르렀다는 점을 기억해야 한다. 1~2년 안에 모든 문제가 해결되는 것은 애초에 불가능한 미션이다. 지속적이고 끈질긴 대응만이 혐오 구조를 무너뜨릴 수 있다. 이러한 활동들을 통해 노무현재단은 온라인 공론장에서 혐오가 아닌 연대와 존중, 공감의 언어가 작동하는 질서를 회복하고자 한다. 표현의 자유가 건강하게 작동하기 위해서라도 지금은 실질적 대응에 나서야 할 때다.

5

복지 차원에서의 접근

사이버 내란과 관련해 나는 지금도 다양한 제보를 받는다. 그렇게 응원과 의견을 보내주는 분들 덕분에 여기까지 올 수 있었다고 해도 과언이 아니다. 실제로 그 과정에서 많은 것을 배우고 깨달았다. 대표적으로 그동안 나는 사이버 내란 문제를 주로 처벌과 제도 개혁 중심의 정치적·법적·문화적 해법으로만 바라보았다. 그러나 최근 복지의 관점에서도 문제를 병행해 풀어야 한다는 제안을 접하며 시야가 넓어졌다. 이는 매우 타당하고 중요한 제안이기에 함께 정리해 소개하고자 한다.

1. 사회적 재활을 위한 창구 마련

2024년 청년 삶 실태조사에 따르면 고립·은둔 청년 비율은 무려 5.2%, 즉 20명 중 1명꼴에 달한다. 이는 코로나19 이전보다 2배 이상 증가한 수치이며 우울증과 극단적 선택 시도 비율도 함께 상승하고 있다. 면접조사에 응하지 않은 인원을 감안하면 실제 비율은 더 높을 것으로 추정된다. 이들은 대면 서비스나 공공 복지 시스템에 접근 자체가 어렵고 자연스럽게 온라인 커뮤니티 의존도가 높아질 수밖에 없는 환경에 놓여있다. 특히 기존 복지 시스템은 스스로 문제를 인식해 사회로 나올 의지를 보여야만 작동하기 때문에 아직 준비되지 않은 이들을 포괄하지 못한다.

따라서 이들을 위해 접근 장벽을 낮춘 비대면 기반 복지 프로그램이 필요하다. 이를테면 텍스트 기반의 감정 훈련, 관계 회복 프로그램, 전화·채팅을 통한 심리 상담 서비스 같은 비위협적·상시적 창구가 대안이 될 수 있다. 현재 '청소년 1388'처럼 문자·웹 채팅·SNS 상담창구가 존재하지만 상담 인력의 전문성 부족 문제가 꾸준히 지적되고 있다.

결국 필요한 것은 심리상담 인력의 전문성 강화, 상시 접근이 가능한 사회적 재활 창구 구축 그리고 정치권과 정부 차원의 제도적 설계다. 이러한 대안은 단순히 온라인 커뮤니티 문제에 그치지 않는다. 사회적 고립을 줄이고 자살률 감소와 출생률 상승이라는 한국 사회의 구조적 문제 해결과도 이어진다. 즉 사회적 재활 창구 마련은 사이버 내란 대응을 넘어 한국 사회의 회복 탄력성을 높이는 복지 전략이다.

2. 현실 기반 자기조정 회복 프로그램 개발

고립된 사람들은 기준 없는 폐쇄적 공동체 안에서 타인을 조롱하고 혐오하는 관계 파괴형 소통에 빠지기 쉽다. 이런 환경에 장기간 노출되면 현실 갈등을 회피하고 온라인 분노에 몰입하는 고착 상태로 이어진다. 이들에게는 타인과 부딪히고 좌절을 경험하며 다시 회복할 수 있는 단계적 관계 실험 프로그램이 필요하다. 단순한 상담이나 교육을 넘어 현실 속 관계를 직접 경험하며 자기조정 능력을 회복하도록 설계된 사회 참여형 과정이어야 한다.

이런 관계 회복 프로그램은 특정 세대나 성별로 한정하지 말고 청소년부터 중장년까지 모두 포괄하는 보편적 모델로 발전시켜야 한다. 특히 게임·스포츠·공동 창작 활동 같은 참여형 체험을 접목, 안전한 갈등 상황을 제공해 실패와 회복의 경험을 자연스럽게 학습할 수 있도록 해야 한다. 단기적인 효과가 아니라 장기적 사회 재적응과 건강한 시민성 회복을 궁극적인 목표로 삼아야 한다. 온라인 혐오와 고립에 빠진 개인을 사회 속으로 다시 이끌어 내는 복지 모델, 즉 전환적 경험 복지가 제도적으로 자리 잡을 때 사이버 내란의 토양을 근본적으로 줄여갈 수 있다.

3. 커뮤니티 기반 생존 경제 구조에 대한 제도적 대응

앞서 언급했던 펨코의 잉여력 포인트 같은 경우 직접적인 수익 규모는 크지 않지만 사설 토토 연계·혐오 게시물 보상 구조를 통해 이용자들에게 꾸준한 도파민 자극과 일정한 수익을 제공한다. 게다가 메이플스토리, 던전앤파이터 같은 이른바 '쌀먹 게임'[30]은 아이템 거래·현금화를 통해 수익 창출이 가능하다. 물론 여기서 핵심은 게임 자체가 아니라 현금화 구조에 집착하는 일부 이용 행태다. 대다수 유저는 여전히 건전하게 게임을 즐기며 커뮤니티 역시 긍정적 교류의 공간으로 활용한다. 하지만 문제는 소수의 '쌀먹 구조'가 청년들의 취약한 생활 조건과 맞물리면서 게임과 커뮤니티가 생계 수단으로 변질될 때 발생한다.

방식은 달라도 공통적으로 이 구조는 고립된 청년을 온라인에 더욱 고착시키고, 현실 복귀 유인을 약화시킨다. 다시 말해 게임이나 커뮤니티 활동을 통해 최소한의 생계를 유지할 수 있게 되면서 사회로 나올 필요성을 느끼지 못하게 되는 것이다. 하지만 이는 지속 가능하지도 않고 존엄을 지킬 수 있는 삶의 방식도 아니다. 그 끝에는 결국 온라인 커뮤니티에 삶이 완전히 종속되는 폐쇄적 고립 상태, 즉 심각한 사회적 단절이 자리한다.

이에 대한 제도적 개입은 시급하다. 커뮤니티 수익을 위한 사설 도박 구조 차단과 불법 현금화 체계의 추적·감시, 운영자의

---

30 게임 재화(아이템, 화폐 등) 및 서비스를 현금으로 판매하는 게이머와 그런 행위를 가리키는 비하 표현. 아이템 팔아서 '쌀 사 먹는다'를 줄여서 '쌀먹'이 되었다.

방치와 조장 행위에 대한 법적 제재가 필요하다. 동시에 게임사와 커뮤니티 운영자의 사회적 책임을 강화하고 온라인 의존 고립자를 위한 공적 생계 대안을 마련하는 정책이 병행되어야 한다.

이런 대안들에 대해 일부는 "그런 이들까지 복지로 돕는 건 세금 낭비 아니냐?"는 냉소적인 반응을 보인다. 여기에는 '그들 중 상당수는 어차피 바뀌지 않을 것'이라는 비관적 전제가 깔려 있다. 모든 사람을 변화시킬 수는 없어도 그중에는 분명 간절히 도움을 기다리는 이들이 존재한다. 만약 이들을 구제할 제도적 시스템이 없다면 국가는 훨씬 더 큰 사회적 비용과 파괴를 감당해야 한다. 복지란 단기 효율의 문제가 아니라 가능성에 대한 투자이자 사회 전체를 지탱하는 안전망의 본질이다. 사회적 고립자를 외면하지 않는 노력은 곧 민주주의와 공동체의 지속 가능성을 지키는 일이다.

단번에 해결하는 것은 불가능하다
언젠가는 이 문제를 두고 "단번에 해결할 수 있다"라는 식의 속 시원한 발언으로 주목을 끄는 정치인이나 평론가 혹은 유튜버가 등장할 것이다. 해결하고 싶은 마음은 알겠지만 냉정히 말해 현실은 그렇게 단순하지 않다.

법적 대응은 강력하게 추진해야 하고 제도와 시스템의 개혁은 멈추지 말아야 한다. 동시에 문화·밈·역사 전쟁에도 맞서야 하며 정보 유통 창구와 플랫폼 환경의 변화에도 끊임없이 주목해야 한다. 여기에 더해 고립에서 벗어나려 애쓰는 이들을 위한 구제와 재활 또한 반드시 병행되어야 한다.

그리고 우리가 반드시 기억해야 할 지점이 있다. 상대는 결코 멈추지 않는다는 사실이다. 그들은 끊임없이 재편하고 적응하며 전략을 바꾼다. 우리가 그 속도를 따라잡지 못하고 대응이 늦어질수록 격차는 눈덩이처럼 불어난다.

프로게이머 시절, 단 1초의 반응이 승부를 갈랐던 경험을 잊지 못한다. 우리의 정신적 영토를 지키는 싸움의 감각도 다르지 않다. 속도와 유연성이 곧 승패를 결정한다. 아직 늦었다고 생각하지 않는다. 민주주의는 기다림이 아니라 지금 이 순간의 실천으로 지켜진다.

맺음말

이 책의 첫 부분에서 얘기했듯 내가 이 일을 처음 시작한 이유는 단순히 승부욕이었다. 하지만 본격적으로 이 문제를 파헤치면서 우리 세대가 반드시 해결해야 할 과제라고 확신했다. 그 과정에서 나 또한 변화했고 성장했다.

문제 해결을 위해 정치권에 들어온 뒤에는 이른바 현타를 느낀 순간이 많았다. 민주당 안에서도 "심리전이 뭐 그리 중요하냐", "댓글 몇 개에 왜 이렇게 예민하냐"는 반응이 대다수였다. 하지만 지금까지 보았듯이 윤석열 정부가 보여준 것은 결코 댓글 몇 개 수준이 아니었다. 전선은 더 이상 총구 앞에서만 형성되지 않는다. 공론장 곳곳에 그어져 있으며 시민의 자유와 안전이 그 중심에 놓여있다.

이 문제의 본질을 가장 먼저 이해해 준 건 정치인이 아니라 시민들이었다. 내가 사이버 내란 문제를 유튜브나 SNS에 제기하면 정치권은 일부를 제외하고 대수롭지 않게 넘겼지만 다수의 시민들은 공감했고 행동했다. 지역 정치인에게 문제를 알리고, 직접 후원금을 보내고, 제보 메일로 의견을 전해준 분들도 있었다.

그리고 무엇보다도 이 '사이버 내란'이라는 의제를 사회적 문제로 공론화하는 과정에서 정준희 교수님의 도움은 결정적이었다. 그의 날카로운 분석과 이론을 바탕으로 한 현실적 조언이 아니었다면, 나 역시 이 싸움을 지금처럼 체계적으로 이어가기 어려웠을 것이다. 더불어 사이버크래프트 팀과 오창석·임경빈·김현성 작가가 보여준 전문적 분석과 활동은 내 개인의 역량을 넘어 이 싸움을 공동의 과제로 확장하는 데 중요한 기반이 되었다.

유튜브 채널 <사장남천동>을 중심으로 뭉친 '알리미단'의 단합력과 빠른 정보 유통 그리고 오프라인에서의 행동 역시 매우 큰 힘이었다. 어느 순간부터는 숨어있던 실전 전문가들까지 합세하면서 이 싸움의 실체를 더욱 입체적으로 그려낼 수 있게 되었다.

과장이 아니라 지난 수년간 나는 함께해 준 사람들의 힘으로 버텼다. 포기하거나 그만두고 싶을 때도 있었지만 댓글 하나, 제보 하나가 나를 다시 전장으로 이끌었다. 그 모든 분들께 진심으로 감사의 뜻을 전하고 싶다.

얼마전 모 중학교 강의를 앞두고 내가 출연했던 <매불쇼> 방송을 시청한 중1~3학년 학생들의 사전 질문을 접할 기회가 있었다. 그들의 물음에는 중요한 메시지가 담겨 있었다. 혐오 표현과 조롱이 왜 일상화되는지, 그것이 폭력에 해당하는지, 그리고 국가가 법과 제도로 막을 수는 없는지에 대한 고민이었다. 동시에 친구들의 언어 습관을 바꾸려면 어떻게 해야 하는지, 학생 신분으로 어떤 실천을 할 수 있는지에 대한 자기 성찰도 있었다.

잘못된 유행어나 부정적인 언어가 사회에 미치는 영향을 경계하면서도 '좋은 말을 쓰겠다'는 다짐이 함께 담겨 있었다. 여기서 꼭 덧붙이고 싶은 말이 있다.

일부 청년·청소년들이 극우화의 길로 빠져들기도 하지만 결코 모두가 그런 것은 아니다. 오히려 혐오와 선동에 휩쓸리지 않고 민주주의의 가치를 지키며 더 나은 사회를 만들기 위해 행동하는 이들도 적지 않다. 나는 그들의 존재를 통해 우리 사회의 가능성과 희망을 본다.

지금 우리가 가장 주목해야 할 세대는 10대다. 단지 미래의 유권자가 아니라 이미 오늘의 공론장을 함께 만드는 시민이다. 그래서 나는 앞으로 초·중·고 강의에 더욱 집중하려 한다. 당장 투표권이 없다고 해서 이들을 방치한다면 민주주의의 뿌리부터 흔들릴 수 있다. 10대에게 눈을 돌리는 순간 우리 사회의 내일이 달라진다.

유시민 작가의 표현처럼 민주주의 사회에서 정치와 선거는 상대와 경쟁하며 공존하는 '무한 반복 게임'이다. 지구가 존재하는 한 끝나지 않는 이 게임 속에서 우리는 각자의 자리에 하나의 점을 남긴다. 그 점 하나로 세상이 당장 변하지 않을 수 있다. 그러나 그 점들이 모여 미래 세대의 지도를 그린다.

대한민국은 의병과 독립군, 그리고 민주주의를 지키기 위한 투사들이 목숨을 걸고 지켜낸 나라다. 우리는 그들이 남긴 발자취 위에 서서 오늘의 길을 이어가고 있다. 그들의 희생을 잊지 않고, 그 책임을 다하는 것이 우리의 몫이라 믿는다.

이 책의 맺음말을 쓰는 이 순간 나는 "표현의 자유는 헌법의 적들을 위한 특별 허가증이 아니다."라는 독일 연방헌법수호청장의 말을 되새긴다. 기록은 여기서 끝나지만 싸움은 이제부터다. 나는 이 싸움이 다음 세대의 승리로 완성될 때까지 함께할 것이다. 먼 훗날, 이 책을 펼쳐볼 미래 세대에게 이렇게 전하고 싶다.

"우리는 끝내 포기하지 않았고, 그 덕분에 여기까지 올 수 있었다."

사이버 내란 - 댓글 전쟁

초판 발행	2025년 9월 20일
1판 2쇄	2025년 10월 15일

글	황희두
펴낸이	박정우
편집	박세리
디자인	디자인 이상

펴낸곳	출판사 시월
출판등록	2019년 10월 1일 제 406-2019-000107호
주소	경기도 고양시 일산동구 문봉길62번길
전화	070-8628-8765
E-mail	poemoonbook@gmail.com

ⓒ 황희두

ISBN	979-11-91975-30-7 (03300)